영혼을 치유하는 사랑

영혼을 치유하는 사랑

영혼을 치유하는 사랑

펴낸 날 · 2004년 5월 5일 | **초판 3쇄 찍은 날** · 2011년 10월 20일
지은이 · 베벌리&톰 로저스 | **옮긴이** · 윤귀남 | **펴낸이** · 김승태
등록번호 · 제2-1349호(1992. 3. 31.) | **펴낸 곳** · 예영커뮤니케이션
주소 · (136-825) 서울 성북구 성북1동 179-56 | **홈페이지** www.jeyoung.com
출판사업부 · T. (02)766-8931 F. (02)766-8934 e-mail: edit1@jeyoung.com
출판유통사업부 · T. (02)766-7912 F. (02)766-8934 e-mail: sales@jeyoung.com

Copyright©1998, Beverly and Tom Rodgers

ISBN 978-89-8350-308-4 (03230)

값 11,000원

영혼을 치유하는 사랑

베벌리 & 톰 로저스 지음

윤귀남 옮김

예영커뮤니케이션

예영커뮤니케이션은
복음주의기독출판협회(ECPA)의 국제 회원사로서 기독교 출판을 통하여
세계복음화를 위한 지상 명령의 실현을 위해 동참하고 있습니다.

Soul Healing Love

한국어판 서문

전 세계적으로 가정이 무너지고 있다. 미국의 가정도 한국의 가정도 마찬가지이다. 통계적으로 말하면, 절반의 결혼이 이혼으로 끝나고 있다. 한국의 경우, 결혼대비 이혼율이 47퍼센트가 넘는 것으로 알고 있다. 미국은 세계에서 이혼율이 가장 높은 나라로, 그 정도의 수치는 이미 과거의 통계가 되었다. 미국은 현재 모든 결혼의 약 52퍼센트가 이혼으로 끝나고 있으며, 그러한 추세는 점점 더 악화되고 있는 것 같다.

이혼의 결과는 어떠한가? 이혼 가정의 자녀들은 갑작스런 변화에 어떻게 대처해야 할지를 몰라 허둥대고 있다. 대부분의 이혼은 경고나 예고도 없이 너무나 갑작스럽게 일어나기 때문에, 자녀들은 그 과정에서 방치되거나 버려지는 것이 현실이다. 따라서 이혼 가정의 자녀들은 낮은 자존감으로 우울증을 앓기 쉬우며, 대인관계에서 사람을 신뢰하지 못하고, 직장 생활에서도 제 역할을 해내지 못한다는 것이 밝혀지고 있다. 이혼은 당사자는 물론 주변 사람들에게 치명적인 악영향을 끼치는 것으로 드러나고 있다. 세상에 행복한 이혼은 없다. 무엇인가 대책을 세우고 대처하지 않으면 안 된다.

한국가정경영상담아카데미의 원장이며, 가정을 돌보는 사역에 있어 우리의 친구이자 동역자로서 함께하고 있는 정동섭 박사가 바로 그런 일을 하고 있다. 그는 지난 16년간 침례신학대학교 기독교상담학 교수로서 가정생활 교육과 상담에 전념하다가, 이제 이혼을 예방하는 사역과 위기에 처한 가정을 돕는 일에 헌신하고 있다. 그는 우리에게 한국에서 결혼과 가정을 구조하는 데 매우 실제적이며 효과적인 방법이라 믿고 있는 우리의 생각을 나눌 기회를 마련해 주었다. 그의 중재적 역할과 풀러신학대학 출신의 윤귀남 자매의 탁월한 번역을 통해, 위기에 처한 결혼을 치유하고 가정을 회복시키는 귀한 사역이 중요한 진척을 이루기 시작했다. 뿐만 아니라 한국의 가정행복학교(박종혜 소장)와 길르앗상담신학원(이성훈 박사), 여의도순복음교회(조용기 목사), 평촌새중앙교회(박중식 목사), 일산은혜교회(강경민 목사), 강남중앙침례교회(피영민 목사)는 우리를 초청하여, 치유와 변화의 메시지를 나누고 나아가 회복을 넘어서 영혼을 치유하고 결혼과 가정을 치유할 수 있는 기회를 마련해 주었다. 우리는 이것이 바로 '영혼을 치유하는 사랑(Soul Healing Love)'을 통하여 가능하다고 믿는다.

치유를 향한 이 여정은 영적인 여정이다. 『영혼을 치유하는 사랑』은 부부의 영적인 여행에서 그들이 준수해야 할 지침을 제공하고 있다. 갈등을 거룩함으로, 두려움을 믿음으로 변화시키기 위한 실제적인 안내를 하고 있다. 이 책은 우리 부부의 마음으로부터 우러나온 책이다. 우리는 이 책의 내용대로 말해 보았고 행해 보았기 때문이다. 우리의 역할은 '관계를 치유하는 여정'을 먼저 체험한 사람으로서 여러분을 잘 인도하는 것이다. 실제 여행을 하는 것은 바로 여러분 자신이다. 이 책이 사랑 넘치는 결혼과 영혼을 치유하는 가정을 창조하기 위하여 여러분이 찾고 있는 해답과 필요한 해결책을 안겨 주기를 바란다.

하나님께서 당신의 여정을 축복하시기를 기도드리며….

베벌리 로저스와 톰 로저스
2004년 2월
한국 방문을 앞두고

추천의 글

『영혼을 치유하는 사랑』이라는 제목의 이 책에는 '위기에 처한 부부를 위한 열 가지 실제적인 기술'이라는 부제가 붙어 있다. 저자인 로저스 부부는 미국 전역을 순회하면서 목회자 부부와 가정사역자들에게 이 책에 소개된 내용으로 위기에 처한 부부 관계를 치유하는 방법을 강의와 실습을 통해 가르치고 있는 가족치료사이며 전문상담사이다.

이 책은 처음부터 끝까지 굉장한 호소력과 설득력을 지니고 있다. 그것은 이들이 학문적으로뿐만 아니라 경험적으로 이러한 책을 쓸 만한 자격을 갖추고 있기 때문이다.

톰과 베벌리는 둘 다 심히 역기능적인 이혼 가정에서 성장한 성인아이들이다. 따라서 이들은 어린 시절의 상처(이들은 이를 '영혼의 상처'라고 부른다)로 인하여 서로에게 아픔을 투사하면서 이혼의 위기를 맞이하였다. 이들 부부는 대를 이어 이혼하는 악순환을 되풀이하지 않기 위해 상담도 받고 내적 치유를 위해 노력하였다. 하빌 헨드릭스(Harville Hendrix)의 '이마고 부부치료 과정'도 수료하며 친밀한 관계를 강화시켰다. 자신들의 문제를 바로 진단하면서 이제 이들은 서로를 미워해야 할 원수로 간주하는 대신, 치유와 사랑을 필요로 하는 불쌍한 피해자로 보게 되었다. 이들은 서로의 상처를 치유하는 데 성공하였고 역기능 가정을 건강하고 행복한 순기능 가정으로 탈바꿈시켰다. 이들은 서로를 격려하면서 상담심리학과 가족치료학을 연구하며 배운 것을 부부 관계에 적용하였다. 저자 부부는 그 동안 학습한 지식과 기술 그리고 자신들의 경험을 위기에 처한 부부들과 나누고 싶은 열망을 느끼게 되었다. 여러분이 손에 들고 있는 책은 이들의 이와 같은 '사랑의 수고'가 낳은 소중한 열매이다.

하나님께서 직접 만드신 공동체, 모든 것의 기본이며 기초가 되는 결혼과 가정이 무너지고 있다. 우리나라의 결혼대비 이혼율이 50퍼센트에 육박하고 있다는 것은 어제오늘의 이야기가 아니다. 많은 사람들은 이혼의 원인으로 대가족이 핵가족으로 바뀐 것, 위계질서에 근거한 가부장적 결혼이 사랑과 신뢰에 기초한 동반자적 관계로 변화된 것, 여성의 지위가 향상된 것, 언약적인 결혼이 계약적인 결혼으로 대체되고 있는 것 등을 들고 있다. 모두가 타당한 진단이지만, 나는 대화 기술과 갈등 해소 기술이 부족하여 서로에게 상처를 주는 것이 가장 근본적인 결혼 해체의 원인이라고 믿는다. 성장 과정에서 받는 '영혼의 상처(soul wounds)'를 치유하지 않은 가운데 서로 아픈 상처를 건드리고 있는 것이 현대 부부의 자화상이다.

사랑이란 무엇이며 결혼은 어떤 단계를 거치며 발전하는가? 구뇌와 신뇌의 기능은 어떻게 다른가? 부부는 어떻게 서로의 상처를 치유하면서 친밀한 동반자로 살아갈 수 있는가? 저자들은 심리역동적 이론의 틀 안에서 이러한 중요한 질문에 답변하면서, 누가 읽어도 이해할 수 있게 쉬운 언어로 독자를 설득하고 있다. 이론과 실제, 방법과 기술을 통합시키고 있는 것이 이 책의 큰 장점이다. 등장하는 예화가 미국적이어서 어색하게 느껴질 수도 있겠지만, 부부 관계는 문화를 초월하여 적용될 수 있다고 믿는다.

내가 저자 부부를 처음으로 알게 된 것은 우리가 함께 회원으로 있는 미국기독교상담자협회(AACC)에서 발간하는 계간지 《결혼과 가족》을 통해서였다. 나는 이들이 쓴 논문과 세 권의 책을 모두 주문해 읽으며, 호소력과 설득력을 겸비한 이들의 메시지와 사역에 큰 감동을 받았다. 나는 이것이 우리나라의 부부 관계를 강화시키고 이혼을 예방할 수 있는 가장 실제적인 메시지라고 확신하게 되었다. 이 책은 당신의 부부 관계를 한 단계 더 심화시킬 수 있는 강력한 메시지를 담고 있다. 마음을 열고 배운 것을 삶에 적용한다면, 인생 여정을 여러분의 배우자와 함께하게 된 것을 두고두고 감사하게 될 것이다.

나는 성경과 심리학, 신경생리학, 그리고 개인적 경험이 이렇게 아름답게 통합되어 있는 책을 일찍이 본 적이 없다. 이 책을 직접 번역하고 싶었지만 시간의 여유가 없어, 대신 책임 있는 번역을 할 수 있는 윤귀남 자매에게 의뢰했다. 정확한 번역으로 독자들을 섬겨 주신 것에 대해 감사를 드린다.

2004년 봄 로저스 부부의 한국 방문에 맞추어 『영혼을 치유하는

사랑』이 기독교 문화 창달에 힘쓰는 예영커뮤니케이션을 통해 출간
된 것을 기쁘게 생각한다. 이 책의 출간을 흔쾌히 허락해 주신 김승
태 사장님과 김춘태 본부장님, 읽기 쉽게 편집해 주신 최지영 자매
에게 고마움을 전한다.

　이 책이 가정 사역과 내적 치유 분야에서 교과서적인 역할을 할
수 있으리라 믿으며, 위기에 처한 부부는 물론 목회자와 신학생, 상
담사역자, 가정사역자 모두에게 자신 있게 추천한다.

정동섭 교수(Ph.D.)

2004년 2월

가정경영상담아카데미 원장

전 침신대 기독교상담학 교수

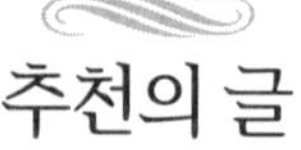

추천의 글

가정이 무너지고 있다. 통계적으로 보면 결혼 생활의 절반이 이혼으로 끝난다. 부부들은 악전고투에서 빠져 나올 길을 찾고 있다. 치유만큼이나 그 여정도 영적이다. 『영혼을 치유하는 사랑』은 영적인 여행을 시작하는 부부들에게 지도를 제공하며 고투를 신성함으로, 두려움을 믿음으로 변화시키는 실제적인 지침을 주고 있다.

이 책은 현실의 말을 하고 현실의 길을 직접 걷고 있는 한 부부의 가슴으로 쓰였다. 베벌리와 톰 로저스는 관계의 여행에서 다른 사람들을 이끌 권리를 얻은 사람들이다.

이 책은 관계를 치유하고 풍성케 하기 원하는 모든 부부의 침대 머리맡에 놓여야 한다.

여러분은 이 책을 통해 고투하고 있는 문제의 해답과 성공적인 결혼 생활을 창출하기 위해 필요한 해결책을 얻을 것이다.

패트리시아 러브
교육학 박사, 오스틴가족연구소 소장
『뜨거운 일부일처제』(*Hot Monogamy*)의 저자

서 문

수세기 동안 사람들은 낭만적인 사랑이라는 신비를 찾아 다녔다. 사랑의 신비에 대해 수많은 원고가 쓰였고 풍부한 이론들로 설명을 하였지만, 그 신비는 아직 파악되지 않고 있다.

사랑은 실용적이고, 성경적이고, 신비하고, 의식적이며, 무의식적이고, 이성적이며, 비이성적이고, 논리적이며, 비논리적인, 분명하게 설명할 수 없는 것으로 묘사되어 왔다. 이런 가운데서 우리 사회는 계속 사랑에 열광하고 있다. 톰과 나는 지난 18년간 기독교 결혼 상담가로 일해 오면서, 온갖 유형의 부부들을 만났다. 그들의 고투와 고통을 느낀 후에 우리는 사랑이란 위에 열거한 것 이상의 의미라는 것을 믿게 되었다. 그리고 사랑의 신비에 대해 더 많이 아는 것이 우리가 개인적으로 또 사역자로서 전문적으로 추구하는 바가 되었다. 우리의 목표는 사랑의 신비를 인간이 할 수 있는 한 가장 정확하고 충분하게 이해하고 그것을 설명해 내는 것이다.

우리의 목표는 남자와 여자의 하나 됨의 신비를 과도하게 분석하는 것이 아니다. 완벽을 추구하기 위해 사랑의 특질을 지나치게 검토하게 되면, 자칫 그 신비한 힘에 불경함을 더할 수 있다. 오히려 우리의 목표는 지속적인 사랑을 좀 더 충분히 이해하기 위해서 영혼 간의 깊은 만남에 대해 연구하고 검토하는 것이다. 이를 이해하여 사랑을 용감하게 찾는 자들이 그 사랑을 좀 더 쉽게 획득할 수 있게 되길 바란다.

지난 이십 년 동안 톰과 나는 결혼이라는 주제에 대한 수많은 책을 읽고, 강좌를 듣고, 각종 세미나에 참석하였다. 결혼 상담 분야에서 일하는 기혼 부부로서 이 모든 것들이 다 도움이 되었지만, 그럼에도 여전히 부족함을 느꼈다. 끝없는 열망을 가지고 있었다는 것이 정확한 표현일 것이다. 어떤 것은 너무 실용적이고, 어떤 것은 너무 진부하고, 어떤 것은 너무 신비하고, 또 어떤 것은 아예 불가능하였다! 한 이론가가 생각난다. 그는 세미나에서 신비한 의사소통 기술을 설명하기 위해서 자기 자신과 몽상에 젖은 눈빛의 아내를 직접 내세웠다. 그야말로 바비(금발의 플라스틱 인형-역자 주)와 켄(바비의 남자 친구-편집자 주)의 결혼 상담 장면이었다. 아내는 종교를 가진 중산층 가정 출신이었고, 남편은 위대한 기독교 강연자요 철학자의 자손이었다. 대단한 기반을 지닌 채 결혼의 행복에 대한 개념을 논하는 이 두 사람 앞에서, 우리는 얼마나 많은 상대적 열등감과 소외감을 느꼈는지 모른다. 우리가 가지고 있는 이혼이라는 가족사만으로도, '결혼의 완성'이라는 목표에는 감히 도달할 수 없는 것이었다.

결혼하기 원하는-두려움에 찬, 신경질적이고, 지쳐 있으며, 가난한-어중이떠중이들은 어디에 있는가? 우리 자신에게 물었다. 사랑하고 사랑받기 원하는 정직한 영혼들은 어디에 있는가? 심각한 상처를 입은 영혼들은 친밀함을 발견하기 위해 어디로 갈 수 있는가? 바로 이런 사람들이 우리가 의사소통 세미나에서 만나고자 하는 사람들이다. 소리 지르고, 외치고, 울고, 비난하는 자들 말이다. 이런 사람들이야말로 '결혼의 참호'에 있는 진짜 남자요 여자이다. 결혼이라는 싸움터의 진정한 주인공들은, 역할 모델의 부족과 어린 시절의 상처로 말미암아 기반이 무너져 꿈이 깨어진 상처 입은 영혼들이지, 바비와 켄이 아닌 것이다. 이들은 자신이 전쟁터의 한가운데에서 긴장과 공포 속에 있다는 것을 정말로 자각하는 사람들이다. 이러한 사람들이야말로 우리가 결혼 워크숍에서 만나고자 하는 귀하고 용감한 순례자들이다. 즉, 정말로 힘들 때 배우자를 사랑할 수 있는 힘과 자원을 찾기 원하는 사람들인 것이다.

그렇다. '바비와 켄' 식의 개념이 가치 있는 것이긴 하지만, 상처 입은 새들인 우리는 이러한 여정을 시작할 때조차도 불구가 된 느낌이 든다. 우리는 친밀함이나 하나 됨을 어떻게 다루어야 하는지 알지 못하며, 대개는 두려워하기까지 한다.

오랜 교육과 경험 그리고 연구의 결과, 우리는 결혼 생활을 행복하게 만드는 것과 실패하게 만드는 것을 알아냈다. 그래서 결혼 생활을 견고하게 하도록 고안한 몇 가지 기술과 실천 방안을 개발하였다. 우리는 우리 부부 관계에 이 기술을 사용하기 시작하였고 개인적인 기독교 상담의 실제에도 사용하였다. '영혼 치유자 워크숍'이라고 하는 세미나에서 가르친 내용들이 이러한 노력의 파생물이다.

사람들의 요구가 많아지면서, 우리는 교회 모임, 소그룹 단체, 성경 공부 모임, 주일 학교를 포함하기 시작하였다. 사람들의 요구는 점점 많아졌고, 실천 방안을 성공적으로 적용해 내는 방법을 위한 지침서나 훈련 안내서를 요청하였다. 이 원고는 그들의 필요를 채워 주기 위한 소망에서 쓰게 된 것이다.

원래 이 책은 상처 입은 부부들, 특히 의사소통을 할 수 없는 부부들, 서로에 대해 무관심하거나 별거 중인 부부들을 염두에 두고 썼다. 우리는 상처와 두려움으로 가득 찬 마음을 갖고 있는 많은 사람들에게 특별히 공감을 느낀다. 결국 우리는, 건강한 부부들은 결혼 생활의 행복을 유지하는 데 있어서 이 정보가 유용하다는 것을 미리 깨달은 사람들임을 알게 되었다. 독신자들은 관계의 기술을 발전시키기 위해 이 책을 사용하였다. 이 책에서 소개되는 자료는 과거에 결혼한 경험이 있는 사람이나, 현재 결혼 생활을 하고 있는 사람이나, 앞으로 결혼할 예정인 사람들 모두를 위해 개발된 것이다.

이 책에는 이러한 기술을 성공적으로 사용하였던 실제 부부들의 사례 연구가 함께 수록되어 있다. 그들의 신상을 보호하기 위해 이름과 구체적인 사항 등을 일부 수정하였다. 우리를 신뢰하여 자신들의 거룩한 영혼을 맡기고 작업에 임한 그들의 믿음에 감사한다. 이 귀한 부부들은 우리가 개발한 과정에 직접 참가하고 열매를 거둠으로써 우리를 참으로 영광스럽게 하였다. 이들이 누구인지에 대한 개인적인 사항은 숨기고 중심적인 내용에 보다 무게를 주기 위해, 우리는 오륙십 대에게 익숙한 TV에서 자주 사용되는 이름을 썼다. 여러분은 책 읽는 중간 중간 쉬어 가면서 그 인물들과 자신을 연결짓는 재미를 느낄 수 있을 것이다.

이 책은 대부분 나(베벌리)의 관점에서 쓰였지만 '우리'라는 단어가 많이 나온다. 그 이유는 톰과 나는 하나이기 때문이다. 많은 개념들과 이론들은 우리의 결혼 생활과 직업 여정을 통해 의식적으로 때로는 무의식적으로 함께 개발한 것이다. 우리는 다양한 사례를 다루고 결혼의 측면을 논하며 많은 시간을 보냈는데, 이는 함께 작업하는 부부를 돕기 위해서 뿐만 아니라 우리 자신의 결혼 생활을 돕기 위해서였다. 여러분이 읽게 될 이 자료는 우리 두 사람의 아이디어와 생각, 오랜 묵상 등을 편집한 것이다. 나는 두 사람을 대표하는 대변인일 뿐이다.

이 책은 사랑과 결혼이라는 전쟁터에서 적극적인 임무를 다하고자 하며, 결혼 생활이 좋은 열매 맺을 수 있을 만큼 충분한 결심과 믿음, 소망을 가지고 있는 용감한 영혼들을 위해 쓰였다. 위태롭지만 피할 수 없는 항해를 시작하는 용감무쌍한 영혼들이 자신 앞에 펼쳐질 '지도'를 판독할 때, 하나님의 이해와 무한한 지혜가 임하길 바란다.

마음을 만족시키며 영혼을 치유하는 영원한 사랑을 발견하기 위해, 우리가 갖고 있는 흔들리는 기반과 상처 입은 마음 그대로 이제 여정을 시작해 보자. 우리와 함께 여행하는 여러분으로 인해 긍지와 흥분을 느낀다.

차례

연습 목록

사랑의 목적

오늘날 25년 이상 결혼 생활을 한 부부는 영웅 대접을 받는다. 사람들은 이들을 정말 운이 좋은 사람들로, 혹은 아주 무감각한 사람들로, 아니면 아예 귀머거리나 벙어리, 장님으로 본다. 행복하고 만족스럽고 오래 지속되는 관계는 점점 더 찾아보기 힘들고, 이혼율은 유례가 없을 정도로 높다. 사랑의 마법을 붙들 수 없을 것 같은 부부들로 인해 결혼 상담은 붐을 이루고 있다. 과연 사랑이라는 것이 무엇일까? 어떻게 어떤 부부들은 사랑을 잘 하고, 어떤 부부들은 관계를 맺을 때마다 걸려 넘어질까? 사랑은 단지 신비스러운 경험일 뿐이어서 운 좋은 몇몇 사람들만 찾아내고, 나머지 사람들은 메말라 갈망하는 상태로 남겨지는 것일까? 사랑에 관한 노래가 수없이 만들어지고, 낭만적 사랑을 제일의 소재로 삼은 영화들이 제작된다. 악한을 파멸시키고 그의 사이버공간의 컴퓨터 본체를 뿌리째 뽑아버리고 나서도, 우리의 주인공에게는 여전히 일생의 사랑을 찾아 나설 시간이 있다. 진정한 사랑은 내가 사랑의 풍성함을 누릴 가치가 있는 존재라는 것을 알려 줄 것이고, 내 삶의 모든 질병을 치유해 주며, 내면의 고통을 잠재울 것이다. 나는 이러한 신비한 사랑을 찾을 것이라고 믿고 싶다. 지난 18년간 결혼과 가족치료사로서 나는 수많은 관점에서 사랑을 연구하였고, 사랑은 우리 문화나 매체가 그려 내는 것보다 훨씬 덜 신비스럽다는 것을 발견하였다. 나는 엄숙한, 그렇지만 매우 실제적인 결론에 도달하였는데, 그것은 진정한 사랑은 힘겨운 작업이라는 사실이다.

오랜 기간에 걸친 헌신적 사랑은 우리 영혼이 맡아야 할 가장 힘든 작업이다. 많은 다른 위대한 은사들처럼 사랑에도 희생과 책임이 따른다. 영화나 낭만 소설이나 거의 잊혀진 동화에서 수많은 세월 동안 묘사된 것과는 정반대로, 사랑은 결코 쉽지 않다. 다른 사람의 영혼을 사랑하고 그 사랑을 되돌려 받는 일은 경외로운 도전이다. 이 일에는 통찰과 의지, 지혜, 그리고 기술이 필요하다. 사랑은 마술처럼 혹은 어느 날 갑자기 찾아오는 것이 아니다. 시간과 인내가 필요한 것이다. '그 후 내내 행복하게' 라는 말은 끈기 있는 노력을 필요로 한다.

사랑이 그토록 힘든 것이라면 우리는 왜 그렇게 간절히 사랑을 원하는 것일까? 그 대답은 단순하다. 우리가 원하기 때문이다. 인간에게 있는 가장 큰 욕구는 사랑하고 사랑받는 것이다. 우리 모두는 우리를 감싸는 사랑의 따뜻함을 느끼고 싶어 한다. 이러한 사랑을 남몰래 갈구하는 사람들도 있고 드러내 놓고 찾는 사람들도 있다. 그럼에도 불구하고 그 목표는 여전히 똑같다. 진정한 사랑을 찾는 것, 영혼을 치유하는 사랑을 찾는 것, 영원히 지속되는 사랑을 찾는 것이다. 사랑이 신비스러운 속성을 지니고 있으며 이해하기 어려운 것이긴 하지만, 용감하게 문을 두드리는 자라면 그 누구나 얻을 수 있는 것이라고 우리는 믿는다.

흔히 있는 이야기 · · · · ·

우리는 이십 년 전쯤, 행운의 여신이 자신들을 어디로 데려갈지 알지 못한 채 장기간에 걸친 사랑의 여정에 발을 내딛은 젊고 순진한 두 명의 대학생을 기억한다. 이들의 이야기가 매우 친숙하게 들릴지도 모른다. 이야기는 작고 가난한 남부의 어느 마을에 한 작은 소녀가 살고 있었다는 것으로 시작된다. 그녀는 부모가 심하게 싸우는 것을 보면서 어린 시절의 상당 기간을 보냈다. 잠자리에 들때는 손으로 귀를 틀어막은 채 남몰래 기도하였다. 잠에서 깨어났을 때 아무도 불구가 되거나, 다치거나, 죽지 않게 해 달라고 말이다. 대개는 운이 좋았지만 위기일발의 순간도 몇 번 있었다. 알코올 중독에 성인아이 증세까지 갖고 있던 어머니는 소리를 지르며 아버지를 비난하였고, 아버지 역시 그런 어머니를 공격하였다.

소란이 멈춘 아침이 되면 소녀는 허리케인이 휩쓸고 간 것처럼 난장판이 된 집을 발끝으로 걸어 다니면서 이런 식의 결혼은 절대 하지 않겠다고 혼자 맹세하곤 하였다. 그런 삶을 피할 수 있는 방법을 알지는 못하였지만, 부모님처럼 살지 않겠다고 다짐하였다. '이러한 일은 결코 나에게 일어나지 않으리라!'

가정 상황은 더욱 악화되었다. 아버지는 마침내 어머니를 떠나 버렸고 그로 인해 어린 소녀의 가슴은 더욱 멍들었다. 어머니의 삶은 점점 더 힘들고 고통스러워졌다. 아버지는 아주 젊은 여자와 결혼하여 그들을 완전히 떠났다. 어머니는 하루 종일 나가서 일을 하였고, 열쇠를 목에 건 네 명의 부랑아들은 1960년대의 바다를 부모 없이 떠돌아야 하였다. 소녀의 오빠는 평화, 사랑, 히피족, 그리고 (불행하게도) 마약을 찾았다. 소녀는 종교를 찾았다. 마지막 소망으로 종교를 찾은 그녀는 다른 삶을 살아가기 시작하였다. 그녀는 이것이 해답이라는 것을 알았다. 하나님은 그녀가 부모와 같은 결혼 생활을 하도록 두지 않으실 것이었다. 그분의 말씀은 조화, 헌신, 충성, 그리고 무조건적인 사랑에 대한 것이다. 신앙의 도움으로 그녀는 부모의 실수를 반복하지 않을 것이었다. 그녀는 다를 것이었다. 진정한 사랑을 찾을 것이었다. 그녀의 꿈은 실현될 것이었다.

미국의 다른 한 쪽, 캘리포니아에서는 한 어린 소년이 자신의 문제로 고투하고 있었다. 아버지는 교회 장로이고 어머니는 주일 학교 교사인 기독교 가정에서 자라난 그는 아버지의 계속되는 외도로 가정이 깨어질 것이라는 것을 알고 망연자실해 있었다. 어릴 때부터 아버지는 그의 우상이었다. 그런데 바로 그 아버지가 소년을 실망시키고 배신하였던 것이다. 가정은 무너지고 있었고 그가 할 수 있는 것은 아무것도 없었다. 부모는 이 아이가 대학을 졸업할 때까지 (아이를 위해서) 가까스로 결혼 생활을 유지하였고, 아이가 졸업하자 바로 이혼하였다. 환멸을 느끼고 소망을 잃은 이 젊은이는 자신은 다르게 살아갈 것이라고 맹세하면서, 그리스도인으로서 섬김의 삶을 시작하였다. 하나님의 도우심으로 부모의 패턴을 반복하지 않을 것이었다. 부모님과는 달리 평생의 사랑을, 영혼의 반려자를 찾을 수 있으리라.

이후 테네시의 시골뜨기 소녀는 캘리포니아 출신의 세련된 소년을 만나게 되었다. 소년의 부모는 26년 만에 이혼을 하였고 소녀의 부모는 11년 만에 이혼하였기 때문에, 흔히 이혼한 부모의 자녀들이 갖는 상처와 두려움이 이들에게도 있었다. 이들은 자기 부모들과는 다른 결혼 생활을 해 나갈 것이라는 소망과 꿈을 가지고 결혼하였다. 그렇지만 이들은 한편으로 두려웠다. 이러한 소망과 두려움을 지닌 채 이들의 관계는 시작되었다.

이 이야기는 톰과 나에게 매우 익숙한데, 결백한 자와 죄 있는 자를 보호하기 위해 이름을 밝히지 않았다. 사실 이 이야기는 바로 우리의 이야기이다. 자, 이제 20여 년이 지난 후에도 우리는 여전히 사랑의 신비에 경외감을 느끼고 있다. 우리는 사랑이 신비롭고도 산문적이며, 추상적이고도 구체적이고, 동사이기도 하고 명사이기도 하다는 것을 발견하였다. 우리는 사랑이 우리가 그 위대한 상을 받을 가치가 있는 존재임을 깨닫게 해 준 것에 무엇보다도 감사한다. 그러나 그 상은 커다란 대가를 치르지 않은 채 거저 온 것이 아니다. 그러한 이유 때문에 이 책을 쓰고자 하는 것이다. 우리가 영혼을 치유하는 사랑에 대해서 쓰려고 하는 이유는 우리가 결혼 생활의 대단한 본보기이기 때문이 아니라, 오히려 그렇지 못하기 때문이다. 이혼, 학대, 역기능 등의 가족사, 특이하고 변덕스러운 성격, 병적인 공포심 등에도 불구하고 우리들은 20여 년간 (때로는 겨우 가까스로) 결혼 생활을 해냈다.

　우리는 이사, 이직, 빈곤, 부, 아름다운 두 자녀, 사랑스런 애완동물, 죽음과 맞서는 위급한 상황까지도 거쳐 왔다. 중년에 들어선 우리들은 인생의 이러한 단계에서 왜 모든 일이 구겨지고, 처지고, 부풀고, 제대로 기능하지 않는지 의아해 하는 사람들에게 연민을 느낀다. 중년의 위기에 흔히들 겪는 것처럼, 우리 역시 에너지나 삶의 열정이 사라지는 것을 느꼈다. 결혼과 가족치료사로서 우리는 이러한 점을 우리 자신에게서뿐만 아니라 내담자에게서도 발견하고 있다.

　여기서 오해하지 않기를 바란다. 우리가 가족치료사라는 사실이 상처 많은 과거라는 악마를 이길 수 있다는 뜻은 아니다. 사실 남들에게는 그렇게 하지 말라고 교육하면서 정작 우리 자신은 건강하지 않고 역기능적인 의사소통 패턴에 미끄러져 가는 것을 보면 참 당황스럽다. 다시 말하면, 우리 자신의 부족함에도 불구하고 우리는 경험에서 배운 바가 있기 때문에 이 지혜의 일부를 다음 세대의 연인들에게 전수하고 싶다는 것이다. 이러한 교훈들을 통해 우리는 친밀감에 동반되는 두려움과 고통을 덜어 줄 수 있으며, 진정한 사랑은 획득 가능한 실체라는 소망을 이 세대에 서서히 주입시킬 수 있을 것이다. 우리는 진정한 사랑이란 매체에서 강조하는 것처럼 신비한 것이 아니라 매우 고된 작업이며, 사랑에 빠지는 것과 사랑에 거하는 것은 다른 것이고, 누군가를 사랑한다는 것은 그의 영혼이 앓고 있는 고통을 치유하고자 하는 것이며, 그 또한 당신을 치유해 준다는 것을 부부들이 알게 되기를 바란다. 사랑의 실패를 되풀이하였던 사람들이나 역기능 가정이나 이혼 가정에서 자라난 사람들도 얼마든지 영혼을 치유하는 사랑을 경험할 수 있다.

사랑에 대한 환멸

켄은 이혼 가정에서 자라난 성인아이이다. 그는 세 번째 결혼 생활이 산산조각난 후 상담실을 찾아왔다. 켄은 사랑의 문을 수없이 두드렸다. 그는 이별의 아픔을 잘 다루고 싶어서, 또 자신의 관계 패턴을 알아내어 '효과적인 패턴'을 찾기 위해서 상담치료를 찾게 되었다. 사랑과 결혼에 대해서 많은 의심과 두려움이 있었지만 배우고자 하는 의지도 있었다.

어느 날 그는 로드니 댕거필드(Rodney Dangerfield: 미국의 코미디언-편집자 주)에게서 들은 농담을 이야기해 주었다. 켄은 정말로 이런 느낌을 알 수 있었기 때문이다. 그 코미디언은 다시는 결혼하지 않을 것이고, 다만 자기를 싫어하는 여자를 찾아내서 큰 집을 사 주겠다고 하였다는 것이다. 이렇듯 결혼에 대해 환멸을 갖는 내담자는 켄뿐만이 아니었다. 점점 더 많은 사람들이 켄의 입장에 서게 된다. 처음에 그는 "제 짝을 만나지 못했나 봐요."라든가 "난 사랑에 운이 없나 봐요."라는 식의 뻔한 말을 하였다. 그렇지만 얼마 지나지 않아서 진정한 사랑이란 배워야 하는 기술이라는 사실을 알게 되었다. 결국 그는 불운 대신 힘든 작업을, 기회 대신 능력을 택하게 되었다. 시간과 노력을 기울인 결과, 그는 누군가의 사랑스런 반려자가 되었다.

이혼에 희생당한 사람들도 있는데, 이런 사람은 결혼 생활이 어려워진 것을 알고 고쳐 보려고 온갖 힘을 쓰지만 정작 배우자는 요지부동인 경우이다. 프레드와 윌마의 경우가 그렇다. 이들은 결혼한 지 33년이 된 부부였다. 프레드는 공동체의 지도자였고 20여 년간 주일 학교에서 젊은 부부들을 가르쳤다. 수많은 부부들이 결혼 생활을 탁월하게 지도해 주는 그를 모델로서 존경하였다. 그런데 프레드는 아내와 성인이 된 두 자녀를 떠나, 스물일곱 살의 이혼녀인 비서 베티와 살림을 차렸다. 부인 윌마는 함께 결혼 상담을 받자고 애걸하였지만 프레드는 거절하였고, 그들의 결혼 생활은 끝이 났다.

워드와 제인은 결혼한 지 14년이 되었고 아름다운 세 아이들이 있었다. 그러던 어느 날 제인은 결혼 생활이 숨 막힌다고 하면서 더 이상 남편을 사랑하지 않는다고 선언하였다. 그녀는 떠나고 싶어 하였다. 이들은 몇 번 결혼 상담을 받았지만 제인은 초기에 포기해 버렸다. 워드는 계속해서 상담을 받았고 자녀들도 상담을 받았다. 나는 예전의 삶으로 돌아갈 수 없어서 죽고 싶다고 말하던 여덟 살짜리 아이의 고통스런 얼굴을 잊을 수가 없다. 제인은 한 달 전에 워드와 아이들을 떠났고 뉴멕시코 주의 한 대학원의 고고학 탐사 팀에 합류하였다. 우리는 요즘도 그 자녀들을 가끔 만나는데 그들에 따르면, 엄마는 젊은 남자들과 연속적으로 관계를 맺었지만 행복해 하지 않으며 아직도 자신이 원하는 사랑을 만나지 못하였다고 한다. 결혼 치료사로서 우리는 이들의 이혼이 경솔한 결정이지 않았나 하는 의심을 갖고 있다.

이런 사건들은 당사자의 가족, 친구, 교회, 그리고 공동체에 큰 파장을 남긴다. 그 잔물결은 공동체에 계속해서 영향을 준다. 톰과 나는 이러한 종류의 낙담한 연인들을 매일 만난다. 그들은 다양한 모습과 크기의 사연을 갖고 있으며, 그로 인한 정서적 상처와 아픔 역시 그렇다. 그렇지만 그들은 필사적으로 영혼을 치유하는 사랑을 원하며, 결국 그것을 찾을 수 없을 것 같아 보인다는 점에서 공통된 특징을 가지고 있다.

치료사로서 우리는 사람들이 갖고 있는 사랑에 대한 환멸을 완벽하게 이해할 수는 없지만, 진정한 사랑에 대한 주님의 목적을 밝히고 싶다. 하나님의 설계를 이해하려고 노력하면, 우리는 유한한 피조물로서 사람들이 필사적으로 원하고 필요로 하는 사랑을 찾을 수 있을 것이다. 이러한 이해는 남편과 아내에게 힘을 줄 것이며 헌신된 배우자가 될 수 있게 해 줄 것이다.

사랑이 시작되는 곳

이러므로 남자가 부모를 떠나 그 아내와 연합하여 둘이 한 몸을 이룰지로다
아담과 그 아내 두 사람이 벌거벗었으나 부끄러워 아니하니라 (창 2:24-25)

사랑의 설계를 이해하기 위해서는 첫 부분에서 시작해야 한다. 창세기는 결혼이 어떤 것인가에 대해 명백한 개념을 제시한다. 첫째, 남자와 여자는 떠나야 한다. 여기서 떠난다는 것은 단지 새로운 가정을 세우기 위해 이전 가족의 집이나 권위에서 떠나는 것만이 아니다. 이전 가족의 영향으로부터, 가족이 의식적으로나 무의식적으로 우리의 심리에 도장을 찍어 놓은 것으로부터 돌아서는 것을 말한다. 우리는 부부가 과거의 기능적인 혹은 역기능적인 면에서 돌아서서 새로운 치유적 사랑을 이룰 수 있도록 하기 위해 결혼이 고안되었다는 것을 성경을 통해 알 수 있다. 과거의 기쁨과 상처로부터 이 새로운 사랑으로 옮겨지면서 우리는 서로 굳게 결합하게 된다. 여기서 사용된 히브리 단어는 용접공이 두 가지 금속을 합금할 때의 의미를 나타낸다. 숙련공이 물건을 완성하였을 때 사람들은 어디에서 하나의 금속이 끝나고 어디부터 다른 금속이 시작되는지를 구분할 수 없다.

이에 대한 예를 보완하기 위해 '시너지(synergy)'라는 말을 살펴보자. 이 단어는 인간관계보다는 화학적 반응의 상황에서 더 많이 쓰인다. 시너지는 요소들이 결합되어 부분의 합보다 더 큰 총체적 효과를 생산해 낼 때 그 요소들의 상호 작용을 정의하는 단어이다. 하나님께서 자녀들을 위해 고안하신 진정한 사랑은 두 사람의 마음과 영혼을 묶어 주며 시너지적 에너지로 그 둘을 융합시켜 두 부분의 합보다 더 큰 연합체를 만들어 낸다. 사람의 영혼을 하나로 융합시켜 주는 것이 바로 이 연합(cleaving)이다.

이렇게 영혼이 합하여 하나 되는 개념을 1950년대 아내들이 남편에게서 자기 정체성을 찾았던 것과 혼동하면 안 된다. 이러한 여성들은 자기 고유의 정체감이 없었기 때문에 남편의 부속물이 되고 말았다. 이런 형태의 하나 됨에서는, 남편이 아내의 의견을 대신 말하였고 아내의 역할은 문화와 사회가 지시하였다. 당시의 문화는 남성에게 더 관대하고 호의적이었기 때문에, 상대적으로 여성은 결혼생활에서 섬기고 싶은 방식을 선택할 자유가 없었다. 그래서 많은 여성들이 심각한 정체성의 위기를 겪게 되었다. 에베소서 5장에 나오는 상호 복종은 이 상황에서는 거의 이루어질 수 없었다. 낮은 자존감을 가진 이런 여성들은 정체성이 필요하였지만, 남편이 그것을 일방적으로 제공하였다. 두 사람이 하나로 여겨지긴 하였지만(여자에게 그녀의 생각을 물으면 남편이 대답할 것이다), 이러한 것은 이 책에서 말하려고 하는 영화로운 하나 됨이 아니다.

영혼을 치유하는 하나 됨은 또한 1980년대에 많이 거론되었던 '공동의존증(codependency)'과 혼동되어서도 안 된다. 공동의존증이란 여자와 남자가 상대방의 필요에 서로 과도하게 개입함으로 자존감을 증진시키려 하는 것을 말한다. 공동의존자는 서로 통제하고, 힘을 부여하며, 돌봄으로써 상대방의 삶을 산다. 공동의존증의 일반적인 예로, 알코올 중독자를 돕는 아내를 들 수 있다. 아내는 남편이 정상적인 삶을 살도록 하기 위해 애쓰지만 아내가 극진하게 도울수록 남편은 더욱 술을 마시게 된다. "자신의 공동의존자가 죽으면 남겨진 사람의 삶은 그 눈앞에서 끝나 버린다."는 말이 있다. 공동의존자인 아내는 자신의 지극한 사랑으로 배우자가 치유될 것이라고 생각하지만, 그녀의 낮은 자존감과 하나 됨에 대한 오해로 말미암아 결국 진정한 영혼의 치유와는 거리가 멀어지고 마는 것이다.

영혼을 치유하는 사랑

다른 영혼을 돌보는 것, 즉 영혼을 치유하는 참된 사랑은 일치된 정체성이나 공동의존증을 요하는 것이 아니다. 하나님께서 하신 바와 같이 나 자신을 용납하고 사랑하기를 배우는 것이요, 하나님께서 주신 경외로운 사랑과 용납하심을 받아들이고 그 사랑을 기꺼이 나의 배우자에게 주는 것을 의미한다. 하나님의 사랑에 대해 잠시 생각해 보라. 이 은사의 위대함을 묵상해 보라. 하나님은 수많은 흠과 결점에도 불구하고 우리를 사랑하신다.

상담을 통해 만나는 많은 그리스도인들은 머리로는 하나님께서 자기를 사랑하신다는 것을 믿지만 가슴으로는 느끼지 못한다. 이렇게 혼란스런 사람들은 하나님께서 자기들의 결점에도 불구하고 용납하실 것이라는 점을 이해하지 못한다. 그 결과 자기 자신을 사랑하거나 용납하지 못하며, 스스로를 거칠게 그리고 무자비하게 판단한다. 그리고 그만큼 혹독하게 자신의 배우자를 판단한다.

영혼의 상처를 지닌 사람들은 자신이 사랑받을 만하다는 사실을 잘 믿지 못한다. 톰과 나도 그런 사람이다. 영혼의 상처는 심리에 가해진 상처와 고통으로 정서적 상처를 남긴다. 영혼의 상처에는 거부, 포기, 비판, 학대, 무시 등이 있다. 이러한 주제는 제3장에서 좀 더 자세하게 다룰 것이다. 이러한 상처들은 우리가 사랑을 받을 만한 가치가 없다고 느끼게 만든다. 그러나 하나님의 무조건적인 사랑은 우리의 상처를 치유한다. 그분의 사랑은 우리의 전체성(wholeness)을 회복시킨다. 따라서 우리는 우리 자신에 대해 자비롭고 사랑하는 마음을 갖게 되고, 결과적으로 배우자도 그렇게 대하게 된다.

요약하자면, 영혼을 치유하는 사랑에는 다섯 가지 기본 요소가 있다.

1. 하나님은 우리를 아무런 조건 없이 사랑하신다. 그리고 이러한 사랑은 우리 영혼의 상처를 치유하고 우리의 전체성을 회복시킨다.

2. 이 사랑은 하나님의 눈을 통해 우리 자신을 보게 해 주고, 우리 자신의 불완전함에도 불구하고 하나님께서 사랑하신 것같이 스스로를 사랑할 수 있게 해 준다.

3. 우리가 사랑받을 만하다고 느끼기 때문에, 하나님의 은혜와 사랑이 배우자에게도 부어지는 것을 믿을 수 있다. 하나님의 눈을 통해 배우자를 볼 수 있고 하나님께서 사랑하신 것같이 배우자를 사랑할 수 있다.

4. 영혼을 치유하는 사랑은 신뢰와 나눔을 가져오며, 이것은 우

리를 부부로 묶어 주고 깊은 하나 됨으로 연합시킨다.

5. 이러한 하나 됨은 우리가 하나님과 더불어 느끼는 하나 됨의 복사물이다. 그러므로 배우자에 대한 우리의 사랑과 우리에 대한 배우자의 사랑은 우리의 전체성을 회복시킨다. 하나님의 사랑이 영혼 치유적인 것처럼 남편과 아내 사이의 사랑도 영혼 치유적이다.

이러한 사랑은 우리가 하나님께 그 사랑을 감사함으로 인하여 배우자에게 전해진다. 우리가 배우자를 사랑하는 것은 하나님의 사랑에 대한 응답 안에서 가능하다. 영혼을 치유하는 사랑은 우리의 충만함과 건강한 자존감에서 나오는 것이지 우리의 결핍에서 나오는 것이 아니다.

우리를 위한 하나님의 사랑

하나님께서 우리를 사랑하신 것에 근거한 스스로에 대한 충만한 사랑은, 우리가 통제당하고 학대당할 것이라는 두려움 없이 다른 사람의 영혼과 연합할 수 있는 에너지를 준다. 우리는 자신의 상처, 변덕스러운 성격, 육적인 패턴, 인간적 약점 등을 잘 알기 때문에 배우자의 것에 대해서도 잘 알게 된다. 우리의 온갖 측면, 즉 선한 면과 악한 면, 빛과 그림자를 이해하게 되며 심지어 감사하게 된다. 우리는 무엇을 얻을 수 있는지에 대한 생각이 아니라, 하나님께서 우리를 사랑하신 것처럼 우리도 배우자를 사랑하겠다는 마음을 가지고 일생에 걸친 헌신을 한다. 또한 하나님의 무조건적인 사랑이 우리에게 침투하여 우리를 가득 채우게 한다. 이렇게 함으로써 우리는 그분의 눈을 통해 그분의 피조물로서 우리 자신을 볼 수 있게 된다. 그 결과 우리 자신과 배우자를 무조건적으로 사랑할 수 있는 힘을 얻게 된다.

하나님께서 우리를 사랑하시기 때문에 우리도 다른 사람을 사랑할 수 있다. 과거의 상처를 치유하고, 우리가 바꿀 수 없는 것들을 받아들이며, 가해자를 용서하는 것이 의식적이고도 무의식적인 목표가 된다. 영혼의 여행이 계속되면서 이러한 사랑을 다른 사람들과 나누려는 욕구가 불타오르게 되며, 이러한 에너지는 다른 영혼을 발견하고 그 영혼과 연합되며 다른 사람을 알고 나를 그에게 알리는 과정을 시작하게 만든다. 우리는 상대방뿐만 아니라 그로 인한 짐과 여타의 모든 것을 받아들이게 되는 것이다. 과거의 상처로 인한 아픔은 한때 정서적으로 우리를 상하게 하였던 것과 똑같이 배우자에게도 상처를 준다. 배우자의 상처를 치유하는 것은 우리 자신의 상처를 치유하는 것이다. 우리는 배우자를 진심으로 사랑하기 원하며 배우자가 자신을 사랑할 수 있도록 돕기 원한다. 우리는 하나님의 무조건적인 사랑을 배우자와 나누기 원하는데, 그 이유는 우리가 하나님의 특별한 자녀로서 그 사랑을 풍성하게 경험하였기 때문이다. 요한일서 4장 11절에는 "사랑하는 자들아 하나님이 이같이 우리를 사랑하셨은즉 우리도 서로 사랑하는 것이 마땅하도다"라고 나와 있다. 남편과 아내가 하나님의 사랑의 빛을 함께 받게 되면 그 사랑을 서로 나누고 싶은 강한 열망을 갖게 된다. 우리를 향한 하나님의 놀라운 사랑에서 영혼을 치유하는 사랑이 시작된다.

사랑은 상호적이다 우리가 영혼을 치유하는 사랑을 배우자에게 줄 때, 이 연합의 에너지는 상호적인 효과를 나타낸다. 우리가 무조건적인 사랑을 받으면, 단순한 섬김의 사랑을 넘어서서 배우자에 대하여 좀 더 초월적인 사랑으로 향하고 싶은 욕구가 저절로 일어나게 될 것이다. 이렇게 되면 주고받음의 순환이 지속적으로 일어난다. 이기심 대신 자발적이고 상호적인 섬김이 생긴다. 아무리 잘해 주어도 배우자가 내게 해 주는 것에는 못 미치는 것 같은 생각이 든다. 이는 배우자도 마찬가지다.

사랑은 배워가는 것이다 영혼 치유의 동반자로서 여행을 시작하게 되면, 우리는 과거의 정서적 상처와 아픔에 대해 혹은 영혼의 상처에 대해 상당히 많은 것을 알게 되며, 무엇이 배우자에게 상처가 되었는지도 알게 된다. 또한 이러한 아픔이 현재의 대처 양식이나 관계 갈등의 주요한 원인이 되고 있다는 것도 깨닫게 된다. 사실 우리가 결혼 생활에서 서로에게 주는 고통의 대부분은 어린 시절에 겪었던 고통의 직접적이거나 간접적인 결과인 것이다. 자기 자신이나 배우자의 상처를 깨닫게 되면, 부부가 갖는 전형적인 권력 투쟁을 넘어서서 상대방의 불완전함에도 불구하고 그를 친구로서 혹은 연인으로서 사랑하게 된다. 이것은 흠이나 상처를 단순히 참아내는 것이 아니라, 배우자의 영혼을 공감하고 이해하는 것으로써 마음 깊이 진정으로 서로를 보살피게 되는 것이다. 이러한 사랑은 배우자의 영적인 변화를 인내하며 기도하는 마음으로 기다릴 수 있게 만든다. 우리에게 영향을 주는 배우자의 상처를 부인하거나 무시하지 않으며, 더 이상 건강하지도 치유적이지도 않은 태도로 앙갚음하지도 않게 된다.

영혼을 치유하는 사랑으로 배우자를 사랑하게 되면 배우자의 상처에 대해 진지하게 듣고 싶어진다. 마찬가지로 배우자 역시 내가 어린 시절의 고통을 이야기할 때 인내심을 가지고 귀 기울일 것이다. 그럼으로써 우리는 배우자의 고통이 마치 나의 것인 것처럼 경험할 수 있는 공감 능력을 키우게 된다.

사랑은 코이노니아이다 그리스어인 '코이노니아(koinonia)'라는 말은 1960년대와 1970년대에 그리스도인의 나눔을 표현하는 데에 상당히 많이 쓰였다. 많은 교회들이 성경 공부 모임이나 교제 그룹의 광고 문구로 이 단어를 사용하였다. 그렇지만 이 단어의 진정한 의미는 여기에서 실제로 적용된다. 코이노니아라는 단어는 '상호적인 공감'으로 정의할 수 있다. 이것이 의미하는 바는 남편이나 아내가 나에게 자신의 고통을 나눌 때, 내가 그 고통을 그대로 느끼는 것이다. 다시 말해, 마치 똑같은 아픔이 나에게도 일어나는 것처럼 반응하는 것이다. 이러한 코이노니아는 두 사람의 영혼이 하나로 합쳐지게 만든다. 배우자의 영혼이 아픔을 겪으면 나의 영혼도 피를 흘리며, 그 반대도 역시 마찬가지이다. 배우자의 상처가 나 자신의 것이 되며 그를 치유하는 것은 결국 나를 치유하는 것이다.

나 자신을 사랑하는 것처럼 배우자를 사랑하라 에베소서 5장 28절은 "남편들도 자기 아내 사랑하기를 제 몸같이 할지니 자기 아내를 사랑하는 자는 자기를 사랑하는 것이라"고 남편들에게 명령한다. 리빙 바이블(Living Bible)은 남편은 아내를 자신의 몸의 일부처럼 사랑해야 한다고 말한다. "남자와 아내는 이제 하나가 되었으니 남자는 아내를 사랑할 때 진정으로 자신을 돌보는 것이며 사랑하는 것이다." 우리가 부부로서 이 지혜에 진정으로 귀 기울인다면 우리의 결혼 생활을 진실로 변화시킬 수 있을 것이다.

우리를 향한 하나님의 계획

하나님의 계획은 얼마나 놀라운 것인지! 시너지적 열정으로 연합된 두 사람의 영혼. 이것이 창조해 낸 에너지는 치유를 가져온다. 이러한 나눔 때문에 우리는 배우자를 사랑함으로써 곧 자신에게 호의를 베푸는 것이며, 그 반대도 마찬가지이다. 배우자에게 줌으로써 나도 받는다. 배우자의 영혼에 귀 기울임으로써 배우자도 나의 영혼에 귀 기울인다. 내가 필요로 하는 것을 배우자에게 말하면 배우자는 그것을 나에게 주는데, 이렇듯 선물을 주고 받는 과정을 통해 나와 배우자의 영혼이 치유된다. 바로 이러한 상호성이 결혼 생활을 위한 하나님의 영광스러운 설계이다. 떠나고 합하여 하나가 됨으로써 부부는 위대하고 전능하신 영혼의 치유자, 예수 그리스도를 본받는 것이다. "사랑은 여기 있으니 우리가 하나님을 사랑한 것이 아니요 오직 하나님이 우리를 사랑하사 우리 죄를 위하여 화목제로 그 아들을 보내셨음이니라"(요일 4:10) 하나님은 무한한 지혜로 남편과 아내 간의 사랑을 고안하셨는데, 즉 자녀를 위한 그분의 희생적 사랑을 모방하는 사랑이다. 우리는 우리 자신과 배우자, 연인 그리고 친구를 위한 영혼 치유자가 되려 함으로써 그리스도를 닮는다. 우리는 배우자의 상처 입은 영혼에 그리스도 사랑을 그대로 나타내 줌으로써, 그에게 최고의 선물을 준다. 우주의 창조자만이 이러한 나눔의 놀라운 관계를 고안하실 수 있다.

이러한 배우자 간의 사랑과 돌봄의 개념은 상상도 할 수 없는 것이다. 나는 역기능 가족에서 자라났기 때문에 이런 사랑이 가능한지 꿈에도 몰랐다. 많은 내담자들도 나와 비슷한 가정에서 자라났기 때문에 사랑에 대해 대부분 회의적이다. 이런 회의를 가졌던 부부의 이야기를 해 보겠다.

짐과 케어런의 이야기 · · · · ·

심과 케어런도 사랑에 대해 회의적인 부부였다. 짐은 거들먹거리며 상담실에 들어와서는 힘 있게 악수를 하며 자신을 소개하였다. 생기 있고 발랄한 케어런은 여덟 살짜리 지미의 손을 잡고 따라 들어왔다. 소개를 마치고 나서 케어런은 이곳에 오게 된 경위를 설명하기 시작하였다. 지미는 과잉 행동 때문에 퇴학당하기 직전이었다. 수업에 적응하지 못하였고 운동장에서 싸움을 일삼았다. 지미가 다니는 학교는 작은 사립 학교였기 때문에 이런 행동들을 그냥 넘기지 않았다. 교장은 지미를 퇴학시키기 전에 마지막 기회를 주어 가족이 상담을 받게 하였다.

첫 회기에는 대개 부모의 가족사를 송두리째 듣는 것이 통상적인 일이므로 나는 탐색을 시작하였다. "짐, 아직 부모님이 살아 계신가요? 혹시 부모님이나 조부모님에게 알코올 중독증이 있었나요?"

"뭐라고요?" 짐이 소리쳤다. "저는 여기에 우리 아들 이야기를 하러 왔는데요. 선생님은 왜 저의 부모님에 대해 이것저것 물으시는 거지요? 지미가 학교 생활을 잘 못 하는 것이 저의 부모님하고 무슨 상관이 있다고 그러시는 거에요?" 지미는 의심쩍게 물었다.

나는 짐에게 설명하였다. "당신의 부모님은 현재 당신의 사람됨이나 부모됨과 아주 밀접한 연관이 있어요. 그들은 지미에게 직접적으로 그리고 간접적으로 대단한 영향을 끼친 것입니다."

치료받으러 온 부모들에게서 흔히 볼 수 있듯이, 짐은 케어런에게 빈정대듯이 눈동자를 굴렸다. 케어런이 "제발 한번 해 봅시다."라고 말하는 듯한 시선을 보냈기 때문에, 짐은 참고 이야기를 계속하였다.

나는 오래 지나지 않아서 이 가족의 역사를 파악할 수 있었다. 짐과 케어런은 모두 군인 가족이었다. 케어런의 아버지는 퇴역한 후 심하게 술을 마시기 시작한 알코올 중독자였다. 당시 케어런은 열한 살이었다.

짐은 아버지가 심하게 술을 마셨다는 것은 시인하였지만 알코올 중독자였는지는 잘 모르겠다고 하였다. 두 사람의 어머니는 모두 남편에게 순종적이었다. 군인 가정에서 흔히 볼 수 있듯이 말이다. 짐과 케어런이 보완적인 혹은 비슷한 아동기의 상처를 가지고 배우자를 선택하였다는 것을 알 수 있었다.

나는 이들 부부에게 어린 시절에 어떻게 교육받았는지를 물어보았다. 짐은 또다시 의심쩍다는 표정을 지었다. 그러자 케어런은 짐에게 너무나도 간절한 눈빛을 보냈다. 의심을 버리라고 하는 것 같았다. 나는 그녀의 마음을 사로잡은 것이었다.

케어런이 먼저 말하기 시작하였다. 자신의 아버지는 비판적이었고 요구가 많았다고 하였다. 이야기를 계속하면서 그녀의 목소리는 더욱 부드러워졌고 생각에 잠기는 것 같았다. 마치 어린 시절 경험하였던 것을 마음의 눈으로 보고 있는 듯이 말이다. 이런 현상은 치료 시간에 흔히 일어나는 일이다. 과거를 돌아보고 어린 시절의 사건을 눈앞에 생생하게 그리는 것이다. 이러한 일은 그 당시에 느꼈던 감정으로 마무리가 된다. 다 큰 어른이 어린 시절의 학대를 떠올리면서 마치 어린아이처럼 흐느끼는 것은 흔히 볼 수 있는 일이다. 여기에는 플래쉬백(flashback)이나 과거 회상 등 다양한 이름을 붙여 왔는데 우리는 이것을 '퇴행적 회상(regressive reflection)' 이라고 부른다. 퇴행적 회상은 내담자들이 현재의 가족 관계를 어떻게 다루고 있는지를 보여 준다는 점에서 매우 중요하다. 칼로스 산타야나(Carlos Santayana)라는 작가는 "과거를 잊어버린 자들은 그것을 반복하도록 운명지어져 있다."라고 말한 적이 있다. 이 말은 과거를 고통스럽게 기억하는 자들에게도 역시 진실이다.

케어런은 어린 시절의 경험을 퇴행적으로 회상하기 시작하면서 조용하게 흐느꼈다. 심기가 매우 불편해진 짐은 자리에서 안절부절 못하였다. 케어런은 떨리는 목소리로 아버지가 자녀들을 함부로 다루었던 고통스런 광경을 묘사하였다. 세 딸 중 둘째였던 그녀는 다른 자매들보다도 아버지의 분노를 더 많이 샀던 것같이 보였다.

"짐이나 내가 부모님의 실수를 반복하지 않았으면 좋겠어요. 그래서 상담을 받으러 온 거예요."라고 그녀는 말하였다. 케어런은 조금 부끄럽다는 듯이 눈물을 삼키고 짐을 애원하듯 쳐다보았다.

우리가 짐에게 눈을 돌리자 그에게는 불편해 하는 빛이 역력하였다.

"아버지가 술을 마신 것은 사실이지만 케어런 아버지처럼 나쁘지는 않았다고 생각해요. 완벽주의자인 아버지는 우리들에게 아주 많은 기대를 갖고 계셨지만, 단지 자녀에게 최상의 것을 원하셨던 것뿐이에요. 아버지는 가난하게 자라셨기 때문에 자신이 갖지 못하였던 것을 우리가 갖기 원하셨지요. 나는 형제 중 맏이였기 때문에 아버지가 동생들보다 더 큰 기대를 하셨던 것 같아요. 아버지는 엄격하셨지요. 그렇지만 아버지를 분명하게 기억할 수는 없어요. 특히 선생님이 말씀하시는 학대 같은 것 말이에요."라고 짐은 말하였다.

케어런이 막아섰다. "아버지가 당신을 사관학교에 보내기 직전에 당신을 때렸던 것을 기억하지 못해요?" 케어런은 나를 보며 말하였다. "짐은 데이트할 때 이런 이야기를 해 주었어요. 짐의 아버지가 가혹하게 훈육하였던 얘기들이 또 여럿 있어요." 그녀의 눈물 젖은 눈은 내게 상담을 계속 진행할 수 있는 용기를 주었다. 그녀는 내가 지금 무엇인가를 하고 있다는 것을 믿는 것 같았다.

나는 짐이 무엇인가 두려워하고 있다는 것을 알 수 있었다. 마치 무엇인가를 숨기려 하는 것 같았다. 그는 마음을 닫은 것처럼 보였다. 마치 감정이 아니라 사실만을 말할 것이며 어떤 감정도 보이지 않겠다고 결심한 것 같았다.

그래서 나는 두 사람에게 지미를 어떻게 훈육하고 있느냐고 물었다. 바로 그때 짐은 정말로 거북하다는 표정을 지었다. 케어런은 조용히 흐느끼기 시작하였다. 그녀의 말을 듣고 보니 그녀는 짐이 지미를 다루었던 방식에 대해 매우 속상해하는 것 같았다.

그녀는, 짐은 자기 말을 듣게 하기 위해 지미를 너무 거칠게 대한다고 생각하였다. 그리고 짐이 그의 아버지가 자녀에 대해 가졌던 지나친 완벽주의를 그대로 답습하고 있는 것이 겁난다고 하였다. 케어런은, 짐이 그녀에게 가장 소중한 아들을 해치고 있기 때문에 짐에게서 사랑받지 못하는 것같이 느낀다고 말하였다.

"만일 짐이 우리를 사랑한다면 이런 식으로 우리를 대하지는 않을 거예요! 짐이 지미를 이런 식으로 다루고 있는데 내가 이런 결혼 생활을 지속할 수 있을지 의심이 들기도 해요."라고 말하였다.

짐은 충격을 받은 것처럼 보였다. 죄책감을 갖는 것 같기도 하였다. 그는 자신의 참을성 없는 학대 성향 때문에 아들에게만이 아니라 아내에게도 상처를 주고 있다는 사실을 깨달았다. 그는 자기 때문에 식구들이 그토록 상처받는다는 사실, 케어런이 자기가 아버지처럼 되어가고 있다고 생각한다는 사실에 대해 근심하기 시작하였다. 자신이 그렇게 되어가고 있다는 생각을 하니 등골이 오싹해졌다. 자기가 그토록 경멸하였던 아버지의 행동을 그대로 하고 있다는 사실에 직면하는 것은 참으로 어려운 일이었다. 그는 이것에 대해 많은 죄책감을 느꼈다. 그렇지만 이 죄책감은 자신과 가족에게 유리하게 작용하였다. 짐은 즉시 다음 상담을 약속하였다. 기독교 상담을 통해 치료받을 수 있을 것이라는 믿음을 갖기 시작하였던 것이다.

몇 주가 지나면서 짐과 케어런은 어린 시절 받았던 학대의 장면들을 수없이 서로에게 드러냈다. 이들은 서로를 어떻게 위로해야 하는지 알게 되었고, 고통을 나누어 가지면서 서로의 영혼을 지지해 줄 수 있었다. 이렇게 함으로써 과거에는 전혀 알지 못하였던 방식으로 두 사람이 연합되었다. 쉽지는 않았지만, 의도적이건 아니건 서로에게 주었던 상처를 치유하도록 하나님의 사랑과 용서를 받아들였다. 시간이 흐르면서 이들은 서로의 영혼을 치유하는 연인이 되었다.

지미에 대해서는 우리 모두 놀라울 뿐이었다. 자기 엄마와 아빠가 서로 가까워지면서 지미도 훨씬 더 평화스러워지고 행동도 좀 더 안정되었다. 우리는 상담 회기 중에 짐과 케어런에게 좀 더 세련된 부모역할 방식을 가르쳐 주었고, 지미에게는 자신이 한 행동이 어떤 결과를 가져오는지를 가르쳐 주었다. 지미는 학습 장애 테스트를 받았는데 주의력 결핍 장애가 있다는 결과가 나와서, 개인 지도와 약물 치료를 병행하며 그 문제를 다루기 시작하였다. 좀 더 탐색해 보니 짐도 역시 주의력 결핍 장애가 있었다. 짐은 늘 과도한 성취와 완벽주의를 통해 이 문제를 보상하려고 하였다는 사실을 알게 되었다. 이러한 인식을 하게 되자 짐은 아들을 이해할 수 있게 되었고 좀 더 좋은 관계를 맺게 되었다.

이 가족이 영혼의 치유자가 되기로 헌신한 지 수년이 흘렀다. 우리는 지금까지 정기적으로 만난다. 짐과 케어런의 관계에는 계속 꽃이 피고 있으며, 이는 우리에게도 큰 축복이다. 지미는 이제 학교 생활을 꽤 잘하고 있다. 그의 키는 약 180센티미터이고 몸무게는 80킬로그램이 넘는다. 현재 자기 학교 축구 팀에서 공격과 수비수로 뛰고 있는데, 경기를 할 때면 경기장 스탠드에는 그의 열렬한 팬 두 사람 앉아 있다. 바로 엄마와 아빠이다.

이렇듯 영혼에 변화가 일어나기 위해서 짐과 케어런은 자신들의 영혼을 분명히 이해해야만 하였다. 우리는 이러한 이해가 영혼의 치유자가 되려는 모든 내담자들에게 꼭 필요하다는 것을 발견하였다. 그러므로 영혼의 목적을 분별하는 것은 정말로 중요한 일이다. 우리는 내담자들에게 소위 '영혼에 대한 효과적인 정의'를 가르쳐 준다. 다음 장은 그 정의를 이해하는 데에 도움을 줄 것이다.

제 2 장

영혼의 목적

영혼의 치유자들을 훈련시키려면 우선 영혼에 관해서 가능한 한 많이 알려 주어야 한다. 톰과 나는 이것이 매우 중요한 작업이며, 존경심을 가득 담고 시도해야 완성되는 작업이라는 것을 알았다.

그 동안 많은 철학자와 신학자, 심리학자들이 영혼에 관해서 논하였다. 톰과 내가 그들처럼 풍성한 지식을 갖고 있다고 생각하지는 않지만, 영혼에 대해 효과적인 정의를 내려야 할 필요성을 느끼고 있다. 그래야 여러분이 우리가 전달하려고 하는 것이 무엇인지를 깊이 파악할 수 있을 것이기 때문이다. 우리 앞에 놓인 과업은 아주 겸손하게, 그리고 철학적으로 '영혼'을 정의하는 것이다.

영혼은 삶의 원리이다. 이것은 핵심 에너지 혹은 생명 에너지이며, 보이지 않지만 감각력 있는 인간의 요소이다. 인간의 영적인 부분이며, 죽은 후의 세상까지 영속될 것이라고 생각되는 도덕적인 측면이다. 즉, 사후 세계의 행복이나 불행에 영향을 받는다는 뜻이다. 영혼은 진정하고 실재하는 정서적 본질이다. 이것은 사람됨의 본질이요 정수이다(주 1).

『그롤리어 백과사전』(*Grolier's Encyclophedia*)은 신체적인 존재에 생명을 불어넣고, 육체의 죽음에도 불구하고 살아남는 영적인 부분이라고 영혼을 정의한다. 또 이 사전은 영혼이라는 단어가 철학이나 종교 혹은 일상생활 속에서 정확한 정의로 사용되는 일이 거의 없는 용어라고 말한다(주 2). 우리는 영혼의 분명한 정의를 조사하면서 이 말에 동의하게 되었다.

성경에서 사용하는 영혼에 대한 그리스어는 '프쉬케(*psychē*)'이다. 이것은 영어의 'psyche'와 가까운데 '호흡' 또는 '생명의 호흡'을 의미한다. 하나님은 영혼을 하나님과 가장 닮은 중심적 측면으로 만드셨기 때문에, 영혼은 아마도 인간의 심리 중에서 가장 하나님과 닮은 부분일 것이다. 하나님과 닮았다는 속성 때문에 영혼은 굉장한 깊이와 섬김의 능력을 갖고 있다. 에베소서에 나오는 배우자와 합하여 한몸을 이룰 수 있는 것은 바로 영혼의 이러한 측면이다. "이러므로 사람이 부모를 떠나 그 아내와 합하여 그 둘이 한 육체가 될지니"(엡 5:31) 부부가 영혼의 능력뿐 아니라 영혼의 연약성을 알게 되면 하나님이 고안하신 한몸을 성취하는 데에 도움이 될 것이다.

『바인 신약성서 어휘 해설 사전』(*Vine's Expository Dictionary of New Testament Words*)은 'soul'과 'spirit'을 구분하여 spirit을 좀 더 상위의 요소로, soul을 하위의 요소로 말한다. 그러므로 spirit에서 감지되고 느껴지는 것들이 soul에서 반드시 느껴지지는 않을 수 있다. 이 책은 영혼을 삶의 매순간의 본질, 그리고 존재의 들숨과 날숨이라고 설명한다.

영혼에 대한 정의의 한 측면은 존(John)과 폴라 샌포드(Paula Sanford)가 말하는 이른바 '기억의 치유'라고 할 수 있는데, 이 용어는 지난 20년간 기독교 상담계에서 유행하였다. 이들의 작업은 내적 인간의 변화에 대해 논하고 있다. 이것은 영혼 정화 혹은 영혼 치유의 과정으로, 과거의 학대로부터 영혼을 치유해서 그 영혼이 자유롭게 날아올라 영적으로 성장할 수 있도록 하는 것이다.

샌포드는 과거의 부정적인 기억들을 치유함으로써 하나님을 경외하고 사람들을 좀 더 사랑할 수 있도록 영혼을 준비시킬 수 있다고 주장한다. 우리는 날마다 상담을 통해 자신의 영혼 속에 있는 상처와 고통을 거의 혹은 전혀 인식하지 못하는 내담자들을 만난다. 이런 사람들은 인간관계에서 많은 갈등을 겪지만 그 이유를 전혀 이해하지 못하는 것 같다. 그리스도인이 아닌 사람들은 영혼이라는 측면에 대해 무지하기 때문에 그렇다고 치자. 그렇지만 그리스도인들은 영혼에 대해 풍성한 지식을 갖고 있다. 왜냐 하면 우주의 창조자가 영혼 안에 거하시고 자신의 뜻과 목적을 위해 그 영혼을 사용하고자 하시기 때문이다. 만일 이러한 인식을 가질 수 없다면 그 사람은 내적 치유가 필요할지 모른다.

현대의 고전이라 할 수 있는 『영혼의 돌봄』(*The Care of the Soul*)에서 토머스 무어(Thomas Moore)는 "영혼은 의식과 무의식 중간에 있고, 그 수단은 정신이나 신체가 아니라 상상력이라고 전통은 우리에게 가르친다. 일의 완수, 보람 있는 인간관계, 개인적인 힘, 증상의 경감 등은 영혼의 선물이다."라고 했다. 무어는 영혼에 대한 대단한 경외심과 존경심을 가지고 있었기 때문에 마치 영혼 자체가 지성이나 힘의 감각을 가지고 있는 듯이 논하였다. 영혼에 대해 말하면서 그는 심리학을 세속적인 과학으로, 영혼의 돌봄을 신성한 예술로 설명하였다.

이 책의 목적은 영혼에 대해 완전한 정의를 내리고자 하는 것이 아니다. 그런 것은 신학자들과 현대 신비주의자들에게 맡기겠다. 우리는 단순히 자신과 배우자를 발견하는 놀라운 순례를 시작하게 해 주는, 분명하고도 효과적인 영혼의 정의를 찾고자 하는 것이다. 우리는 우리의 삶에서 영혼의 복잡성이나 신비함을 완전히 이해할 수 없을지 모른다. 30여 년간 연구하였지만 아직도 영혼의 복잡성에 당황하고 그 능력에 두려움을 느낀다. 어쨌든 이 책의 목적을 위해, 우리는 영혼을 '남자와 여자의 본질, 진정하고 기본적인 본성,

생명의 숨 혹은 생명 에너지' 라고 부를 것이다.

그러므로 영혼이란 사람에게 생명과 활기를 주는 것이다. 영혼은 우리의 생기, 활기, 에너지이다. 그것은 각 개인 안에 형성된 구체적인 생명이며, 몸은 영혼에 의해 생기를 얻는 물질적인 기관이다. 이 책의 목적을 위하여, 영혼이라는 용어를 '정서, 의지, 욕구, 기억을 포함하는 실재의 참 자아' 의 뜻으로 사용할 것이다.

영혼은 상처받기 쉽다

영혼은 정서와 욕구, 기억을 담고 있기 때문에 고통과 상처에 쉽게 노출된다. 과거의 정서적 상처는 영혼에 커다란 영향을 준다. 이러한 영혼의 상처는 사람이 모든 삶의 측면에 어떻게 관계하는지, 그리고 사랑의 관계에서 어떻게 상호 작용을 하는지에 관해 풍성한 지식을 제공한다.

부부는 서로 영혼을 치유하는 사랑을 키워 나가기 위해 자신의 영혼을 탐색해야 한다. 사람들은 자신의 추하고 어두운 부분을 직면하고 싶어하지 않기 때문에, 이는 매우 어려운 작업이다. 자신의 영혼이 진정으로 어떠한지 선한 면과 악한 면을 본다는 것은 정말로 어렵다. 특히 매주일 선하고 의롭게 되라고 배우는 그리스도인들에게는 더욱 힘든 일일 것인데, 자신의 죄 많은 모습을 보면 죄책감을 느낄 것이기 때문이다. 이러한 은총 없는 죄책감 때문에 많은 사람들이 자신의 죄를 직면하지 않는다. 자신에 대한 진실로부터 숨어버린다. 자신의 죄 된 본성이 존재한다는 사실조차 받아들이지 않는다. 넘어지고 죄를 질 때 이들은 재빨리 그 죄를 인정하고 억압해 버린다. 그러므로 이들은 죄를 고백할 기회를 갖지 못하며 치유 받아야 할 영혼의 병약한 측면에 대해 알 기회도 갖지 못한다.

토머스 무어는 『영혼의 돌봄』에서 "도덕주의는 영혼에 대항하는 가장 효과적인 방패이며 영혼의 복잡함으로부터 우리를 보호해 준다."라고 말하였다. 만일 사람이 자신의 영혼에 대해 지나치게 도덕적이거나 비판적이라면 배우자의 영혼에 대해서도, 더 심하지는 않더라도, 그만큼 비판적일 것이다. 자신의 영혼을 알고 하나님이 사랑하신 것처럼 자기 영혼을 사랑하면, 인간관계에서 사랑을 주고받는 일을 할 수 있게 될 것이다.

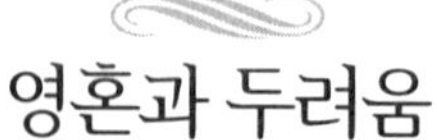

영혼과 두려움

상처받은 영혼이 인간관계의 바다를 목적 없이 항해하다가 억압받고 상처 입은 또 다른 영혼과 맞닥뜨리면 어떤 일이 일어날까? 책이나 노래나 영화는 우리에게 그들이 평생토록 행복하게 살았다는 낭만적인 결과를 말해 준다. 상처 입은 두 영혼이 반갑게 만나 다시는 고통을 겪지 않고 산다! 그러나 실제적인 통계가 보여 주는 것은 그렇지 않다. 지속 기간은 고작 4년 정도이며 '이후 내내 행복하게 살았더라'는 말은 계속 그 기간이 짧아지고 있다.

요즘 우리는 결혼 생활이 깨지는 경우를 많이 보게 된다. 독신자들은 헌신에 대해 점점 두려워한다. 이러한 젊은 도시인들은 데이트를 적게 하고 결혼을 자꾸 미룬다. 독신들이 배우자를 더 까다롭게 고르기 때문인지도 모르겠지만, 높은 이혼율이나 기혼 부부들의 만족도가 낮은 것을 보면 정말 문제가 되는 것은 두려움인 것 같다. 이러한 예비 신랑 신부들은 결혼을 삶의 질을 높여 주는 헌신으로 보는 것이 아니라 감옥에 갇히는 형벌로 본다. 이들은 결혼을 하면 삶의 질이 낮아질까 두려워하기 때문에, 모험을 하기보다는 그냥 독신으로 사는 것을 택한다. 그렇지만 결혼을 택하는 사람들이 있기 마련이고, 이들은 자신의 선택에 소스라쳐 놀라고 만다.

헌신은 혼란이다

헌신을 하면 공포심이 일어난다. 하빌 헨드릭스(Harville Hendrix)는 『원하는 사랑을 얻기』(*Getting the Love You Want*)라는 책에서 사람들이 사랑에 헌신을 하면 죽음에 대한 케케묵은 공포를 갖게 된다고 말한다. 연인들은 서로 신뢰하려고 노력하면서 무의식적으로 유아기로 이동한다. 헨드릭스는 부부가 헌신을 하고 난 뒤 대개 72시간 안에 중대한 갈등을 겪는다고 말한다. 대개의 경우 이는 신뢰하는 능력이 깨졌기 때문이다. 불안정한 양육자에게서 자라난 사람들은 다른 사람을 신뢰하는 데 문제가 있을 수 있다. 부모가 알코올 중독자나 일 중독자였을지 모르고, 아버지나 어머니와 장기간 떨어져 있었을지도 모른다. 이러한 상황에 처하게 되면 사람들은 인간 관계 속에서 신뢰를 형성하는 능력에 타격을 입는다.

낭만적 관계를 이루려면 기본적으로 신뢰가 필요한데, 이들은 의식적으로나 무의식적으로 헌신하는 것을 두려워한다. 이들은 사랑에 빠지게 되면 최초의 애정 관계(부모와의 관계)를 떠올리며 극도의 공포감을 느낀다. 배우자에게 사랑으로 인한 온갖 특전을 주는 것을 어려워하는데, 그 이유는 이러한 특전을 주게 되면 상처를 줄 수 있는 힘도 상대에게 부여하게 되기 때문이다. 상처 입은 영혼들은 사랑에 빠지면 배우자가 어머어마한 힘을 행사할 것이라는 과도한 생각을 하게 되는데, 이는 정말로 공포가 아닐 수 없다. 이런 사람들은 '상처 입은 위탁자'라고 불리기도 한다.

기본적인 신뢰

'심리학 개론'을 들은 사람이라면 해리 할로우(Harry Harlow)의 원숭이 연구가 생각날 것이다. 할로우는 새끼 원숭이들을 두 집단으로 나누어 각각 대리 어미를 두었다. 한 어미 원숭이는 헝겊으로 만든 것으로 새끼를 따뜻하게 해 줄 수는 있지만 젖을 주지는 못하였다. 또 다른 어미 원숭이는 철사줄로 만든 것으로, 젖을 먹일 수 있는 장치가 달려 있었다. 새끼 원숭이들은 헝겊으로 만든 따뜻한 어미에게서는 젖을 얻어먹을 수가 없었는데도, 철사줄로 된 차가운 어미보다 더 좋아하였다. 많은 원숭이들이 철사줄 원숭이 밑에서는 잘 자라나지 못하였다.

나는 두 마리 새끼 원숭이가 공포와 불안감에 가득 차서 서로 꼭 껴안고 있는 사진을 심리학책에서 보았는데 그 모습을 잊을 수가 없다. 할로우는 이런 원숭이를 '함께-함께 원숭이(together-together monkeys)'라고 불렀다. 그의 연구 결과는, 원숭이들은(마찬가지로 사람들도) '기본적인 신뢰'를 배우기 위해서는 단순히 음식만이 아니라 따뜻함과 안정감이 필요하다는 사실을 보여 준다. 기본적인 신뢰가 없으면 불안감이 커지고 나중에 어떤 관계를 맺더라도 고통을 겪게 된다.

우리들은 대부분 신뢰자에게 실망한 경험이 있기에 서로 꼭 껴안고 있는 새끼원숭이들처럼 관계를 맺는다. 나는 '철사줄 어머니'가 나를 길러 주었다는 말을 하곤 하는데, 우리 어머니는 영혼의 상처로 인해 나를 사랑할 능력이 없었던 것이다. 상담을 하면서 만나는 많은 내담자들도 부모에 대해서 이와 비슷한 느낌을 갖고 있다. 이렇게 양육된 우리들은 아주 불리한 조건에서 헌신된 관계를 시작한다. 우리는 진심으로 사랑하고 사랑받기를 원하지만 너무 큰 불안을 일으킨 나머지 사랑을 받아들이는 데 힘겨워한다. 우리가 그토록 원하는 사랑을 붙드는 것이 죽을 정도로 공포스러운 것이다. 이는 온갖 의심과 불안을 일으킨다. 원하기도 하지만 두렵기도 하다. 무조건적인 사랑은 우리에게 너무 낯설기 때문에 우리가 느끼는 불안의 수치는 매우 높다.

소원 성취 이론

지그문트 프로이트(Sigmund Freud)는 '소원 성취 이론'이라는 것을 발전시켰는데, 그 내용은 소원이 성취되면 다시는 그런 것이 오지 않을 것이라는 공포가 생긴다는 것이다. 그러므로 바라던 것을 갖게 되면 불안해진다. 이는 낭만적 사랑을 할 때 특히 그러한데, 낭만적 사랑은 영혼의 가장 깊고도 가장 기본적인 필요이기 때문이다. 사랑을 손에 쥐었을 때 갖게 되는 빼앗길지도 모른다는 공포는 죽음의 공포에 비길 만하다. 사람들은 문자 그대로 배우자의 손에서 자신의 영혼이 파괴될지도 모른다는 공포를 느낀다. 그러므로 우리는 사람들이 어떻게 사랑을 두려워하는지 그리고 어떻게 사랑하는 사람에게 사로잡히는지를 쉽게 볼 수 있다. 스토킹, 복수, 자살 위협, 그 밖의 빗나간 행동들은 이런 형태의 사랑 중독의 결과로 나타난다. 이런 사람들은 배우자를 자기 영혼의 생존 자체와 결부시킨다.

사랑에 대해 너무나 높은 기대를 갖기 때문에 결혼 생활은 혼란에 빠지게 된다. 많은 사람들이 불안을 극복하지 못해 결혼 생활에서 벗어나고, 결국 건강하지 못한 패턴을 반복하기만 하거나 인간관계의 바다에서 목적 없이 찾아 헤매는 모험을 계속하기도 한다. 이런 사람들은 해답을 구하기 위해 자신의 영혼을 내적으로 들여다보지는 않고 끊임없이 자신의 짝을 찾아다닌다. '자신의 짝'이 바로 눈앞에 있는데도 영혼에 대해서 알아차리지 못하기 때문에 깨닫지 못하는 것이다.

영혼의 목적을 발견하고 영혼의 속성을 이해하게 되면, 하나님께 서 자녀에게 허락하신 신비한 일체감을 체험하는 법을 배우게 된다. 인식과 이해의 부족으로 한몸을 이루지 못했던 것을 배우게 되는 것 이다. 다음 이야기는 영혼이 어떠한 것인지를 거의 알지 못한 채 상 담을 받으러 온 그리스도인 부부에 관한 이야기이다.

그레그와 마샤의 영혼 탐험

마샤는 매우 명랑한 과체중의 여성이었는데 식욕을 조절할 수 없어서 상 담소를 찾았다. 음식은 그녀에게 강박증이 되었다. 첫 회기에서 그녀는 남편 이 상담을 신뢰하지 않았기 때문에 상담을 받으러 오기까지 많은 세월이 흘 렀다고 말하였다. 음식에 관한 고충을 남편에게 말하면, 남편은 절제를 구하 는 기도를 충분히 하지 않기 때문이라고 늘 비난하였으며 성경 공부를 하라 고 말하였다. 이 말이 마샤에게 상처가 되었지만 그녀는 남편의 말에 동의하 였다. 그러고 나면 그녀는 기분이 좋지 않았고 식사의 양을 조절하려고 더욱 애썼다. 남편 그레그는 마침내 그녀가 상담 받으러 가는 것에 동의하였고 몇 번은 동행하겠다고 하였지만, 자기 자신을 위해서는 상담을 받지 않을 것이 라고 단단히 못 박았다. 그는 이것은 분명 마샤의 문제이지 자신의 문제가 아 니라는 것을 상담자가 알아 주길 바랐다.

그들의 가족사를 탐색하면서 그레그와 마샤 둘 다 맏이였다는 것을 알 수 있었다. 마샤는 남동생이 둘 있었으며, 그레그는 남동생과 여동생이 있었다.

두 사람 모두 부모님이 엄격하고 지배적이었다고 말하였다. 둘 다 십대 때 반항아였으며 여러 가지 다양한 반문화적 활동에 참여하였기 때문에 많은 고통을 겪기도 하였다. 두 사람 모두 십대 시절에 대해 안 좋은 기억을 갖고 있으며, 반항적인 행동 때문에 정서적 상처를 지니게 되었다는 것을 털어놓았다. 우리는 비슷한 영혼의 상처를 가진 사람은 서로 끌리게 된다는 것을 다시 한 번 확인할 수 있었다.

그레그와 마샤는 14년 전에 만났는데 당시는 둘 다 그리스도인이 아니었다. 결혼한 후에도 그들은 폭음을 하고 정기적으로 마약을 사용하는 등 제어되지 않는 삶을 살았다. 마샤는 임신한 후에 술을 끊었지만, 그레그는 여전히 술을 마시고 마약을 하였다.

첫 아이가 태어난 후에 그들은 그리스도인의 삶을 살아가기로 결심하였다. 교회에 나가기 시작하였고 즉시 열심히 활동하게 되었다. 그레그의 변화는 놀랄 만하였다. 그는 마약과 술을 끊었다. 그 시간 이후 다시는 마약이나 술을 하고 싶지 않았다고 눈물을 흘리며 말하였다. 회심한 후 몇 주일이 지나자 담배도 끊었으며 담배를 피우고 싶은 마음이 싸악 없어졌다고 하였다. 그레그는 자기 삶에서 일어난 이러한 변화에 대해 하나님께 영광을 돌렸다. 그는 자기 영혼이 제자리를 찾았다고 느꼈다. 그는 교회에 다녔고 경건한 생활을 하였다. 무엇을 더 바랐겠는가?

그레그는 그러한 중독 습관을 어떻게 끊어 버릴 수 있었냐고 질문을 받으면 언제나 전도사 같은 태도로 "그냥 그렇게 한 겁니다!"라고 말하곤 하였다. 그러한 조언은 강박 행동 때문에 고충을 겪는 교인들에게는 아무런 도움이 되지 않았다. 식욕을 조절하기 위해 온갖 애를 써도 잘 되지 않는 마샤 같은 사람에게는 특히 상처가 되었다.

얼마 후 마샤는 사랑받지 못한다는 느낌을 갖게 되었다. 그레그의 판단적이고 모욕적인 태도는 결혼 생활에 해를 끼치고 있었다. 내가 이에 대해 그레그에게 물어보자 그는 역시 전도사 같은 태도로 대답하였다. "마샤는 사람들이 대개 그렇듯이 자기 죄에 대한 진실을 보려고 하지 않아요. 아내는 내가 자기를 딱하게 여겨 그냥 참아 주길 바라죠. 자기 자신을 파악해서 절제와 같은 성령의 열매를 실천해야 하는 사람을 나는 동정할 수가 없어요. 마샤는 듣기 좋은 말만 들으려 해요." 이런 말은 마샤를 구렁텅이에 빠뜨렸다. 그녀는 소망을 잃고 우울해져서 더 많이 먹곤 하였다.

마샤는 그레그에게 사랑받지 못하는 것 같다고 수없이 말하였다. 그레그는 그런 말은 '터무니없는 소리'라고 일축하면서, 아내를 사랑하라는 하나님의 명령과 어떤 대가를 치르더라도 순종할 결단에 대해 성경을 인용하였다. 두말할 필요도 없이, 이런 말을 들었다고 해서 마샤가 남편에게 사랑받거나 소중히 여겨진다는 느낌을 갖게 되지는 않았다.

반면에, 그레그는 마샤가 남편인 자신에게 신경을 쓰지 않는다고 생각하였다. 왜냐 하면 그녀의 체중이 자기에게 문제가 된다고 수차례 말하였었기 때문이다. 그레그는 아내가 자기를 괴롭히려고 체중을 줄이지 않는다고 느꼈다. 이렇게 되어 큰 갈등이 생기게 되었는데 특별히 성 생활에서 그랬다. 마샤는 자신의 부정적인 신체 이미지와 그레그에 대한 부정적인 느낌과 싸우고 있었다. 그 결과 마샤는 성 욕구가 전혀 없어져 버렸다. 그레그도 자기 몸을 잘 관리하는 매력적이고 날씬한 배우자를 바랐기 때문에 성 욕구를 잃어버리게 되었다. 나는 아내의 문제와 남편의 문제가 서로 어떻게 부딪혀 작용하는지 금방 알 수 있었다.

부부는 서로에게서 비슷한 상처를 발견할 뿐 아니라, 깊은 문제들은 직접적으로 배우자에게 영향을 준다. 이러한 것을 '반응(interactivity)'이라고 일컫는다. 그레그와 마샤의 개인적 문제는 서로 반응을 하였던 것이다. 게다가 그들이 하였던 많은 말들은 거의 동시에 서로의 깊은 상처를 건드렸다. 이런 말들을 '충격 진술(impact statement)'이라고 부른다. 마샤의 체중 문제, 낮은 자존감, 사랑받지 못한다는 느낌은 그레그의 판단주의, 강박적인 선행 추구의 생활양식, 무시당하고 존경받지 못한다는 느낌과 반응하며 영향을 주었다. 마샤의 상처를 치유하기 위해, 그레그는 자기 자신의 상처를 반응적으로 기꺼이 치유하려는 마음을 가져야 하였다. 자신의 상처가 마샤로 하여금 부정적으로 반응하게 만들었던 것이기 때문이었다. 반대로 마샤가 자신의 강박적인 섭식 상처를 치유하고 절제를 배우려는 마음을 기꺼이 갖는다면 이것 역시 그레그가 사랑받지 못한다는 느낌을 치유할 수 있게 될 것이었다.

그레그와 마샤는 상담소를 찾아오기 전까지는 그들의 상처가 서로에게 부정적인 영향을 주었기 때문에 상대를 잘못 만난 것으로 생각하였다. 그렇지만 사실은 상처가 부정적으로 영향을 주었기 때문에 바로 제 짝을 만난 것이다. 역설적으로 말해서, 반응할 요소들이 많은 배우자만이 자기 배우자의 상처를 치유할 수 있고, 그 반대도 마찬가지이다. 반응성과 충격 진술에 관해서는 다른 장에서 좀 더 자세히 다루겠다.

그레그와 마샤는 둘 다 영혼에 관해서 매우 제한된 개념을 가지고 있었다. 그들은 과거 영혼의 상처에 대해서 무심하였고, 마약이나 술로 그 상처를 억압하거나 은폐하였다. 이러한 억압 때문에 건강하지 못한 방식으로 행동하게 되었던 것이다. 자기 자신의 영혼을 학대하고 있었을 뿐 아니라 서로의 영혼도 학대하였다. 그들은 구원을 찾는 것이 해답이라고 생각하였다. 마샤에 따르면 "그리스도인이 되기만 하면 선한 삶을 사는 데 필요한 일은 다 한 거라고 생각했어요." 새로 믿기 시작하는 그리스도인들은 이것이 영혼을 위한 마지막 행동이라고 생각하지만 사실은 시작에 불과하다. 하나님은 우리가 그분의 경외로운 힘을 사용하여 우리 영혼의 상처를 계속 치유하고 배우자의 상처도 치유하기를 원하신다. 또한 배우자가 우리의 상처를 치유해 주기를 원하신다.

그레그와 마샤는 서로에 대해서 알아가기 시작하였다. 그 전에는 말하지 않던 경험과 감정을 나누었다. 그레그는 마샤가 소녀 시절에 성폭행을 당하였다는 것을 알게 되었다. 그는 마샤가 그 일이 자기에게 얼마나 고통스러웠으며 성에 대한 태도와 신체 이미지에 여전히 어떤 영향을 끼치고 있는지를 말할 때 사랑의 마음과 인내심을 가지고 앉아 있었다. 마샤는 그레그의 아버지가 그에게 사랑을 베푼 적이 한 번도 없었다는 사실을 알게 되었다. 그레그가 아버지의 인정을 얻기 위해 행하였던 것처럼 하나님의 사랑 역시 행함을 통해 얻을 수 있다고 느낀다고 말할 때 마샤는 잘 들어 주었다. 이야기를 나누면서, 이들은 서로의 영혼의 고통에 마음을 열게 되었다. 그레그는 마샤를 공감하고 이해하면서 더 이상 그녀를 비판하지 않았다. 그레그가 마샤에 대해 덜 비판적이고 사랑스런 태도로 행동하자, 그녀는 그에게 더 가까이 다가가 그를 기쁘게 해 주고 싶은 마음이 생겼다. 그녀는 날씬해지길 원하였는데, 이런 마음은 그레그를 기쁘게 하였고 마샤 자신을 치유하였다. 자기의 영혼을 알게 됨에 따라 이 두 용감한 순례자들은 서로를 위한 영혼 치유의 사랑을 발전시켜 가게 되었다.

수년이 지난 지금, 마샤는 그레그가 자기의 가장 친한 친구이며 가장 훌륭한 변호인이라고 생각한다. 그녀는 여전히 식욕에 대한 훈련을 계속해야 하지만 이러한 강박 행동이 일으켰던 고통은 없어졌다고 했다. 그레그는 길거리 사역을 하고 있는데 집 없는 사람들이 그리스도를 만나도록 도우며 자립하게끔 돕고 있다. 그는 영혼 치유의 순례를 통해 배우지 못하였다면, 오늘날처럼 연민과 공감을 가지고 사역하지는 못할 것이라고 말한다.

그레그와 마샤는 서로에게 훌륭한 치유 멘토였다. 다른 어느 누구에게서도 배우지 못할 것을 서로에게서 배웠다. 상담을 통해 이들은 영혼이란 신성한 것이며 사랑하고 소중히 다루어야 할 것이라는 것을 알게 되었다. 이들은 영혼에 대해 새롭고 건강한 관점을 갖게 되었다. 서로에게 가하였던 상처의 반응은 영혼의 고통을 치유하는 향유로 변화되었다.

우리가 자신의 영혼을 치유하고 다른 사람의 영혼을 치유하기 위해서는 그 영혼이 형성된 환경을 먼저 살펴보아야 한다. 우리에게 무슨 일이 있었는지를 파악하고 무엇이 우리에게 상처가 되었는지를 발견하게 되면 영혼을 치유하는 데에 도움이 될 것이다. 우리 자신에게 있는 과거의 상처에 직면하게 되면 다른 사람의 상처도 볼 수 있게 되는 것이다. 그러므로 영혼의 고통을 서로 나누는 것은 인간관계의 중요한 부분이 될 수 있다. 다음 장에서는 영혼의 환경을 검토하는, 힘들지만 보람 있는 과업을 다루게 될 것이다.

제 3 장

고통스런 영혼

성취힐 수 있도록 힘을 달라고 하나님께 구하였더니,

겸손하게 순종하기를 배우라고 약하게 되었네.

위대한 일을 할 수 있도록 건강을 달라고 하나님께 구하였더니,

좀 더 나은 일을 하도록 허약함을 받았네.

사람의 찬양을 받으려고 힘을 달라고 하나님께 구하였더니,

하나님의 필요를 느낄 수 있는 약함을 받았네.

삶을 즐길 수 있는 모든 것을 구하였더니,

모든 것을 즐길 수 있는 삶을 받았네.
내가 간구한 것은 아무것도 받지 못하였지만, 내가 바라는 모든 것을
  받았네.
나의 무례함에도 불구하고, 구하지 않은 기도가 응답되었네.
나는 그 누구보다도 가장 풍성하게 복 받은 자이네.

— 미상의 작가

샌드라는 키가 크고, 아름답고, 파란 색의 눈을 가진 금발의 여인이었다. 상담실에서 손으로 머리를 감싼 채 울며 앉아 있었다. "난 내가 무엇이 문제인지 모르겠어요."라고 말하며 흐느꼈다. "나는 계속 사람을 잘못 선택하고 있어요. 그들은 나에게 거짓말을 하고 날 학대해요. 이젠 정말 지쳤어요. 난 계속 이용만 당하고 버림받는 것 같아요. 내가 뭐가 잘못 되었죠? 왜 난 점잖은 사람을 만나지 못하죠?"

불행하게도 샌드라가 처한 딜레마는 오늘날 아주 흔한 것이다. 샌드라는 두 번째 남편이 다른 여자가 생겨서 그녀를 떠난 후 상담소를 찾아왔다. 두 남편이 모두 학대적이었고 직업이 없을 때가 많았다. 샌드라는 두 경우 다 살림도 하고 돈도 벌었다. 상담을 받으러 올 때쯤, 그녀는 자신의 관계 패턴을 인식하기 시작하였다. 그녀는 울면서 말하였다. "정말 고통스러워요. 제발 이 고통을 멈추게 해주세요. 더 이상 이겨 나갈 수가 없을 것 같아요."

샌드라는 이해하기 어렵겠지만, 샌드라의 아픔을 멈추게 하려면 그녀가 아파하도록 내버려 두어야 하였다. 그녀는 자신의 고통을 느껴야만 하였다. 상처 입은 사람들이 흔히 그렇듯이, 샌드라도 영

혼을 이해하는 것보다는 영혼의 고통을 멈추게 하는 것을 더욱 갈망하였다. 우리는 그녀가 고통을 느끼도록 격려함으로써 고통이 어떻게 그녀의 멘토가 될 수 있는지, 그리고 건강하지 못한 관계 패턴을 가르쳐 줄 수 있는지를 보여 주었다.

이러한 남자를 선택한 것은 샌드라 쪽에서는 의식적인 과정이 아니었다. 적절치 못한 사람에게 매력을 느끼는 것은 순전히 무의식적인 것이었다. 상담을 통해서 그녀는 처음에는 강하고 유능한 모습을 보여 주는 남자를 찾았다는 것을 깨달았다. 그렇지만 그들은 결국 시간이 지남에 따라 연약하고 의존적인 '본색'이 드러나는 남자였던 것이다. 결국 이 남자들은 그녀를 이용하고 학대하고 버렸다. 샌드라를 돕기 위해, 우리는 그녀가 자신의 무의식적인 마음을 이해하고 다룰 수 있게 도와야 하였다.

무의식적인 마음

잘 알려진 기독교 심리학자 래리 크랩(Larry Crabb)은 사람들이 무의식을 어떻게 인식하는지에 대한 아주 좋은 예를 들었다. 빈 종이 한 장을 가져와서 중앙에 작은 점을 하나 찍는다. 그 작은 점이 우리가 무의식에 대해 알고 있는 것을 나타내는 것이고, 나머지 흰 부분이 우리가 무의식에 대해 모르는 것을 나타내는 것이다. 다시 말하면 우리의 경험, 감정, 감각, 반응 등의 대부분이 의식적인 인식 없이 관계 속에서 행해진다. 우리는 관계 속에서 나타나는 우리의 동기와 행동을 의식적으로는 알지 못한다는 뜻이다. 우리가 어떤 특정한 상황에서 왜 그렇게 반응하는지에 대한 단서가 없을 때, 그 해답은 우리의 무의식 깊은 곳에 묻혀 있을지 모른다. 앞 장에서 지적하였듯이 우리의 영혼은 아직까지 비교적 발굴되지 못한 상태이다.

알려지지 않은 광대한 무의식의 영역을 탐색한다는 개념은 놀랄 만한 일이다. 고통스런 경험에 대한 기억을 갖고 있으면 영혼의 탐색 작업을 하지 않으려고 더욱 버티게 된다. 대부분 우리는 과거의 상처를 보려 하지 않고, 묻어 두고 싶어한다. 샌드라도 같은 생각이었다. "왜 그토록 고통스런 기억을 다시 살려내야 하지요?" 하면서 울었다.

그녀를 충분히 공감할 수 있었다. 어린 시절의 상처를 들여다보는 것은 괴로운 일이다. 20여년 전에 나의 고통스런 과거와 직면해야 하였던 일이 떠오른다.

과거의 고통에 대한 공포 – 소망의 문

대학원 시절, 나는 '가족치료법'으로 학위 따기를 고대하고 있었고, 온 인류를 구원하고자 하는 열망에 가득 차 있었다. 나는 혼자 힘으로 상한 감정의 사람들을 치유하며 갇힌 자를 해방시키려고 결심하였다(무슨 구세주처럼 들릴지 몰라도 그때는 그랬다). 한번은 수업시간에 나의 고통스런 어린 시절의 기억을 대학원 프로그램의 인턴들에게 이야기하라는 요청을 받았다.

"뭐라고요?" 나는 소리쳤다. "내 이야기요? 내 어린 시절을 재현하라구요? 농담하시는 거죠?" 나는 떨렸다. "그건 다 끝난 이야기에요…. 다 사라졌어요! 그런 것 따위는 아주 오래 전에 이미 다루었어요! 나는 부모님의 은근한 방관과 노골적인 학대도 다 용서했어요. 그런 것은 몽땅 다 끝냈어요!"

나는 그때 지혜로운 대학원 교수가 했던 말을 잊을 수가 없다. "자네는 그 고통을 끝냈는지 모르지만 그 고통은 자네를 끝내지 못했네."

물론 교수의 말은 옳았다. 정서적·심리적·신체적 폭력으로 가득 차 있는 어린 시절의 고통을 억압하는 동안, 나의 영혼은 무의식적으로 또 강박적으로 다른 모든 사람의 고통을 치유하고자 함으로써 그 상처에 적응하였던 것이다. 내가 깨닫지 못하였던 것은, 영혼의 치유자가 되려는 열망은 하나님이 나 자신의 영혼을 치유하시도록 허락해야만 비로소 가능하다는 것이었다.

오래 전에 내게 왔던 그 동일한 기회를 샌드라에게 주기로 하였다. 아픈 상처를 가진 영혼을 치유할 수 있는 기회를 말이다. 치유의 여행은 무의식의 문으로 걸어 들어가 느끼기 두려운 아픔을 느껴야 시작이 된다. 나와 마찬가지로 샌드라 역시 그렇게 하기가 죽기보다 싫을 것이라는 것을 알았다. 마음에서 떠나지 않는 아픔은 내 영혼의 깊숙한 곳에 기어들어 왔다. 마치 나의 목을 조르듯…. 그렇지만

나는 무시무시한 강적을 정면 돌파해야 한다는 것을 알았다.

그래서 샌드라를 영혼의 고통이라는 어두운 심연으로 인도하였다. 샌드라는 이 여행에서 놀라운 것을 발견하기 시작하였는데, 고통은 친구이자 긍정적인 교육 도구요, 영혼을 비추어 주는 지혜로운 멘토가 될 수 있다는 것이다. 그녀는 고통 자체가 범인이 아니라 고통을 다루지 못하는 무능력이 문제라는 것을 알았다.

우리가 받는 고통은 위험이나 상해가 있을 수 있다는 신호가 우리 몸과 영혼에 오는 것이다. 고통은 우리에게 주의하라고 말해 준다. 손가락을 베었을 때 우리는 통증을 느낀다. 그러므로 고통이라는 것은 우리가 치유 쪽으로 나아가야 한다는 것을 말해 주는 신호이다. 연고를 바르고 밴드를 붙이면 회복의 길로 들어선 것이다. 몸이 고통에 대해 반응하지 않았다면 치유를 향해 나가지 못하였을 것이다.

고통이라는 선물

폴 브랜드(Paul Brand)는 수년 간 나병 환자를 치료한 외과 의사인데, 나병 환자를 다루는 데 있어서 가장 큰 문제는 환자들이 고통을 느끼는 능력을 잃어버린 것이라고 한다. 그 결과로 그들의 피부는 고통의 신호가 뇌로 전해지기 이미 오래 전에 상당히 나빠져 버린다. 나병 환자들은 자신이 알아차리기도 전에 신체적으로 심각한 상태에 이를 수도 있다. 고통을 느끼지 못하면 질병을 효과적으로 다룰 수가 없다. 나병 환자에게 있어서 고통은 정말 귀한 선물이다.

영혼의 치유자로서 우리도 고통을 선물로 본다. 또한 그 고통을 영혼의 신호탄이라고 볼 수 있는데, 우리가 어디에 관심을 기울이고 무엇을 치유해야 하는지를 보여 주기 때문이다. 고통은 우리의 문제가 아니라 오히려 해결의 요소라는 점에서 최대의 동맹자가 될 수 있다.

사회는 고통을 부정적으로 본다

오늘날의 문화에서는 고통을 느낀다는 것이 매우 낯설다. 서구 문명은 고통을 다루는 것을 혐오한다. 과거의 상실을 느끼거나 슬퍼하는 것에 대한 가치를 발견하는 것은 많은 사람들에게 어려운 일이다. 우리는 즉각적인 만족, 빠른 기분전환, 극초단파식 기쁨의 세대이다. 아프면 마비시켜라. 쑤시면 중지시켜라. 부서지면 버려라. 매해 수십 억 달러를 진통과 욕구 만족에 쏟아 붓는데도 왜 그토록 기쁨이 없는지 참으로 놀라운 일이다. 심지어 그리스도인들조차도 과거의 고통을 재현하는 것을 부정적으로 보는 경우가 있다. 그렇게 하는 것은 용서받지 못한 증거라든가, 아직도 내면에 있는 오래된 죄성을 붙들고 있는 것이라고 생각한다. 그렇지만 우리가 연구한 바로는 사람들이 자신의 상처를 기꺼이 보려고 한다면 하나님의 은혜로써 그것을 치유하고 극복하게 할 수 있다.

고통을 통해서 순례하도록 여러 사람들을 인도한 결과, 기쁨이란 고통이 없는 상태도 아니고 고통의 반대말도 아니라는 결론에 도달하게 되었다. 오히려 고통이란 기쁨을 얻는 과정의 일부분이요 또한 전체로서, 영혼의 필요성을 나타내는 신호일 뿐 아니라 영혼을 꽃피우게 만드는 것이다.

느끼는 것이 곧 치유하는 것이다

'느끼지 못하는 것은 치유할 수 없다' 라는 오래된 AA(Alcoholics Anonymous: 익명의 알코올 중독자 모임-역자 주) 표어가 있다. 방어 기제는 당분간 도움을 줄지 모르지만 결국 몸과 영혼은 억압하였던 고통을 상기시켜 주되, 처음 느낌대로 느끼지 않는 우리에게 보복하듯 그것을 다시 생각나게 한다.

학대받은 다른 성인아이들처럼, 나도 어린 시절의 고통을 느끼지 않으려고 온갖 방법으로 방어하였다. 부모님에 대해 변명하기도 하였고, 어두운 구름 속에서 '은빛 안감(나름대로 긍정적인 의미를 부여한 것들-편집자 주)' 을 찾아내었고, 다른 사람들을 치유하면서 바쁘게 지냈다. 역기능 가족을 치료하는 책들을 읽기도 하였고, 내적 치유에 관한 강의를 듣고 세미나에 참석했다. 고통을 느끼지 않는 것이라면 무엇이든 해 보았다. 그러는 동안 내 몸은 우울, 두통, 소화 장애, 피곤 등으로 점철되었다.

나만 무지한 것이 아니다. 사람들의 신체적 질병은 해결되지 못한 영혼의 고통이 원인인 경우가 많다. 그런 것을 '신체화 질병' 이라고 말한다. 그토록 많은 사람들이 이런 종류의 질병을 겪고 있어도, 나처럼 대부분 과거의 모든 고통을 느끼는 것보다는 상어와 악전고투하거나 사자굴에 들어간 다니엘과 함께 모험을 하려고 한다. 그렇지만 고통을 느끼는 것만이 진정으로 치유 받는 길이다.

고통을 통과한 샌드라의 여정 · · · · · 

이것은 샌드라나 많은 다른 내담자들에게 권한 여행이었다. 고통스런 과거를 다루려 하자 처음에는 어려움을 겪었다. 그녀는 늘 "왜?"라는 질문을 하였다. 왜 그런 일이 그런 식으로 자기 삶에 일어나야 하였는지를 하나님께 끊임없이 질문하였다. 그 해답은 고통의 학교에서 비로소 찾을 수 있었다. 고통을 멘토로 삼고서 과거 상처들의 퍼즐 조각을 맞추기 시작하였으며, 결국 그녀는 내면의 힘을 갖추는 과정에서 하나님의 치유하시는 손길을 볼 수 있었다. 과거나 인간관계의 갈등으로부터 달아나기보다는 그것들을 통해 배우려고 하였다. 어린 시절 상처의 영향이 드러나고 그것을 경험하게 되면서, 샌드라는 지혜와 통찰을 얻게 되었고, 그것으로 인해 영혼을 해방시키기 시작하였다. 고통이 그녀를 치유의 여정으로 이끌었다. 그리고 그 여정은 원가족에서부터 시작되었다.

원가족

'원가족(Family of origin)'이란 말은 우리가 자라난 가족을 지칭하는 치료 용어이다. 이 용어는 핵가족이란 말에 대비해서 사용되는데, 핵가족이란 현재 우리가 살고 있는 가족 형태를 말한다. 좀 더 구체적으로 말하자면, 원가족은 부모, 조부모, 형제자매들로 이루어져 있고, 핵가족은 나와 배우자 그리고 자녀들로 이루어져 있다.

원가족은 어린 시절 상처에 대해 많은 정보를 제공한다. 과거는 우리에게 우리가 누구인지, 관계 속에서 왜 그렇게 행동하는지를 알려 준다. 우리와 사람들과의 관계에서 작용하는 것들의 대부분은 원가족에서 배운 것이다. 예를 들어 정서적으로 학대하는 가정에서 자라났다면, 현재 관계에서 다른 사람들을 학대하거나 반대로 정서적으로 학대당하는 경향이 있을 수 있다. 패트리시아 러브(Patricia Love)는 잘 알려진 부부 치료사요 저술가인데, 세미나에서 충격적인 말을 하였다. "어린 시절 학대받은 수위만큼 우리는 어른이 되어서도 학대당하거나 학대할 수 있다."(주 1) 우리가 역기능의 패턴이 끼치는 영향을 인식하지 않는 한, 그 역기능의 패턴은 계속될지 모른다.

원가족에서 배우게 되는 중요한 두 가지가 관계에 적용되는데, 그것은 자존감과 안정감이다. 자존감은 자녀가 어머니, 아버지와 개인적으로 맺는 관계를 통해 배운다. 그 관계가 건강하면 자녀는 자신에 대해 좋게 느끼면서 자라나고, 그 관계가 학대나 무시, 비판으로 가득 차 있다면 자녀의 자존감은 고통을 겪는다. 반면에 안전감은 부모의 부부 관계를 보고 배운다. 만일 그 관계가 건강하고 사랑하는 것이면 자녀는 사랑과 관계에 대해서 안전감을 느끼는 어른이 되고, 결혼 생활이 갈등과 불화, 싸움으로 가득 차면 자녀는 관계에 대해 의심하는 어른이 되며 특히 사랑의 관계에 대해 불안정하게 느끼게 된다.

아동 학대의 유형

데이비드 시맨즈(David Seamands)는 『상한 감정의 치유』 (*Healing Damaged Emotion*)라는 책에서 개인에게 상처를 남기고 어른이 되어 문제를 일으키게 만드는 가족 체계의 유형을 소개한다. 그는 학대를 두 가지 범주로 말한다. 즉, 적극적인 것과 소극적인 것인데, 적극적인 학대는 명백한 신체적·언어적·성적 학대를 말한다. 이러한 예는 구타하기, 치기, 뺨 때리기, 욕설하기, 위협하기, 비난하기, 창피 주기 등이다. 어머니는 낙태가 합법적이었다면 나를 지워 버렸을 것이라고 종종 말하였다. 이러한 명백한 언어적 학대는 나의 영혼에 깊은 상처를 남겼고 어른이 되어서도 남아 있었다. 적극적 성적 학대의 예는 부모나 다른 성인이 아이에게 행하는 애무, 희롱, 성교 등이다.

소극적 학대는 좀 더 교묘하고 은밀하다. 이런 학대는 감정적이거나 심리적인 영역에서 일어난다. 예를 들어 사랑한다는 말을 하지 않는 것, 안아 주지 않거나 신체적으로 돌보지 않는 것, 형제만큼 착하거나 예쁘거나 운동을 잘하지 못한다고 교묘하게 비판하는 것 등이다. 부모가 나를 위해 있다는 느낌을 받지 못하게 하는 것도 소극적 학대의 형태이다. 베이비 붐 세대의 아버지들은 장시간 일하느라 가정에서 멀리 떠나 있었기 때문에, 자녀들은 무시당하거나 버림받은 느낌을 마음 깊숙이 가지고 있다. 만일 끊임없이 비판하는 완벽주의자 어머니에게서 자라났다면 소극적인 정서적 학대의 희생자가 될 것이다. 서로 사랑하지 않거나 끊임없는 갈등 속에 있었던 부모에게서 양육된 아이들은 심리학적인 혹은 정서적인 상처를 지니게 될 것이다.

적극적 학대의 구체적인 예는 다음과 같다.
- 신체적 – 치기, 뺨 때리기, 구타하기
- 언어적 – 욕설하기, 위협하기
- 정서적 – 어떤 것을 하게 하려고 두려움이나 폭력 사용하기
- 성 적 – 애무, 희롱, 성교

소극적 학대는 다음과 같다.
- 신체적 – 무시당하거나 버림받는 것. 너무 자주 혼자 내버려지는 것
- 언어적 – 원하지 않거나 사랑하지 않는다는 말을 듣는 것
- 정서적 – 과잉보호, 버릇없게 만들기, 정서적 근친 강간, 나쁜 아이라는 말을 듣는 것, 혹은 비난받거나 수치를 당하는 것
- 성 적 – 치욕적인 성적 행동, 옷을 벗고 있을 때나 목욕을 할 때 음란한 눈빛 보내기

이 모든 학대들이 영혼에 상처를 남긴다. 이러한 것들이 관계의 갈등을 자라게 하는 씨앗의 모종판이 될 수 있다. 상담을 받으러 온 성인들이 겪는 부부 갈등은 어린 시절로 거슬러 올라가는 경우가 많다.

젊은 대학생인 신디는 공포 발작이 일어나서 상담소를 찾아왔다. 그녀의 말에 의하면 그녀의 부모는 서로 사랑하지 않으며 단지 자녀들을 위해 헤어지지 않고 있다고 했다. 상담이 진행됨에 따라 그녀가 가진 불안 장애가, 성장해서 부모처럼 결혼 생활을 해야 한다는 것에 대한 공포심에까지 다다른 것을 알게 되었다. 그녀의 부모가 결혼 생활이 불행해도 헤어지지 않은 것은 신디를 돕기 위한 것이었지만 이것이 신디에게는 소극적인 학대였다. 그녀는 가정에서 사랑을 경험하지 못하였기 때문에 심리적으로 아주 불안정한 상태였다. 그녀는 모든 관계란 결국 나쁘게 되고 만다는 생각을 갖게 되었다. 결국 삶에 대해서 매우 불안해하였고, 공황 장애를 일으키게 되었다. 나는 수년 전에 이런 슬로건을 본 적이 있다. "아버지가 자녀에게 줄 수 있는 최대의 선물은 어머니를 사랑하는 것이다." 신디와 그녀의 부모가 이 조언에 귀를 기울였다면 좋았을 것이다.

과잉보호와 과잉방임도 소극적 학대에 속한다. 응석받이로 자라난 사람들은 자기도취적인 어른이 되어 관계를 맺을 때 상대에게 정상적이지 않은 기대를 한다.

소극적인 성적 학대의 예는 옷을 벗을 때나 목욕을 할 때 음란하게 쳐다보는 것, 부모가 벌거벗은 모습을 부적절하게 보이는 것, 가족 구성원들이 음담패설이나 음란한 몸짓을 하는 것, 음란한 성적 자료들을 보게 하는 것 등이다.

정서적 근친 강간도 소극적 성적 학대에 속한다. 한쪽 부모가 배우자 대신 자녀에게 사랑과 에너지를 쏟는 것이다. 적극적인 성적 학대는 일어나지 않더라도, 자녀는 남편 혹은 아내 역할을 하게 된다. 이렇게 되면 부모와 자녀 사이에 불건전한 밀착이 형성된다. 이런 자녀는 어른이 되면 사랑이란 숨 막히고 감금당하고 요구당하는 것이라고 느끼게 된다. 어머니에게 정서적으로 강간당한 소년은 아버지와 빈약한 혹은 소원한 관계를 맺게 될 것이다. 아버지는 따돌려진 느낌을 갖게 될 뿐 아니라, 아버지와 아들 사이에 어머니의 애정과 관심을 획득하려는 비정상적인 경쟁심이 생기게 된다. 정서적으로 강간당한 남자들은 헌신하기를 두려워한다. 이러한 남자들은 상담을 하면서 자기들이 결혼을 하면 어머니를 배반할 것 같은 두려움이 있다고 말한다.

적극적인 학대나 소극적인 학대를 겪은 사람들에게서는 다음과 같은 증상이 일어난다.

- 과민성
- 완벽주의
- 낮은 자존감
- 무가치감
- 하나님에 대한 잘못된 개념
- 실패에 대한 두려움
- 우울
- 헌신에 대한 두려움
- 거부당할 것 같은 두려움
- 자신에 대해, 타인에 대해 신뢰가 부족함

- 중독(긍정적 중독과 부정적 중독 모두)
- 용서의 결여
- 비판적인 마음
- 신랄함과 분개

이러한 특성들이 본성이나 타고난 기질인 경우도 많지만, 이러한 영역들에서 고통을 겪고 있다면 그 뿌리가 어린 시절에 있는지 탐색해 보는 것도 좋을 것이다.

자신의 부모를 가해자로 보는 것은 어려운 일이다. 명백한 역기능 가정, 즉 폭력, 알코올 중독, 근친 강간, 정신적인 질병 등이 있는 가정에서 자라난 사람도 부모에게 잘못이 있다는 사실을 부인하려는 경향이 있다. 우리는 부모의 신성한 이미지를 보존하고 싶어 하며 '나쁜 것은 다른 가정에만 있는 것'이라고 생각한다. 어떤 의미에서는 이 정도면 나름대로 충분하다고 느끼기도 한다.

이반 보즈 메니나쥬(Ivan Boze-MeniNage)라는 유명한 프랑스 가족치료사는 이런 말을 하였다. "수천 마일 떨어져 있든지 죽어서 묻혀 있든지 간에 부모는 여전히 부모이다. 부모는 우리의 영혼에 시간을 초월하는 지울 수 없는 자국을 남겼다. 이 사실에 대해 단호하게 '아니다'라고 하면 할수록 세대를 초월하여 영혼을 묶어 놓는 끈의 힘을 증명할 뿐이다."

영혼에 상처가 있다는 사실을 부인하는 대신 우리는 여러분을 영혼 탐험의 여행에 초대한다. 여기서의 목표는 비난을 하려는 것이 아니라 진리를 발견하려는 것이다. 성경은 "진리를 알지니 진리가 너희를 자유케 하리라"고 말한다(요 8:32). 어린 시절의 상처에 대한 진리를 발견하게 되면 현재의 관계 패턴을 정직하게 바라볼 수 있고 그것을 치유할 수 있게 된다. 우리의 목표는 치유이지 비난이 아니다.

비난을 하려는 것이 아니다

우리가 원가족을 탐색하려 할 때 넘어야 할 가장 큰 장애물은, 현재의 인간관계 갈등을 부모의 탓으로 돌리거나 우리의 행동에 대해서 개인적인 책임을 지지 않으려는 것이다. 치료적인 목적으로 원가족을 이해하는 일에 있어서 우리는 위의 두 가지 중 그 어느 것도 하지 않는다. 목표는 어린 시절의 프로그래밍을 이해하려는 것이며, 자신들의 잘못된 배움에 기초해서 우리를 가르친 최초의 교사인 어머니와 아버지를 이해하려는 것이다. 부모를 탓하거나 비난하지 않고서도 이 작업을 할 수 있다. 부모도 결국 자신의 원가족 프로그래밍에 의해 살았던 것이다.

또한 우리 자신의 행동에 대해 개인적으로 책임이 없다고 옹호하지도 않는다. 관계를 맺을 때 우리가 하는 행동이 어디서 어떻게 배우게 된 것인지를 이해하려는 것이 제일의 목적이다. 어떤 특정한 역기능적 행동이 어떻게 발단이 되었는지 알아내게 되면 그 행동을 받아들이고 변화시키는 책임을 질 수 있다. 우리는 비난하거나 부인하지 않고서 우리의 행동을 객관적으로 검토하려는 마음을 가져야 한다. 어린 시절과 우리가 배운 행동 양식을 정직하고 솔직하게 그리고 용서하는 마음으로 평가할 때, 우리는 현재 성인이 되어 맺는 관계에서 자유와 자발성을 가질 수 있다. 그러므로 우리는 부모의 역기능적 행동을 반복하지 않게 될 것이고, 건강한 관계 기술을 다음 세대에 전달할 수 있을 것이다.

마이크와 캐롤의 이야기·····

　　마이크와 캐롤은 원가족 문제를 다루지 않았던 대표적인 인물이다. 캐롤은 결혼 생활에 문제가 생겨서 상담소에 오게 되었다. 그녀는 마이크가 외도를 하는 것 같다고 하였다. 물증은 없었으나 심증은 있었다. 성 관계를 하지 않는다는 것도 그 증거였다. 마이크는 대개 주중 내내 여행을 하였고 주말은 대부분 골프장에서 보냈다. 세 딸 중 막내까지 대학에 가고 나자 캐롤은 아주 외로워졌다. 캐롤은 마이크와 함께 지내려고 갖은 애를 썼지만, 마이크가 너무 무심하고 냉정해서 같이 있는 시간을 마련할 수가 없었다. 캐롤은 이미 10여 년 전에 마이크가 멀어지기 시작하였다는 것을 알았지만, 보통 아내들이 그러하듯이 너무 고통스러워서 그런 생각을 무시해 버렸고 아이들을 키우는 데만 전념하였다. 이제 아이들이 다 커 버린 지금, 캐롤은 진지하게 영혼의 탐구를 시작해야 하였다. 마이크와의 관계가 어떻게 된 것일까? 둘 다 떠밀려가고 있는 것일까? 다시 열정을 찾고 사랑할 수 있을까? 서로를 진정으로 원하는가? 이런 질문의 답을 찾으면서 캐롤은 고통스런 깨달음에 도달하였다.

그녀가 마이크에게 의심스럽다는 말을 하자 마이크는 화를 내고 격렬하게 부인하였다. 캐롤은 마이크에게 상담을 받자고 애걸하였지만 그는 관심이 없었다. 마침내 그녀는 '영혼 치유자 워크숍'에 참석하자고 말하였다. 마이크는 억지로 와서 원가족에게서 겪었던 어린 시절의 고통에 관한 이론, 그리고 어떻게 이 고통이 성인이 된 다음의 관계에 영향을 주는가에 대해 들었다. 마이크는 자리에서 안절부절못하였다. 이 주제가 몹시 거북한 모양이었다. 마침내 그는 말하였다. "난 어린 시절이 기억 안 나요. 소위 어린 시절의 고통 따위는 없다구요! 더군다나 이런 것이 현재 내 행동과 무슨 상관이 있단 말입니까? 그런 것들은 40년 전에 일어난 일이에요."

지난 15년간 제시된 자립심이나 내적 치유에 관한 많은 자료, 그 문제를 다루었던 TV의 토크쇼들에도 불구하고 마이크가 이런 종류의 고통을 전혀 인식하지 못하였다는 사실은 믿기 어려웠다. 그렇지만 그는 정말 모르고 있었다. 심지어 이런 개념을 받아들이려고도 하지 않았다. 우리는 부드럽게 그러나 단호하게 그가 어린 시절 문제에 마음 문을 열도록 도왔다. 어쩌면 기억하기에 너무 고통스럽기 때문에 어린 시절의 많은 부분을 억압하였을지도 모른다는 것을 상기시켰다. 특별히 고된 어린 시절을 보낸 사람들은 그 고통이 너무 커서 자신을 과도하게 억누르는 경우가 많다. 마이크가 어린 시절을 억압한 것도 이런 경우이다. 그는 천천히 그러나 확실하게 이러한 문제들을 다루기 시작하였다. 매춘부 어머니와 한 번도 보지 못했던 아버지에 대해 쏟아 놓았다. 어머니는 무관심하고 냉담했으며 마이크는 어머니가 자기를 원하는지 느끼지 못했다. 마이크가 여섯 살 때, 어머니는 수감되었고 연로한 조부모 집에 가게 되었다. 몇 년 뒤 할머니는 돌아가시고 차갑고 비판적인 할아버지만 마이크 곁에 남게 되었다. 열여섯 살 때, 마이크는 집을 떠나 군에 입대하였다. 그 이후 계속 군에 관계된 일을 하며 살아왔다. 마이크는 이제 대령급으로 예비군에서 복무하고 있다. 그는 군에서 전에는 갖지 못했던 소속감과 틀을 갖게 되었다고 생각하고 있었다. 군에서 그는 중요한 인물이었다. 그곳에서 그는 '가족'의 성원이었다. 더 이상 어디에도 소속되지 못한 고아가 아니었다. 이것이 마이크에게 깊은 정서적 욕구를 채워 주었지만, 모든 사람들과 오직 대령으로서만 관계를 맺는 것은 부정적인 영향을 미쳤다. 그는 아내와 자녀들을 군대식으로 거칠게 대하였다.

캐롤은 기독교 가정에서 자라났고 부모님은 그녀를 사랑하였지만 아름답고 재능 많은 언니와 늘 비교하였다고 했다. 자신이 별로 훌륭하지 않다고 느낀 그녀는 다른 사람들의 인정을 받기 위해 열심히 애썼다. 마이크가 그녀를 가혹하게 대하는 태도는 그녀의 무능함이라는 상처를 건드렸다. 우리는 여기서 관계에서 작용하는 반응의 원리를 다시 한 번 보게 된다. 즉, 마이크는 자기의 상처 때문에 캐롤의 상처를 건드리는 식으로 그녀와 관계를 맺은 것이다. 캐롤은 마이크에게서 멀어지게 되었고 이것은 마이크로 하여금 냉정하고 무관심하였던 할아버지를 떠올리게 만들었다. 진정으로 서로 사랑한다는 것은 말할 것도 없거니와, 가족이 어떻게 작용해야 하는지에 대한 모델이 거의 없었기 때문에 마이크는 남편이나 아버지가 되는 것이 힘들었다. 원가족의 경험으로 인해 마이크는 관계 기술이 턱없이 부족하였고 깊은 상처까지 지니게 되었던 것이다.

어느 날 마이크는 상담 중에 아픈 과거를 털어놓으면서 오래 전 할머니가 돌아가신 이후 처음으로 흐느껴 울었다. 고통에 가득 찬 어린 시절의 잊혀진 기억을 말하기 시작할 때 캐롤은 그를 안아 주었다. 그는 부드럽고 사랑이 많은 어머니 상을 끊임없이 찾고 있었다는 사실, 그러나 그 여인을 찾았을 때는 자신이 너무도 냉담하고 쌀쌀한 사람이 되었다는 것을 깨달았다. 결국은 그런 식으로 버림받을 것 같은 두려움을 표현하였던 것이다. 이러한 통찰로 인해 마이크는 현재 가족에 대한 자신의 행동 패턴을 놀랄 정도로 자각하게 되었다. 만일 마이크에게 원가족의 고통을 탐색하려는 용기와 결단이 없었다면 결혼 생활이 깨졌을 것이라고 이 부부는 말했다.

이들은 이전에 겪지 못하였던 관계를 발견하기 위해 꾸준하고 성실하게 작업해 나간 결과 풍성한 축복을 받았다. 마이크는 다른 여자와의 관계를 끊었다. 캐롤은 어려웠지만 그를 용서했다. 과거에는 불가능하게 보였던 영혼을 치유하는 깊은 사랑을 이루기 위해 부지런히 애썼다. 마이크와 캐롤은 우리의 조언을 받아들여 아픈 과거를 함께 직면하기로 결심한 부부였고, 그렇게 하였기 때문에 자신의 상처를 치유할 수 있었다. 그들의 작업은 성과를 거두어 그토록 원하던 사랑을 얻게 되었다.

불행하게도 다른 부부들은 이러한 선택을 하지 않는다. 사람들은 마이크가 처음에 그랬듯이 어린 시절에 아픔이 없었다고 주장하면서 마음을 열지 않는다. 이런 주장을 할 수 있는 가족이 있을지 모르겠지만, 대부분의 가족들은 자녀에게 부정적으로 영향을 주는 식(그것이 당시의 사회 규범과 일치하는 것이더라도)으로 살아 왔고 그렇게 행동한다는 사실을 우리는 확연하게 경험하였다. 대부분의 사람들은 어린 시절 모종의 아픔을 경험한다. 많은 사람들이 상처를 갖고 있다. 그렇다면 과거를 검토하고 상처를 다루며 그 아픔을 치유하려는 마음을 가져야 한다. 그런 이들은 영혼의 치유자가 될 준비가 되어 있는 것이다.

우리가 어린 시절에 관해 고통스러우리만치 정직하게 질문한다면 과거와 현재의 관계 패턴에 대해 유용한 정보를 모을 수 있을 것이다. 사실상 이러한 패턴에 대한 의식적이고 무의식적인 정보가 모두 영혼에 저장되어 있다. 마치 아주 작은 디스켓이 영혼 깊숙이

들어 있어서 사람이 과거와 현재에 어떻게 삶과 사랑, 그리고 관계를 경험하는지에 관한 산더미 같은 정보를 수록하고 있는 것과 같다. 이 정보를 입수하면, 부정적인 패턴을 벗어버리고 새롭고 건강한 행동을 다시 배울 수 있게 될 것이다. 본 장에서 우리는 고통을 느껴야 영혼 치유의 길로 들어설 수 있다는 것을 배웠다. 다음 장에서는 치유의 과정에서 어떻게 영혼에 귀 기울여야 하는지에 대해 다룰 것이다.

제 4 장

영혼에 귀 기울이기

우리는 앞장에서 영혼을 우리의 본질 혹은 존재, 심리의 중심 등으로 정의하였다. 또한 이 안에는 어린 시절의 상처, 원가족, 과거의 관계, 문화, 사회 등이 다 포함되어 있다고 하였다. 영혼에는 우리가 남자나 여자, 종교, 삶, 결혼, 하나님, 그 밖의 다른 문제를 어떻게 보는지에 관한 의식적이고 무의식적인 정보가 들어 있다. 이것은 일생에 걸쳐 정보를 수집한 데이터베이스이다.

우리의 관점이 어떤 식으로든지 도전을 받을 때까지는 이러한 정보
가 존재하는지조차 자각하지 못할 때가 많다.

본 장에서는 영혼 깊숙이 무엇이 묻혀 있는지 자각하기 위하여
이러한 중요한 정보를 어떻게 얻어 낼 수 있는지를 보여줄 것이다.
이러한 연습을 하게 되면 현재의 신념 체계와 관계 패턴에 대해 상
당히 많은 것을 알게 될 것이다. 본 장에서는 영혼에 귀 기울이는 법
을 알려 주겠다.

피터의 영혼 인상 · · · · ·

피터는 마흔세 살인데도 결혼하지 못하였기 때문에 상담소를 찾아왔다.
많은 여자들과 데이트를 하였지만 정말 가까워지거나 헌신할 만한 지점에 이
르면 여지없이 헤어질 구실을 찾곤 하였다.

"피터." 나는 물었다. "여자들에 대해 어떤 인상을 받아요? 혹은 여자들에
대한 생각은요?"

"뭐라고요?" 그는 기분이 상한 것처럼 물었다. "선생님, 무슨 말씀하시는
거예요? 제가 여자들을 어떻게 생각하느냐고요? 여자들을 사랑해요! 여자를
늘 생각해요. 결혼하고 싶어요. 제가 왜 그렇게 많이 데이트를 하는지 아세
요?"

나는 피터와 같은 관계 패턴(많은 여자들과 데이트를 하다가 헌신의 지점
에 이르면 갑자기 관계를 끊어버리는)을 보면, 적절한 여자를 찾지 못하였기
때문이 아니라 더 깊은 문제가 있기 때문인 경우가 많다고 대답해 주었다.
대개 이런 문제는 영혼 깊숙이 묻혀 있는 여자에 대한 인상과 관계가 있는 것
이다.

피터는 상담을 지속하면서 영혼의 내면을 보기 시작하였다. 곧이어 여자에 대한 긍정적이지 않은 무의식적인 개념이 있음을 발견하였다. 이는 어머니에 대한 느낌에서 시작되었다. 그는 자신이 어머니를 무척 사랑하며, 어머니는 좋은 분이고 사랑이 많은 분이라고 묘사하지만, 동시에 지배적이고 다소 숨 막히게 하는 분이라는 것도 인정하였다. 그는 어머니를 기쁘게 하길 원하였고 한 번도 실망시켜 드리고 싶지 않았다. 그래서 숨 막히는 느낌이 점점 심해졌는데, 어머니가 좋아하는 것과 다르게 행하면 죄책감을 느끼기 때문이었다. 피터는 모든 여자들이 그를 지배하고 억압할 것이라고 무의식적으로 믿었다. 때문에 친밀감을 두려워하고, 상대와 너무 가까워지면 도망쳐 버린다는 것을 깨달았다. 톰과 나는 피터가 여자에 대해 느끼는 모호한 느낌이나 기분을 '영혼의 인상(soul impression)'이라고 불렀다. 이는 그것에 대해 근거가 거의 없는 경우에도 존재하는 느낌이나 인상이다. 만일 우리의 영혼에 결혼은 끝내 파멸로 치달을 것이고 남자는 모두 착취자라는 깊은 인상이 있게 되면, 그것을 증명할 의식적인 정보나 가족사 혹은 삶의 경험이 거의 없는 경우에도 우리는 영혼의 인상을 갖게 된다. 많은 사람들이 영혼에 깊은 상처를 남긴 부정적인 감각이나 영혼의 인상을 가지고 상담을 받으러 온다.

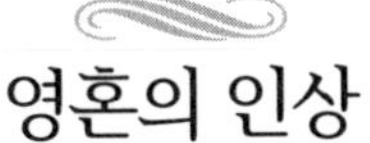

영혼의 인상

영혼의 인상은 인지(cognition)와는 다른데, 지식적으로 알 수 있을 뿐 아니라 감각으로 분별하고 마음으로 느낄 수 있는 것이기 때문이다. 이러한 인상은 지각력이 있는 것으로써 영혼에서 먼저 느끼고 그 다음 감각을 통해 느끼는 지각과 의식이 그 특징이다. 논리적이고 이성적인 좌뇌를 넘어서서 감정적인 우뇌로 옮겨가는 노래나 영화들도 영혼의 인상을 만들어 낼 수 있다. 우리의 영혼을 순식간에 더 없이 행복한 곳으로 데려가는 노래의 가사나 멜로디를 들어본 적이 있는가? 어떤 노래의 가사나 멜로디를 듣고 갑자기 자신의 영혼이 지고한 행복감에 휩싸였는데, 오랜 세월이 지난 후 같은 노래를 듣고서 과거에 느꼈던 황홀감에 다시 휩싸였던 적은 없는가? 그 노래는 우리에게 영혼의 인상을 남긴 것일지 모른다.

이러한 인상은 마음과 몸, 의지의 직관적이고 신비한 속성을 포함하는데, 논리적이거나 이성적인 설명이 불가능하다. 종교적인 경험도 영혼의 인상을 만들어 낼 수 있다. 이런 종류의 경험은 의식적인 마음에 영향을 줄 뿐만 아니라 영혼에도 자국을 남긴다. 우리가 이러한 종교적인 경험을 할 때 무엇인가 우리 삶이 달라진다는 것을 알 수 있다. 우리의 감각, 느낌, 의지 역시 영향을 받기 때문이다. 종교가 주는 영혼의 인상은 우리에게 매우 깊은 영적 감동을 남긴다.

부정적이거나 긍정적인 아동기 경험은 피터의 경우에서처럼 영혼의 인상을 남긴다. 우리는 과거 사건에 기초하여 누군가에 대해, 혹은 어떤 것에 대해 직관적인 느낌을 가지고 있을 수 있다. 그렇지만 그러한 느낌이나 감각에 대해 이성적으로 증명할 길은 없다. 이것이 바로 영혼의 인상이다.

영혼의 인상과 인간관계

피터는 영혼의 인상에 기초해서 관계를 맺었으며 그만두었다. 많은 사람들은 긍정적인 영혼의 인상에서 나온 데이터에 기초해서 사랑에 빠진다. 부부들은 자기들이 지속적인 연합을 이루게 하는 동일한 영혼의 인상을 가지고 있음을 알게 된다. 비슷한 영혼의 인상을 확인하면 장차 결혼할 대상이라는 생각을 갖게 된다.

이런 예는 우리 부부에게도 분명하다. 톰과 나는 데이트를 할 때 믿음에 관해서 논하였다. 그와 나는 종교에 대해 매우 흡사한 개념을 갖고 있었다. 나는 결혼 생활에서 영적으로 통할 수 있는 것이 매우 중요하다고 생각하였기 때문에 이러한 대화를 즐겼다. 하루는 톰이 나에게 가장 좋아하는 찬송가가 뭐냐고 물었다. 내가 잠시 생각하고 있는 동안에, 그는 "그는 참새도 돌보시네 (His Eye Is on the Sparrow)"라는 찬송을 조용히 불렀다. 바로 내가 가장 좋아하는 찬송이었다. 나도 바로 그때 머릿속으로 그 가사를 부르고 있었던 것이다. 이런 일로 인해 톰과 나 사이에 강력한 끈이 생겼다. 나의 영혼의 인상은 그가 사랑할 만한 믿음직한 사람이라는 것을 확신하였다.

영혼의 데이터 검토하기

영혼의 인상이 사랑의 관계에 어떻게 영향을 끼치는지 보다 잘 이해하려면, 사랑에 관해서 수집된 영혼의 데이터를 좀 더 자세하게 검토해 보아야 한다. 톰과 나의 관계를 다시 한 번 살펴보자. 나는 자라면서 사랑을 어렵고, 폭력적이며, 비극으로 끝나는 것으로 보았다. 인지적으로 성경이나 다른 자료들을 통해 사랑이란 선한 것이며 옳고 진실한 것이라고 배웠지만, 사랑에 대한 나의 영혼의 인상은 매우 부정적이었다. 때문에 결혼이라는 생각은 나에게 상당한 불안을 일으켰다. 톰은 어릴 때부터 교회를 다녔기 때문에 평생의 배우자 간에 누리는 사랑의 경이로움에 대해 설교도 듣고 강의도 들었다. 그렇지만 부모가 늘 싸우고 끝내 이혼하는 것을 보고 자라났기 때문에 매우 부정적인 영혼의 인상이 형성되었다. 자, 이제 건강한 관계에 대한 온갖 지식이 있고 훈련과 교육을 받은 이 두 명의 낭만주의자를 보자. 이들은 서로에게 딱 맞는 영혼 치유의 연인들을 만났다고 생각했을지 모른다. 불행하게도 사실은 그렇지 못하였다. 우리의 부정적인 영혼의 인상은 그 흉한 머리를 들어올리고 사랑과 결혼에 대한 긍정적인 인식을 때려 부수었다. 우리가 갖고 있는 영혼의 인상은 사랑에 대한 이성적인 지식을 누르고 승리하였으며 우리들을 불안하고 두렵게 만들었다.

사랑은 두려움과 공포를 낳는다

우리가 의심이나 공포 혹은 위기에 처하게 될 때, 영혼의 인상은 언제나 인지적인 지식을 누르고 승리를 거둔다. 불안한 상태에 있을 때 본능적인 감정은 이성적인 머리를 이긴다. 그러므로 얼마나 많은 책들을 읽고, 세미나에 참석하고, 설교를 들었든지 상관없이, 우리는 여전히 부정적인 영혼의 인상과 싸워야 한다. 영혼의 인상은 사랑에 대한 긍정적인 정보와 훈련을 여지없이 좌절시킨다. 고통과 역기능을 겪은 성인아이들이 결혼 생활에 그토록 많은 어려움을 겪는 것은 이상한 일이 아니다.

이러한 딜레마를 알고서 톰과 나는 부정적인 영혼의 인상에 대해 다시 배우고 재정리하여 훨씬 더 긍정적인 사랑의 관점을 향하여 나가는 여정을 시작하기로 하였다. 이렇게 하기 위해 우선 영혼의 데이터를 수집하는 데 있어서 인간의 뇌가 어떻게 작용하는지를 검토해야 하였다.

구뇌와 신뇌

로버트 언스타인(Robert Ornstein)과 데이비드 소우블(David Sobel)의 책 『치유하는 뇌』(*The Healing Brain*)를 보면 어떻게 뇌가 영혼 안에 정보를 쌓아올리는 것을 도와주는지 알 수 있다. 인간의 뇌는 대뇌피질과 뇌간이라는 두 가지 기본적인 부분으로 나뉜다. 대뇌피질은 인간에게만 존재하는 것으로써 고도의 기능을 하는 부분이다. 이는 정보를 받아들여 그것을 조직하고 결정하는 것을 도와

준다.

이 대뇌피질, 즉 신뇌(new brain)는 우리 자신을 관찰하고 우리의 행동을 평가할 수 있는 능력을 준다. 사람이 다른 동물이 다른 것은 자신이 하는 행동을 객관적으로 비판하고 평가할 수 있다는 점이다. 나는 우리 개가 신문 배달 소년에게 미친 듯이 짖어대고는 '이렇게 하는 건 정말 바보같이 보일 거야.' 라고 생각하는 것을 상상할 수가 없다. 슈퍼마켓에서 너무 느리게 계산하는 직원에게 화를 내며 무안을 줄 때, 이런 우리 자신을 객관적인 정신의 눈으로 볼 수 있는 능력은 사실 매우 놀라운 것인데, 우리에게는 바로 이런 능력이 있다.

신뇌 밑에는 뇌간이 있다. 뇌간의 뿌리에 대뇌 변연계가 있는데, 이는 매우 강력한 정서의 자리이다. 이것은 우리의 자기 방어 반사작용, 혹은 생존 방어 기제이다. 이 본능적인 구뇌(old brain)는 지각과 느낌을 통해서만 현실을 인식한다. 구뇌의 주요 기능은 생존하는 것이기 때문에, 어떤 특정한 패턴을 공포와 위험, 상실, 죽음 등과 연관하여 인식한다. 이 뇌는 좌뇌처럼 결정하는 능력이 없기 때문에 상황으로부터 온갖 결론을 끌어내고 어떤 특정한 지극에 대해서는 속사포처럼 반응한다. 가령, 비 오는 날 운전을 하고 가는데 길이 미끄럽다고 치자. 갑자기 앞에 있는 차들이 서는 것을 보면, 우리는 본능적으로 브레이크를 힘껏 밟는다. 가슴은 쉴 새 없이 뛰고, 손에는 진땀이 난다. 구뇌의 생존 본능이 전력으로 가동한 것이다.

변연계, 즉 구뇌는 시간을 인식하지 못한다는 사실을 알 필요가 있다. 이것은 시간에 영향 받지 않는다. 이는 다섯 살 때 이 체계에 기록된 것에 대해서는 서른다섯 살에도 그 전과 똑같은 공포와 위험으로 느껴진다는 것이다. 내담자 중 한 여자는 어릴 때 난로에 손을 덴 적이 있었다. 부모는 술 마시러 외출하였고 당시 그녀를 돌볼 사람이 아무도 없었기 때문에 그녀는 이 일이 너무 충격적이었다. 지금까지도 난로를 너무나 싫어하는 그녀는 남편이 장작용 난로를 사려고 하자 못 사게 하였다. 깊숙이 자리 잡은 난로에 대한 이런 느낌은 바로 톰과 내가 '구뇌적' 혹은 '변연계적'이라고 부르는 것이다. 우리들 대부분에게는 장작용 난로가 위험하지 않다는 것은 명백하다. 그렇지만 이 내담자는 이성적인 사고의 과정을 사용하지 못하고 있는 것이다. 그녀의 변연계는 계속해서 혹사당해 왔다. 그래서 '구뇌 반응'이 일어났던 것이다.

구뇌와 인간관계

이미 보았던 대로 우리들은 과거의 외상이 원인인 문제를 현재까지 가지고 있을 수 있다. '구뇌 반응(old brainers)'이 난로나 미끄러운 고속도로에 대해서 별로 심각하게 작용하지 않을지라도, 사랑에 대해서 그러한 부정적인 느낌이나 지각을 가지고 있다면 참으로 위험할 수 있다.

나에게 있어서 사랑이란 치명적일 만큼 위험한 것으로 변연계에 기록되어 있었다. 나에게 사랑이란 고통, 학대, 포기를 의미하였다. 나의 구뇌는 사랑에 대해 부정적인 영혼의 인상을 갖게 하는 데 일조하였다. 내 개인적인 이야기를 해 보겠다.

나는 어렸을 때 부모님이 싸우는 소리를 들으면서 '저 싸움은 폭력으로 이어질 것이고 아버지는 떠날 것'이라고 생각하였기 때문에 내내 불안하고 두려웠다. 아버지는 사나흘씩 집을 나가 있는 적이 많았다. 나는 아버지를 탓할 수가 없었고(나 역시 할 수 있다면 나가 버렸을 것이다), 매우 화가 나서 난폭해진 어머니와 함께 남아 있었다. 나는 나의 안전과 형제들의 안전이 염려되고 두려웠다.

몇 년이 지난 뒤 신혼 2개월 된 애송이 신부로서 나는 부엌 탁자에서 남편과 키시(치즈·베이컨 파이의 일종- 역자 주)에 대해 이야기하면서 앉아 있었다. 남편은 그것을 싫어하였는데 나는 그것의 수많은 장점에 대해 강력하게 따졌다. 걸쭉한 계란 요리가 싫다는 말로 나를 설득할 수 없게 되자, 남편은 갑자기 말하였다. "나 나간다. 베란다에 나가서 마음 좀 식힐 거야."

남편이 어렸을 때 그의 어머니는 "착한 포르투갈 소년은 화가 났을 때 스스로 그 화를 식혀야 한다."고 말하였다. 그의 어머니는 정신을 잃을 정도로 화가 났을 때는 밖으로 나가 열을 식히라고 가르쳤던 것이다. 사람들은 그의 신부인 내가 이 일에서 건강한 이론적 근거를 찾아냈을 것이라고 생각하겠지만, 그렇지 않았다! 나는 심각한 '구뇌 반응'을 가지고 있었던 것이다.

"떠난다고? 분명히 떠난다고 하였어요?" 변연계의 공장에 위험 신호가 울리고 나는 불안과 죽음의 공포에 가득 찼다. 나는 달라붙었다. 울며 그의 다리를 잡았다. "가지 말아요. 이런 시간에 나를 떠나다니 어쩌면 그렇게 마음이 좁을 수가 있어요?"

"어?" 그는 믿을 수 없다는 듯이 신음 소리를 냈다. "무엇 때문에 이렇게 화가 난 거요? 엄마가 예전에 가르쳐 준대로 열을 식히려는 것뿐인데! 남자가 잠시 좀 쉬면 안 되나?"

나의 변연계는 톰에게 휴식 시간을 주고 싶지 않았다. 나의 구뇌와 부정적인 영혼의 인상은 남자가 떠나면 다시는 돌아오지 않는다고 말하고 있었다. 그 시점에서 나는 젊고 민감한 신부처럼 생각하지 못하고 버림받은 작은 소녀처럼 생각하였다. 그날 밤 톰과 나는 정말 힘들었다. 말할 필요도 없이, 신혼의 단꿈은 '구뇌 반응들' 중 하나 때문에 깨어지고 말았는데, 우리는 결혼 생활에 이런 것이 있는지 전혀 몰랐던 것이다.

구뇌 반응과 부부 싸움

결혼 생활을 파괴하는 구뇌 반응의 힘을 알게 되자, 부정적인 영혼의 인상과 더불어 이러한 경험들이 부부가 단순한 정보들을 교환하는 과정에서 어떻게 활성화될 수 있는지를 쉽게 알 수 있다. 한 배우자가 두렵고 화가 난 나머지 지나치게 행동하면서 상대방에 대해 잘못된 결론을 끌어내게 되면, 그 상대방도 역시 화가 나고 두려워져서 잘못된 결론을 내리고 상대를 비난하는 것을 흔히 볼 수 있다. 패트리시아 러브는 이렇게 하는 것을 "배우자에 대해서 자신의 현실을 구성을 하는 것"이라고 부른다(주 1).

보다시피, 나는 톰이 나를 떠날 것이라고 나름대로의 현실을 구성하였던 것이다. 나는 과거의 다른 남자들처럼 톰도 그러하리라는 잘못된 결론을 끌어냈다. 그런데 여기서 일이 꼬이기 시작하였다. 그가 하지 않았고, 앞으로도 하지 않을 일을 가지고 그를 비난하였기 때문이다. 나의 고발 행위는 톰을 너무 고통스럽게 하였기 때문에 실제로 톰이 떠날 수도 있었고, 그렇게 되면 내가 그토록 두려워하던 일이 현실이 될 수도 있었다. 그는 떠나지 않았지만 나의 잘못된 가정은 톰의 구뇌 반응을 촉발시켰다. 그는 어머니와의 관계에서 숨 막히는 느낌, '매달리는' 느낌을 갖게 되었다. 톰은 여기에 반응하였고, 우리의 결혼 생활에 제3차 세계대전이 터졌다. 우리 상처는 너무도 상호 반응적이었고, 우리의 말은 충격 진술이 되었던 것이다. 우리는 자신의 상처에 대한 반응으로 서로에게 상처를 주었다. 우리는 로마서에서 사도 바울이 말한 것을 체험하였다. "나의 행하는 것을 내가 알지 못하노니 곧 원하는 이것은 행하지 아니하고 도리어 미워하는 그것을 함이라"(롬 7:15) 최대의 두려움은 톰이 나를 떠날 것이라는 생각이었지만, 나의 히스테리적 발작은 오히려 이것을 현실로 촉진시킬 수도 있었다. 나의 구뇌 반응은 남편이 내 곁에 남아 있기 어렵게 만들 수도 있었던 것이다. 나는 내가 미워하는 행동을 하고 있었다. 두려움으로 반응하면서 남편에게서 고통을 야기하였던 것이다. 우리는 이런 종류의 상호 반응을 우리 결혼 생활에서 보았고, 치료자로서 매일 다른 부부들에게서 보고 있다. 이러한 잘못된 비난 때문에 부정적인 영혼의 인상, 구뇌 반응 그리고 고통

스런 충격 진술 등이 만들어지며, 부부는 극도로 피폐해진 관계를
치유하기 위해 상당한 시간을 보내야 한다.

가족 환영과 부정적인 영혼 인상

우리가 배우자의 실체를 구성하는 것은 다세대주의 가족치료사
들이 '가족 환영(Family Ghost) 현상'이라고 부르는 것과 흡사하
다. 그 이론은 부모나 형제, 전 배우자 등의 환영이 현재의 관계에
그 모습을 나타낸다는 것이다. 이 치료사들은 '누군가의 얼굴을 배
우자 위에 씌우는 것'이라고 부른다. 톰이 나를 떠날까봐 두려워할
때 나는 '나의 아버지가 버리고 떠나는 얼굴을 남편에게 씌운 것'이
다. 앤 마리의 예를 보자.

앤 마리의 가족 환영 · · · · ·

앤 마리는 2년 동안 도널드와의 관계에 갈등을 겪다가 상담소에 왔다. 그
녀는 도널드에 대해 지대한 사랑을 느끼곤 하였는데, 어떤 때는 감정이 갑자
기 바뀌어서 두려움 속에서 관계를 끝내 버렸다. 그리고 나중에 정신을 차리
면 그와 다시 합쳤다. 그녀는 이제 마지막으로 도널드가 정말 자신의 짝인지
결정하고 싶었고, 결혼 생활을 성공적으로 할 수 있을지 알고 싶어서 상담을
받으러 왔다.

내가 그녀에게 어린 시절에 대해 물어보니 세 딸 중 둘째라고 하였다. 치
열 교정 의사인 아버지는 매우 비판적인 사람이었고 딸들의 삶을 치아만큼이

나 똑바르게 해야 한다는 책임감에 불탔다. 아버지는 언제나 앤 마리와 자매들에게 비판적이었고 다른 사람들 앞에서도 그들을 혼냈다. 성적표를 가져오면 아버지는 잘 하지 못한 과목에 먼저 주목하였다. "앤 마리, 라틴어 성적이 A가 뭐냐? A 플러스를 받아야지." 그 결과 앤 마리는 아버지의 기준에 도달할 수 없다고 느꼈다. 그건 다른 관계들을 맺을 때도 마찬가지였다.

도널드와의 관계를 물어보자 앤 마리는 도널드 역시 매우 비판적이라고 말하였다. 몇 가지 예를 들었는데, 남편은 칠레고추 요리에 무슨 향을 넣어야 하는지를 말해 주었고, 코에 건조한 반점이 있으니 로션을 좀 발라야 한다고 말하였다고 하였다. 도널드가 자기 뜻을 어떤 식으로 전달하였는지 확실히 알 수는 없었으나, 내가 느끼기에 도널드의 말들은 그다지 비판적인 것 같지 않았고 오히려 도움이 되는 말 같았다. 앤 마리는 평가받는 데에 너무 민감한 나머지, 도널드가 단순히 조언을 해도 아버지의 얼굴을 그에게 씌우고 있었던 것이다.

앤 마리는 자신의 이러한 행동을 이해하기 시작하면서 도널드를 있는 그대로 보게 되었다. 그녀의 영혼이 치유되기 시작하자 과거의 '환영들'은 쫓겨 나갔고 그녀는 자유롭게 사랑하고 사랑받게 되었다. 그녀와 도널드는 비로소 영혼 치유의 배우자가 되는 여정을 시작할 수 있었다.

과민 반응

'과민 반응'의 정의는 어떤 상황에서 정도 이상의 감정을 사용하는 것이다. 앞에서 언급하였던 대로 과거의 고통스런 기억들은 구뇌에 저장되어 있다. 이러한 기억들은 현재의 관계에서 자극을 받으면 촉발되고 활성화된다. 만일 어린 시절 어머니가 나에게 식사를 차려 주는 일에 게으른 사람이었다고 치자. 세월이 흘러 아내가 내 도시락 싸는 것을 잊어버렸다면, 나는 여러 가지 반응을 나타낼 수 있다. 아내에게 실망하였다고 말하고 앞으로는 좀 더 신경 써 달라고 할 수 있다. 또는 직장 동료들과 나가서 사 먹어야겠다고 생각하면서 그냥 넘길 수도 있다. 그렇지만 내가 지나치게 반응하면서 격분하여 소리 지르고, 위협하고, 비난하고, 토라진다면 과민 반응을 보이는 것이다. 만일 우리가 적절한 정도를 넘어서 지나친 관심이나 감정 혹은 화를 내며 상황에 대처한다면 우리는 과민 반응의 상태에 있는 것이다. 만일 우리가 어떤 일에 과민 반응을 보이고 있다면 어린 시절의 상처가 활성화된 것임이 분명하다.

앤 마리는 도널드가 자기를 비판한다고 느꼈을 때 과민 반응을 보였다. 그러면서 남편으로부터 물러났고, 그녀의 이런 행동은 다시 도널드에게도 과민 반응을 일으켰다. 부부의 과민 반응은 대개 상호 작용한다. 즉, 그녀에게 악영향을 준 것이 다시 남편에게 상처를 줄 수 있고, 그 반대도 마찬가지이다. 과민 반응은 관계에서 많은 문제를 야기한다. 앤 마리와 도널드에게 물어보면 이들은 과잉 반응이야말로 건강한 관계를 갖는 데에 최대의 장벽이라고 대답할 것이다.

영혼의 치유자가 되기 위해서는 우리의 과민 반응을 통제할 수 있어야 하고, 그 상황에 적절한 정도의 감정만을 나타낼 수 있어야 한다. 우리는 과거의 상처를 인식하고 하나님이 그 상처를 치유해 주시도록 맡기고 과민 반응을 촉발하는 것들을 다루어 관계에서 적절하게 반응하는 법을 배워야 한다.

영혼의 정보 입수하기

앤 마리의 예를 보면 사람이 어린 시절의 고통스런 감정과 접촉하는 것이 쉽지 않다는 것을 알 수 있다. 사람들은 고통을 느끼지 않도록 막아 주는 잘 정비된 방어 기제를 가지고 있다. 치료자로서 우리는 여러 가지 수단을 통해 그러한 방어를 해제하도록 도와야 할 때가 많다. 톰과 나는 방어 기제를 해제하고, 하나님께서 우리 영혼 안에 일어나는 정보와 패턴을 보여 주실 수 있는 도구를 고안하였다. 이 도구는 영혼의 묵상에 도움이 되는 인지적이고 잠재의식적인 자원들을 사용한다. 이 도구는 '영혼 치유도' 라고 불리며, 사용법은 다음과 같다.

연습1. 영혼 치유도(soul healogram)

이 연습을 위해 45분의 시간을 낸다. 조용한 장소를 찾는다. 무의식적인 기억을 되살릴 수 있도록 인도해 달라고 주님께 간구한다. 나는 치유의 과정을 밟으면서 주님이 훌륭한 영혼 여행의 안내자라는 것을 알았다. 이 책의 지면이 크지 않으므로 좀 더 큰 종이를 마련하여도 좋다. 103쪽의 초벌 그림을 지침으로 삼되, 복사기로 초벌 그림을 확대해도 좋다.

종이에 보면 나를 나타내는 큰 칸이 있다. 내가 결혼을 하였다면 그 옆에 배우자를 표시하는 칸이 있다. 나의 칸 바로 위에 있는 칸은 나의 부모를 나타낸다. 그 위에는 조부모를 나타내는 칸이 있는데, 외조부모와 친조부모를 모두 나타낸다. 내 칸 옆의 작은 칸은 형제자매를 나타낸다. 부모 옆의 작은 칸은 고모나 삼촌, 혹은 이모나 외삼촌을 나타낸다.

사촌들이 나의 삶에 중요한 역할을 하였다면 그들을 위한 칸도 그린다.

이 도표를 통해 우리는 원가족과 그 윗세대들의 구성을 한눈에 볼 수 있다. 이런 그림이 사회복지나 가족치료에서 사용하는 가계도처럼 보일지도 모른다. 각 칸 위에 사람의 이름을 쓴다. 각 칸의 중앙에 선이 있는데, 선 위에는 그 사람의 부정적인 특징을 쓰고 선 아래에는 긍정적인 특징을 쓴다.

각 칸 옆에는 이 사람들에 대해 갖고 있는 영혼의 인상을 열거한다. 영혼의 인상이란 반드시 사실이어야 하는 것이 아니라, 감각이요 지각이라는 사실을 기억하라. 이들에 대한 명확한 영혼의 인상을 갖기 위해 이들을 개인적으로 알아야 한다거나 함께 시간을 보냈어야 하는 것은 아니다. 영혼의 인상 옆에 'SI' 라는 글자를 꼭 쓴다.

할 수 있는 한 여러 세대의 칸을 채운다. 적어도 삼 대를 채울 수 있으면 좋은데, 그것을 통해 우리 가족 안에 몇몇 패턴들이 반복되는 것을 발견할 수 있기 때문이다.

그 사람들을 기억하지 못한다면 그들에 대해 전해 내려오는 말을 써도 좋다. 예를 들어 나는 외할머니를 알지 못하지만 여러 가족들을 통해 걱정이 많고 매우 수동적인 분이라는 말을 들었다. 외할아버지는 아내를 학대하는 매우 폭력적이고 괴팍한 알코올 중독자였다. 외할머니가 나의 어머니를 임신하였을 때 외할아버지는 파티에 가서 몇 주 동안이나 집에 안 들어오셨다고 한다. 외할머니는 수입이 없었기 때문에 자신이나 자녀들을 위해 구걸을 하기 시작하였다. 할머니를 불쌍히 여긴 동네 사람들이 남은 옥수수 빵이나 콩, 돼지비계 등을 쓰레기통 뚜껑 위에 올려놓아 할머니가 와서 가져가게 하였다. 할머니는 끊임없이 돈 걱정을 하였고 다음 식사를 어떻게 해결해야 할지 늘 걱정하였다고 한다. 전해지는 이야기를 통해 나는 나의 가족과 나 자신에 대해 놀랄 만한 통찰을 얻게 되었다.

내가 기억하는 한, 어머니는 가난에 대한 지나친 공포가 있었다. 어머니는 모든 돈이 바닥날 것에 대해 끊임없이 두려워하였다. 그렇게 느낄 아무런 근거가 없는데도 말이다. 내가 놀란 사실은, 되돌아보니 나 자신도 수입과 지출을 맞출 만한 충분한 돈이 없을 것이라는 깊은 공포를 가지고 있었다는 것이다. 나의 경우 역시 이런 공포를 가질 하등의 근거가 없는 때가 많았다. 외할머니에 대해 알고 나서 나는 할머니의 두려움이 어머니와 나에게 전해져 내려왔고, 우리들이 그런 두려움을 가진 것에 대해 합리적인 설명을 할 수가 없다는 것을 깨달았다.

이러한 '파장'은 질병이나 다른 유전 형질처럼 세대를 거쳐 내려올 수 있다. 출애굽기에는 "나를 미워하는 자의 죄를 갚되 아비로부터 아들에게로 삼사 대까지 이르게 하거니와 나를 사랑하고 내 계명을 지키는 자에게는 천 대까지 은혜를 베푸느니라"고 나와 있다(출 20:5-6). 분명히 이러한 패턴이 우리 가족의 삼 대에 걸쳐 내려 왔던 것이다.

이 연습을 마치고 나면 설명이 불가능한 패턴이나 파문이 가족 안에 있음을 발견하게 된다. 이러한 통찰은 영혼을 치유하는 데에 매우 유익하다.

시간을 내서 다음 장에 있는 영혼 치유도를 작성해 보라.

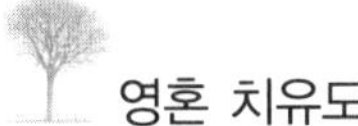 영혼 치유도

기억할 수 있는 한, 최대한 과거로 거슬러 가서 가족 나무를 그린다. 각 칸 위에 각 사람의 이름을 쓴다. 칸 위쪽에는 부정적인 특징을 열거하고, 칸 아래쪽에는 긍정적인 특징을 열거한다. 각 칸 옆에는 영혼의 인상을 전부 적는다.

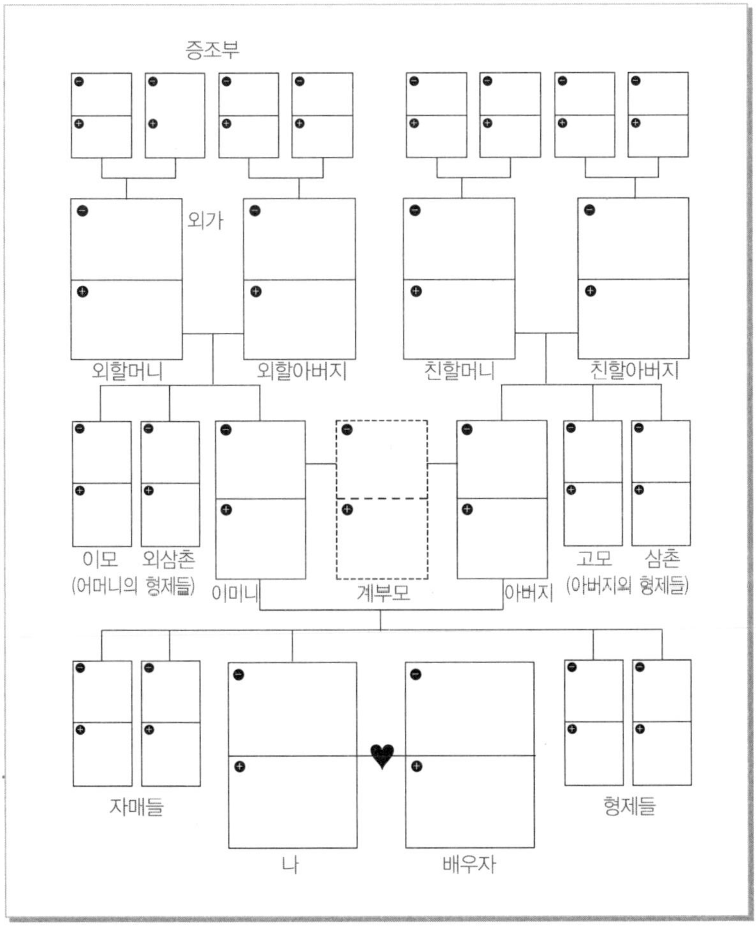

영혼 치유도를 통해 반복되는 가족 패턴에 대한 통찰력 있는 정보를 얻을 수 있다. 또한 우리가 논리적으로 설명할 수 없는 어떤 특정한 행동에 대해서도 그 이유를 알게 된다.

영혼 치유도를 작성하면서 가족들의 긍정적인 특징이나 부정적인 특징 중 나와 비슷한 것은 모두 노란 형광펜으로 칠한다. 종이 아래 부분에 그것들을 따로 열거해 놓는다. 각 가족 성원들에 대한 영혼의 인상에 대해서도 같은 식으로 한다. 이렇게 해 보면 공통된 특징이나 주제가 발달해 가는 것을 알 수 있다. 작성을 마친 후 다음의 문장을 완성한다.

나의 영혼 치유도를 통해 나는 다음과 같은 것을 알게 되었다.

* 우리 가계의 남자들은

....

* 우리 가계의 여자들은

....

* 우리 가계의 결혼 생활은

....

* 우리 가계의 갈등은

....

* 우리 가계의 의사소통은

....

* 우리 가계의 대처 방식은

....

* 우리 가계의 감정은

....

* 우리 가계의 중독 패턴은

....

* 우리 가계에서 이혼은

....

* 우리 가계에서 학대는

....

* 우리 가계에서 하나님은

....

* 우리 가계에서 종교는

....

* 수집된 데이터를 근거로, 나는 나의 결혼 생활이

....이다(일 것이다)라는 내적 신념을 가지고 있다.

* 나의 배우자는

....이다(일 것이다)라는 내적 신념을 가지고 있다.

* 가족이나 사회에서 온 상처를 치유할 수 있게 되면서 나는 결혼 생활의 이상상은

....이었으면 좋겠다.

* 나는 다음과 같은 문제에 대해서 과민할 수 있다.

....

＊ 나는 다음과 같은 상처를 치유하고 싶다.

＊ 나는 다음과 같은 패턴을 바꾸고 싶다.

＊ 다음은 나의 영혼 치유를 위해 그리고 결혼 생활의 영혼 치유를 위해 세운 목표이다.

1.

2.

3.

4.

5.

이제 무의식으로부터 매우 중요한 정보를 입수하였으므로, 영혼 치유
의 과정을 시작할 준비가 되었다. 다음 장은 어떻게 이런 과정이 이루어
지는지를 다루겠다.

제 5 장

치유되는 영혼

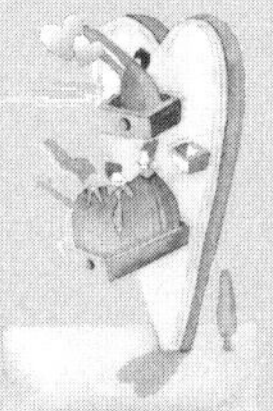

　　당신은 앞장의 영혼 치유도를 완성하고 나서 무의식 깊숙이 묻혀 있던 것을 발견하고 놀랐을 것이다. 무의식의 단면을 보았으므로 이제는 그 통찰을 의식으로 가져올 수 있다. 영혼 치유도의 데이터를 검토하면 많은 것을 깨닫게 된다. 예를 들어 당신 가계의 많은 남자들이 비판적이고 지배적이라는 사실을 알았다고 치자. 그 결과 당신은 배우자가 비판적이거나 지배적인 행동을 하였을 때, 그것에 대해 지나치게 확대 해석할 수 있다. 가계 대부분의 여성들이 수동적인 보조자(enable: 중독자의 행위를 강화시키는 역할을 하는 배우자-역자 주)처럼 보일 수도 있다. 이 때문에 당신은 결혼 생활에서 지나치게 수동적일 수도 있고, 혹은 완전히 지배적이 되어 보상받으려 할 수도 있다.

이런 종류의 통찰을 얻게 되면 부부가 치유를 향해 나갈 수 있는 목표를 설정하는 것이 중요하다. 가장 좋은 방법은 이러한 목표를 기록하는 것이다. 우리는 부부들에게 함께 앉아 소위 '영혼 치유 계획'을 쓸 것을 요구한다.

연습 2A: 영혼 치유 계획―개인적인 영혼 치유의 목표

이 계획은 관계를 위한 목표뿐 아니라 개인적인 목표를 포함한다. 각 목표에는 목표를 세운 날짜와 실행 가능한 완수 날짜를 적는다. 개인적인 목표부터 시작한다. 많은 사람들이 자기 자신의 영혼을 어떻게 양육할지 모르는 채로 상담을 받으러 오기 때문에 이는 매우 중요하다. 이들은 행복하지 못한 탓을 배우자에게 돌리기 때문에 많은 부부 갈등을 일으킨다. 그리고 영혼이 공허하다는 것으로 배우자를 비난한다.

세월이 흐르면서, 톰과 나는 영혼을 치유하였던 방법들 그리고 상담을 통해 내담자들에게 도움이 되었던 일련의 방법들을 모아 보았다. 이런 영혼 치유의 경험들을 여러분들과 나누고 싶다.

영혼을 치유하는 한 가지 방법은 영혼에 귀 기울이고 영혼이 당신에게 하고자 하는 말에 주의를 집중하는 것이다. 영혼의 소리를 듣는다는 개념은 토머스 무어의 『영혼의 돌봄』에서 아주 상세하게 다루었다. 무어는 차분하게 영혼에 귀 기울이는 것에 대해 놀랍도록 좋은 예를 보여 준다. 다음과 같은 활동들을 영혼 치유 계획에 넣어 보면 좋을 것이다.

명상과 기도를 통한 영혼 치유 영혼에 귀 기울이는 방법은 많다. 기도와 명상은 두 가지 중요한 방법이다. 이것을 통하여 우리 자신에게 귀 기울일 수 있으며, 하나님으로부터 들을 수도 있다. 하나님 앞에 조용히 있을 때, 내가 깨닫기도 전에 나의 영혼에 필요한 것을 하나님께서 말씀하시기도 한다. 침묵은 영혼에 주의를 기울이는 아주 훌륭한 방법이다. 우리는 친구의 도움으로 일주일 내내 아무도 말하지 않는 침묵의 수련회를 마련하였다. 참가자들은 깜짝 놀랄 만한 영적 쇄신을 경험하였다고 말하였다. 어떤 이들은 처음으로 하나님의 음성을 들었다고 말하기도 하였다.

심리치료를 통한 영혼 치유 심리치료는 영혼을 돌보는 매우 탁월한 방법이다. 톰과 내가 늘 사람들을 돕는 역할만 한 것은 아니다. 위대한 영혼 치유자 앞에 앉아 있기도 하였고, 심리치료의 내담자가 되기도 하였다. 나는 어린 시절의 고통스런 이야기를 쏟아놓으면서 치유자들과 함께 보냈던 수많은 시간에 감사한다. 자비로운 그리스도와 같은 그들의 인도는 나에게 영혼을 치유할 수 있는 길을 보여 주었다. 나의 영혼을 변화시키고 사랑에 대해 긍정적인 비전을 만들어 준 것은 영적 지도자와 멘토의 사랑뿐 아니라, 우리를 조건 없이 사랑해 준 치료자들의 자비와 통찰이었다.

대지를 통한 영혼 치유 동양 철학자들은 우리가 여성적인 측면을 개발하기 위해 흙, 땅, 물, 공기 등과 접촉할 것을 권장한다. 그들의 용어를 빌리자면, 우리는 삶의 열망을 발견해야 한다. 이것이 영혼을 어머니처럼 돌보는 한 가지 방법이다. 어머니라면 당연히 영혼을 잘 양육할 것이라고 생각하지만, 실제로는 그렇지 않은 경우가 많다. 만일 여러분의 어머니가 이런 경우라면 여러분 자신의 영혼을 치유하기 위해 할 수 있는 어머니다운 일을 떠올리기 어려울 것이다. 나도 이런 문제를 가지고 있었기 때문에 이를 어떻게 해결하였는지 이야기해 보겠다.

나는 늘 바쁜 사람이었다. 대학원 시절 나는 늘 이곳에서 저곳으로 허둥지둥 뛰어다녔다. 해가 났는지 비가 오는지도 모를 만큼 바빴다. 꽃이나 나무를 눈여겨본 적도 없었다. 자연, 즉 하나님의 피조물에 관심을 둘 시간이 없다고 생각하였다. 어디를 가야 하고, 논문을 써야 하고, 사람들을 도와야 하였다. 나이를 먹고 영혼의 욕구에 대해 좀 더 명확하게 인식하면서 자연이라는 것이 나의 삶 속에 아주 특별한 위치를 차지하게 되었다. 정원도 가꾸었다. 나는 내가 천진난만한 아이처럼 흙 파는 것을 좋아하리라고 생각도 못하였는데, 그 일은 가장 만족스럽고 나의 영혼을 자라게 하는 활동이 되었다. 때로는 정원 일에 너무 열중한 나머지, 시간 가는 줄도 몰랐다. 정원에서 하루 종일 있다가 흙먼지를 뒤집어 쓴 채 들어오는 때도 많았다. 몸은 더러워졌지만 정말 만족스러웠다. 나의 영혼은 행복하고 충만함을 느꼈다. 토머스 무어는 이러한 느낌을 영혼의 충만함(soulfulness)이라고 부른다. 나의 정원에는 "정원에 꽃을 심는 자는 하나님과 손에 손을 맞잡고 일한다."라는 표지판이 있다. 흙이 자양분을 받을 때 영혼도 자양분을 받는다는 것은 정말로 맞는 말이다.

예배를 통한 영혼 치유 하나님을 예배하는 것은 영혼 치유의 놀랄 만한 경험이 될 수 있다. 찬양은 창조주와 연결되는 경험을 제공한다. 예배를 드리면 하나님이 모든 피조물 안에 거하시며, 또한 피조물을 통하여 일하신다는 사실이 생각난다. 예배는 항상 존재하시는 하나님의 사랑에 대한 사람의 응답이다. 찬양과 예배를 통해 하나님과 인간이 하나 되는 환희의 느낌을 체험할 수 있지만, 어떤 이들에게 예배는 어려운 것일 수도 있다.

부부와 가족치료사로서, 톰과 나는 가족들의 문제를 듣다가 그 고통에 대한 연민 때문에 큰 부담을 느낄 때가 있다. 우리는 이것을 '영혼의 무게'라고 부른다. 우리는 요즘 "너무 많이 들었다."는 말을 곧잘 한다. 여러분도 이럴 때가 있었을 것이다. 이웃이 남편을 떠나겠다고 털어놓았을 때, 기도 모임에서 갓난아기가 암에 걸렸다는 말을 들었을 때, 믿었던 친구에게서 배반당하였다고 자녀가 말하였을 때 말이다. 이럴 때 우리의 영혼이 고양되어야 한다. 우리는 집안에 찬양을 틀어놓고 들으면서 하나님의 사랑과 임재로 인해 우리 영혼이 위로받는 것을 체험할 수 있다.

웃음과 놀이를 통한 영혼 치유 웃음은 영혼을 위한 매우 훌륭한 약이다. 웃고 노는 것은 아이들의 천성이지만, 역기능 가정에서 자라난 아이들은 이러한 영역에서 상처를 입는다. 역기능 가정에서 웃음은 금지 당하고 진지한 태도는 어떤 식으로든 상을 받기 때문에, 이런 가정에서 자라난 아이들은 놀고자 하는 자연스러운 본능을 빼앗기고 만다. 아이들은 "설치지 마라." "눈치 없이 굴지 마라." "절대 떠들지 마라." 하는 식의 말로 상처를 입는다. 웃음은 시끄럽고 혼란스러운 것이기 때문에 금지 당한다. 이런 부모들은 자녀들이 웃고 떠들며 노는 것을 매우 부끄럽게 생각하고, 어떤 부모들은 심지어 벌을 주기도 한다. 이렇게 되면 아이들은 놀기 좋아하는 자연스런 본성과 분열되며, 이런 아이는 진지하고 금욕적인 성격의 어른으로 성장한다. 바로 우리 집이 이러하였다. 그 결과 나는 나 자신에게 웃고 노는 것을 허락해야만 하였고, 웃고 노는 일을 편안하게 느끼기까지 많은 시간이 걸렸다. 하빌 헨드릭스는 한바탕 웃는 것이 부부가 하나 되는 경험이 될 수 있다고 말하며, 웃음을 의사소통 기술의 한 단계로 넣기까지 한다.

또한 헨드릭스는 부부들이 많은 에너지가 소요되는 놀이(몸으로 즐기는 놀이)를 즐길 것을 지지하는데, 이런 종류의 놀이는 부부 간에 매우 만족스러운 유대와 시너지를 창조한다. 갈등을 겪는 부부들은 함께 놀았던 기억이 아주 사라진 경우가 많다. 어떤 이들은 배우자와 함께 노는 방법 자체를 잊어버렸다고 말하기도 한다. "함께 기도할 수 있는 부부들은 함께 살 수 있다."고 하는 말이 있다. 우리는 이 말에 "함께 놀 수 있는 부부들은 함께 살 수 있다."는 말을 덧붙이고 싶다. 간지럼 태우기, 레슬링 경기, 물총 싸움, 보행기 경주, 자전거 타기, 배구, 축구 등은 심장 속도를 높이고 부부의 연대감을 높이기 위해 즐길 수 있는 활동이다.

'내면의 아이' 치유를 통한 영혼 치유　사람들이 오랫동안 생각하지 못하였던 영혼 양육의 방법이 있다. 어릴 때 하였던 것으로, 여러분의 영혼에 날개를 달아 주던 일들을 떠올려 보라. 토머스 무어는 『영혼의 돌봄』에서 아이는 영혼의 얼굴이며 이를 거스르며 움직이는 것은 영혼에게 고통을 주는 일이라고 말한다. 여러분이 자신의 어린이다움을 무시하고 부끄럽게 여기기까지 하였던 것을 주목해 보라. 우리 사회는 사람들이 성숙하고, 강하고, 어른스러워야 한다고 믿는다. 아동기로 퇴행하는 모습은 어떤 것이든지 못하게 한다. 그럼에도 불구하고 아동기의 방식으로 퇴행하는 것은 쾌활한 마음을 가져다준다. 잃어버린 젊음의 열정을 찾아보라. 자전거를 타고 하이킹을 가고, 가족 모두와 축구를 하라. 연을 날리고 모형 비행기를 만들라. 난장판을 만들라. 여기에 적응만 하면 기분이 좋아질 것이다.

연습 2B: 영혼 치유 계획—부부의 영혼 치유 목표

　영혼의 필요를 알게 되고 영혼 치유 계획에 개인적 목표를 적었으면 이제 결혼 생활을 위한 목표를 세울 때가 되었다. 영혼 치유도는 개인 목표를 세우는 데에도 유용하지만, 결혼 생활을 위한 영혼 치유 계획을 세우는 데에는 어떻게 도움이 되는지 살펴보겠다.

　가령, 당신의 영혼 치유도를 보니 안정되고 지속적인 결혼 생활보다는 이혼한 경우가 많다고 치자. 그러면 당신은 결혼 생활이란 지속되지 않는다는 내면의 신념, 혹은 영혼 인상을 가지고 있을 수 있다. 당신의 영혼 치유 계획을 위한 목표는 다음과 같을 수 있다.

* 영혼 치유 계획
- 1996년 1월 20일: 건강한 관계를 맺고 있는 몇몇 부부를 찾아서 그들과 시간을 보내며 우리의 멘토로 삼는다. 다음 6개월 안에 완수한다.
- 1996년 1월 20일: 앞으로 1년 이내에 '영혼 치유자 워크숍'에 참가한다.
- 1996년 1월 22일: 앞으로 6개월 이내에 부부 의사소통에 관한 책을 함께 읽는다.

여기에서 보는 바와 같이 목표를 정한 날짜를 쓰고 완수할 수 있는 때를 쓴다. 이렇게 되면 당신과 당신 배우자의 관계가 진척되는 과정을 평가할 수 있고 과업을 성취하기 위해 계속 동기 부여를 받을 수 있다. 목표를 완수하였을 때 그 성취를 기념할 뜻밖의 선물이나 축하 행사를 계획한다. 이렇게 하면 성취감이 더해지고 영혼 치유의 부부로서 더욱 전진할 마음이 생기게 될 것이다. 영혼 치유 계획을 어떻게 발전시켜 가야 하는지, 영혼 치유도를 통해 수집한 정보를 가지고 어떻게 목표를 세워 가는지를, 한 부부의 예를 통해 보여 주겠다.

도나와 알렉스의 영혼 치유도 • • • • •

마르고, 키가 크며, 열정적인 성격의 젊은 여자 도나는 통통하고 느긋한 남편 알렉스와 함께 상담실에 왔다. 세 번째 아이가 태어난 후에, 도나는 결혼 생활이 고통스러워지고 있다는 것을 알았다. 알렉스는 보험업자로서의 직업에 더 많은 시간을 보내는 것 같았다. 도나는 자기와 아이들에게 좀 더 관심을 가져 달라고 불평하며 바가지를 긁었다. 그러면 남편은 가족들이 보다 더 나은 생활을 하게 하려고 그토록 많이 일하고 있는 것이라고 말했다.

도나는 버림받고 홀로되었다는 느낌을 받았고, 알렉스는 압박받고 진가를 인정받지 못한다고 느꼈다. 이런 갈등은 상담 받으러 온 부부들에게서 흔히 볼 수 있는 것이다. 즉, 한 사람은 가까워지길 원하고 다른 한 사람은 거리를 두기 원한다. 물론 이들은 서로에게 끌리기는 한다. 이런 갈등을 겪는 사람들은 대개 상대를 잘못 만났다고 생각한다.

"가족들과 시간 보내기 원하는 남자를 만났어야 해요."라고 도나는 말하였다. 우리는 인내심을 갖고 주님께서 심리치료 과정에서 치유해 주시도록 맡기라고 용기를 주었다. 그리고 알렉스에게도 소망이 있고 비슷한 상황에 있던 부부들에게 좋은 결과가 있었던 것을 말해 주었다. 또한 만일 도나가 알렉스를 떠난다면, 자신과 내내 같이 있고 싶어 하는 남자에게는 그녀가 결코 매력을 느끼지 못할 것이라고 말하였다. 사람들은 대부분 반대 속성에 끌리기 때문이다. 도나는 다른 선택을 한다고 해도, 알렉스와 똑같은 기본 상처와 문제를 가진 남자와 다시 한배를 탈 가능성이 컸다. 우리는 그녀에게 "당신에게 춤을 청한 사람과 춤을 추어야 한다."고 말해 주었다. 나의 할머니가 늘 말씀하셨던 대로 말이다. 다시 말하면 춤을 그만 추거나 다른 파트너를 찾기 전에, 원래의 파트너와 다시 한 번 기회를 가지라는 것이다. 도나와 알렉스는 영혼 치유도를 완수함으로써 다시 한 번 함께 춤을 추기 시작하였다.

도나는 영혼 치유도를 보았다. 여자들, 특히 외가 쪽 여자들은 가족들을 단결시키고 돌보는 역할을 하는 사람들이었다. 친가 쪽은 무심하고 냉담한 남자들의 패턴이 있었는데 그 패턴이 친할아버지부터 아버지, 삼촌, 오빠까지 내려오는 것이었다. 도나가 보기에는, 외가나 친가나 대부분의 부부들이 기능적인 결혼 생활을 할 뿐 실제적인 관계는 멀었다. 도나는 친척들이 모이는 것을 좋아하지 않았는데 부부들의 삶이 모두 비참해 보였기 때문이었다. 그녀는 일찍부터 행복한 결혼 생활을 하고 싶어 하였으며 다른 가족들과는 다르게 살기 원하였다. 도나는 부모의 결혼 생활에서 흥미 있는 통찰을 얻었다. 아무런 근거가 없었는데도, 그녀는 아버지가 어머니에게 충실하지 못하였다는 영혼의 인상을 가지고 있었다. 그녀는 아버지가 들키지 않은 외도에 대한 죄책감 때문에 어머니에게 거리를 두고 있다고 결론을 내렸다. 그녀는 자신의 결혼 생활도 그렇게 될 것이라는 두려움이 있었다. 이런 통찰을 통해 그녀는 남편이 아내와 자녀들을 위해 얼마나 많은 시간을 보냈는지에 관해서 매우 큰 기대를 갖고 있다는 것을 깨달았다. 남편이 거리를 두면 자신이 과민 반응한다는 사실도 깨달았다. 그녀가 용감하고 정직하게 고백하자 알렉스는 그녀의 허심탄회함에 마음이 누그러졌고 방어적인 태도도 점차로 거두었다.

알렉스 역시 영혼 치유도를 통해 나름대로의 사실을 깨닫게 되었다. 그가 자기 가문의 여자들이 너무 의존적이라는 사실을 발견한 것은 놀랄 일이 아니었다. 반면에 남자들은 지배적이고, 통제적이고, 아내와 거리를 두는 사람들이었다. 부모님의 결혼 생활은 52년간 불행하게 산 외조부모의 결혼 생활의 복제판이라는 것도 알게 되었다. 조부모의 관계에서 제일 기억에 남는 것은 서로를 끊임없이 비판하였다는 점이다. 부모님도 비슷한 길을 걸었다는 것도 알 수 있었다. 알렉스는 여자들, 특히 어머니를 숨 막히게 하고 요구가 많은 사람으로 생각하였다. 그는 자신이 이런 상황에 과민 반응을 보이며 비슷한 관점에서 아내를 보는 경향이 있음을 시인하였다. 우리는 가까워지기 원하는 아내의 합당한 요구에도, 그녀가 심하게 달라붙는다고 생각하는 경향이 있음을 알렉스에게 지적하였다. 그는 어머니의 숨 막히게 하는 얼굴을 도나에게 덮어씌우고 도나를 어머니의 또 하나의 모습으로 보았다. 부부는 양육자를 보던 방식대로 배우자를 보는데, 무의식의 눈이 그렇게 '훈련되었기' 때문이다.

도나와 알렉스는 그 동안 '잡아 볼 테면 잡아 봐라' 게임을 헤 왔다는 것을 알게 되었다. 알렉스는 간섭받는 것이 싫었고 도나는 버림받는 것이 싫었

기 때문에, 도저히 친밀해질 수 없는 역할을 각각 해 왔던 것이다. 이들은 과
민 반응과 서로에게 투사하였던 부정적인 영혼의 인상을 다루었다. 이들이
자신들의 패턴을 좀 더 분명하게 보게 되자 결혼 생활을 향상시키기 위한 목
표를 세울 수 있었는데, 다음과 같다.

도나와 알렉스의 영혼 치유 계획 · · · · ·

도나와 알렉스는 원가족의 패턴을 다루기 위해 개인 상담을 시작하기로
우선 목표를 잡았다. 알렉스는 톰과 상담하였고, 도나는 나와 상담하였다. 이
들은 이 과제를 즉시 해냈다. 그 다음 목표는 3개월 이내에 '영혼 치유자 워
크숍'에 참가하는 것이었다. 우리의 도움으로 이들은 격주로 밤 데이트를 하
기로 정하였는데, 재미, 대화, 놀이, 연결됨에 초점을 두는 데이트였다. 알렉
스는 이틀에 한 번씩 도나에게 15분을 할애하는 것에 동의하였다. 아내는 하
루 동안 지냈던 일을 이야기하고 남편은 눈을 맞추면서 온전히 아내에게만
집중하는 것이다. 이것은 가까워지고 싶은 아내의 욕구를 놀랄 만큼 충족시
켰다. 도나는 알렉스에게 잔소리 안 하는 저녁 시간을 선물하기로 하였다. 둘
만의 시간을 가질 때, 도나는 알렉스가 하지 않은 일이나 충족시켜 주지 않은
욕구에 대해서 더 이상 불평하거나, 칭얼대거나, 애걸하거나, 설교하지 않았
다. 이들이 이 과정을 시작하자 '부부 팩맨(PEC-MAN: 비디오 게임 이름인데,
방어자가 거꾸로 공격자에게 정면으로 도전하는 기업 방어 전략으로 사용되
기도 한다. 여기서는 한 쪽이 다른 한 쪽을 집요하게 몰아 세우는 부부 관계
를 비유하였다 -편집자 주)' 게임이나 '잡아 볼 테면 잡아 봐라' 게임을 하지
않게 되었다. 도나는 상담을 통해 상대방을 숨 막히게 하지 않는 태도로 자신
의 감정과 욕구를 분명하게 전달하는 법을 배웠다. 죄책감을 느끼지 않고서
자신이 원하는 바를 솔직하게 요구하는 법을 배우게 되자, 도나는 자기의 욕
구를 정당화하기 위해 칭얼거리거나 매달리는 일을 하지 않게 되었다. 알렉

스의 생활은 보다 즐거워졌고 아내의 욕구를 채워 주고 싶어 하였다. 긴장된 관계는 가라앉았고 두 사람의 삶은 더욱 좋아졌다. 자, 이제 영혼 치유 목표를 어떻게 세우는지 잘 알게 되었을 것이니, 도나와 알렉스의 영혼 치유 계획의 예를 보여 주겠다.

✳ 도나와 알렉스의 영혼 치유 계획
- 1996년 1월 15일: 알렉스는 톰에게 개인 상담을 받는다.
- 1996년 1월 20일: 도나는 베벌리에게 개인 상담을 받는다.
- 우리 모두 3개월 이내에 '영혼 치유자 워크숍'에 참석한다.
- 1996년 1월 20일: 의사소통 기술을 배우는 데 주력하고 일주일에 한 번씩 그 기술을 사용한다.
- 1996년 1월 20일: 알렉스는 도나가 말하는 동안 물러나 있거나 마음 문을 닫아걸지 않는다.
- 1996년 1월 20일: 도나는 알렉스와 의논할 때 설교식으로 말하거나, 비판하거나, 칭얼거리지 않는다.
- 1996년 1월 22일: 우리는 격주로 밤 데이트를 하는데, 토요일이면 좋을 것 같다. 데이트를 하는 동안 우리 사이에 연대감을 느끼게 해 주는 재미있는 일을 교대로 선택한다. 알렉스가 먼저 시작한다.
- 개인 상담에서 얻은 중요한 통찰이 있다면 서로 공유할 것이며, 결혼 상담을 6개월간 지속한다.

보는 바와 같이, 도나와 알렉스의 부부 치료는 전형적인 보상 형태의 치료를 뛰어넘었다. 그래서 이 부부는 관계의 권력을 평등하게 하거나 재균형을 잡으려는 목표를 가지고 치료에 임한 적이 많았다. 치료자로서 우리는 부부의 영혼을 치유하려고 애쓰는 결혼 상담사라기보다는 마치 고자질하는 아이들을 다루는 초등학교 교사가 된 것처럼 느낄 때가 많다. 즉, 내담자들은 우리가 편들어 주기를 원하며 배우자를 야단쳐 주기를 바라고 혹은 거래하기를 바란다. 그런데 도나와 알렉스는 "그녀(그)가 이렇게 하면 나는 저렇게 할 것이다."라는 식의 상담을 넘어섰다. 그들의 목표는 서로를 이해하게 되는 것, 서로를 섬기는 것, 서로에게 선물을 주는 것, 하나님의 도움으로 서로를 아가페적으로 사랑하는 것이 되었다.

도나가 처음으로 알아차리게 된 변화는 알렉스의 진의를 거칠게 판단하던 경향이 가라앉았다는 것이다. 남편이 영혼의 치유도를 통하여 고투하며 작업하는 것을 본 후, 그녀는 알렉스를 상처 입은 자로 보기 시작하였으며 비판과 통제 대신 그를 공감하기 시작하였다. 이렇게 되자 그녀는 달라붙기, 통제하기, 잔소리하기를 그쳤으며 자신이 요구하는 바를 조용하게 요구하기 시작하였다. 그녀는 투사와 과민 반응을 하지 않고서 알렉스가 어떤 사람인지에 대한 좀 더 명확한 그림을 갖기 시작하였다.

도나가 영혼 치유도에서 얻는 통찰과 도움은 매우 유익한 것이었지만, 알렉스에 대한 이전의 이미지를 치유하기 위해서는 도움이 좀 더 필요하였다. 그녀는 여전히 알렉스가 자기와 가까워지기를 정말로 원하는지 믿기가 어려웠다. 도나는 알렉스가 치료사의 제안에 따라 연습을 하고 있을 뿐이라는 느낌에 시달렸다. 그녀는 '옛 알렉스'가 결국엔 다시 나타나 이들이 이루어 놓은 진보 상태를 다 파괴할 것이라고 두려워하였다. 치료가 진행됨에 따라 부부가 갖는 이러한 느낌을 치유하기 위해서, 톰과 나는 이런 끈질긴 두려움을 구체적으로 다룰 수 있는 연습을 개발하였다. 이 연습은 '참 영상 연습(True Vision Exercise)'이라고 불리는데, 배우자에 대해 특별히 나쁘거나 부정적인 이미지를 가지고 있는 사람들이 하나님의 눈을 통하여 배우자를 보게 하도록 돕기 위해 고안되었다. 이 기술은 배우자가 주님 안에서 어떤 사람이라는 영상을 갖게 하고, 과거 영혼의 상처에서 온 과민 반응을 중화시키는 데 도움을 준다. 양육자의 건강하지 못한 얼굴을 배우자에게 덮어씌우는 경향은 이런 연습을 함으로써 경감될 수 있다. 도나와 알렉스는 이 연습을 하고 난 뒤에 서로에 대한 분명한 영상을 가지게 되었다. 이들은 다음과 같이 하였다.

연습 3: 참 영상 연습

도나와 알렉스는 자신의 영혼 치유도에서 볼 수 있는 공통점들을 검토하였다. 즉, 패턴, 특징, 영혼의 인상 등이다. 그리고 나서 그런 가족 안에서 생활한 결과로 끌어낸 결론이나 형성된 신념이 무엇인지 찾아냈다. 두 사람 다 이런 신념들을 종이 왼쪽에 적고 '신념' 이라는 제목을 붙였다. 그 다음 이러한 신념이 참인지 거짓인지를 판정하였고, 가운데 부분에 '판정' 이라는 제목을 쓰고 그 아래 결과를 써 내려갔다.

판정을 결정하기 위해서는 증거 혹은 상황에 대한 진실을 찾아내야 한다. 요한복음에는 "진리를 알지니 진리가 너희를 자유케 하리라"라고 나와 있다(요 8:32). 우리는 성경을 통해 진리가 자유를 가져다준다는 것을 알 수 있다. 이 진리는 복음의 진리뿐만 아니라, 당신이 삶과 사랑 그리고 배우자에 대해 지각하는 것에 관한 진리도 포함한다. 배우자에 관한 진실을 결정하고 나면 진정으로 자유롭게 될 것이다. 에베소서에는 "그런즉 거짓을 버리고 각각 그 이웃으로 더불어 참된 것을 말하라 이는 우리가 서로 지체가 됨이니라"라고 쓰여 있다(엡 4:25). 당신의 구뇌와 과민 반응은 배우자에 관하여 치유하기 어려운 거짓말을 만들어 낼 수 있다. 그런 거짓말은 당신이 배우자에 관해서 정확하지 않은 실체를 만들어 내게 할 수 있다. 또한 속이는 자 사탄은 배우자에 대한 거짓말을 당신 귀에 대고 속삭일지 모른다. 진실이란 이러한 거짓말과 반대되는 것으로써 배우자에 대한 새롭고도 긍정적인 이미지를 창조한다.

그래서 진실을 결정하려면 어떻게 해야 하는가? 여기 몇 가지 방법을 추천하겠다. 이 연습에는 논리적이고 이성적인 좌뇌를 사용해야 한다.

'증거'라고 쓴 난에 진실이라고 알고 있는 온갖 객관적인 관찰 가능한 실체를 쓰라. 당신의 인상이나 개념이 진실하다는 것을 증명할 수 있는 모든 증거를 열거하라. 가능한 한 객관적으로 진실을 결정하기 위해서 배우자가 말하거나 행한 것, 성경, 기도 등을 사용해도 좋다. 도나와 알렉스의 예를 통해 참 영상 연습이 어떻게 작용하는지를 보자.

도나와 알렉스의 참 영상 연습

도나는 영혼 치유도에서 여자들이 결혼 생활을 결속시키는 일에 책임이 있다고 보았다. 남자들은 냉담하고 무관심하였다. 그녀가 끌어낸 결론은 여자들은 남자들보다 결혼 생활에 대해 더 신경 써야 한다는 것이다. 또한 그녀는 아버지가 불충실하였다는 영혼의 인상을 가지고 있었다. 이 일에서 형성된 거짓 신념은 남자들은 가정에 충실할 수 없으며 알렉스도 그녀에게 충실하지 않을 것이라는 생각이다. 도나는 종이 왼편에 있는 '신념'이라는 난에 이러한 신념들을 열거하였다. 그 다음 각 신념이 참인지 거짓인지 결정하여 각 신념 옆에 써 넣었다. 자신이 내린 판정을 증명할 증거를 찾았다. 그것을 종이 오른편에 있는 '증거'라는 난에 열거하였다.

알렉스는 영혼 치유도를 통해 여자는 남자를 숨 막히게 하고 자기 마음대로 하려고 통제하길 원한다는 거짓 신념을 발달시켰다는 것을 알게 되었다. 그는 결혼이란 감금하는 것이며 남자의 자유를 빼앗아간다고 생각하였다. 그는 이런 신념들을 왼쪽 난에 썼고 판정을 하였으며, 오른편에 결혼 생활에 관한 새로운 신념을 확인할 실재나 진리를 적어 넣었다. 도나와 알렉스가 쓴 것은 다음과 같다.

도나의 참 영상 연습

신념	판정	증거
남자는 충실할 리가 없다	참	부모님의 결혼 생활이 그랬다.
	거짓	어떤 남자들은 충실함을 중요시 여긴다.
알렉스는 나에게 충실할 리가 없다	거짓	알렉스는 정절이 가치 있다고 말하였다.
		알렉스는 늘 충실하였다.
알렉스는 우리 가문의 모든 남자들처럼 나와 시간을 보내는 것을 원치 않는다.	거짓	알렉스는 가족과 시간을 보낼 계획을 세워 노력하고 있다.
		알렉스는 이것을 어떻게 해야 할지 배우려고 상담을 받을 것이다.
모든 결혼 생활은 불행했다. 그러므로 나의 결혼 생활도 그럴 것이다.	거짓	우리는 의식적으로 늘 작업할 것이기 때문에 우리의 결혼 생활을 잘 가꾸어 갈 기회가 있다.
		알렉스와 나는 우리의 결혼 생활이 중요하며 우리의 행복을 위해 작업하는 것이 우선순위에 있다는 것을 매일 말한다.
		그들 중 어떤 사람도 이런 작업을 하지 않았다.

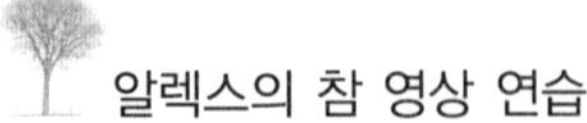

알렉스의 참 영상 연습

신념	판정	증거
여자는 남자를 숨 막히게 하고 통제하고 싶어 한다.	거짓	도나는 통제하고 싶지 않다고 말한다.
여성은 자기 마음대로 하고 싶어 한다.	참	어머니는 대개 그랬다.
	거짓	도나는 상담을 받으면서 자기의 통제 문제를 치유하고 있다.
결혼은 남자를 감금하는 것이다.	참	부모님의 결혼 생활은 그렇다.
	거짓	우리 결혼 생활에서 도나는 나와 가까워지는 것을 원하지만, 더불어 나에게 자유를 주기 원한다.
결혼은 남자의 자유를 빼앗아 간다.	거짓	우리 결혼 생활은 삶에 추가가 되는 것이지 삶을 빼앗아 가는 것이 아니다. 왜냐하면 우리는 상담을 받으면서 열심히 노력할 것이기 때문이다.

도나에게는 증거나 진실을 매일 몇 번씩 읽도록 지시하였다. 특별히 '옛 알렉스'가 다시 돌아올 것 같은 두려움을 느낄 때 말이다. 이들 부부가 서로 돕는 사랑스럽고 자발적인 배우자가 되기 위해서는 교정해야 할 거짓 신념들이 많이 있었다. 이런 연습을 함으로써 도나와 알렉스가 어떻게 구뇌 반응과 부정적인 영혼의 인상들, 그리고 과민 반응 등을 동시

에 다루어야 하는지를 알 수 있다. 이렇게 하는 동안에 이들은 자기들의 문제가 매우 파괴적인 방식으로 서로에게 영향을 주었다는 사실을 명백히 알게 되었다. 알렉스가 자기에게 상처라고 생각하였던 문제가 바로 도나를 의기소침으로 밀어 넣어 남편이 자기에게 관심을 갖지 않는다고 생각하게 만든 그 점이었다.

이들이 왜 그토록 절망적으로 느끼고 이혼을 고려하였는지를 쉽게 알 수 있었다. 자기 자신의 상처가 서로에게 그토록 부정적인 방식으로 영향을 주었기 때문에, 이 문제의 해답은 다른 상대를 찾는 것이라고 생각하였다. 이런 개념은, 어떤 상대를 골라도 똑같은 상처를 가지고 있으며 똑같이 고통스러운 방식으로 영향을 줄 것이라는 사실을 알아차리지 못한 부부들에게는 전형적인 것이다.

사람들은 사실 비슷한 상처를 가진 사람들에게 무의식적으로 끌린다. 이 개념이 앞에서 말하였던 상호 반응이라는 것이다. 사람들은 자기와 비슷한 상처를 가졌지만 이 상처에 적응하는 방식이 반대인 사람에게 끌린다. 버림받는 두려움이 있는 사람은 속박에 대한 두려움이 있는 사람에게 끌린다. 이것은 반대인 사람끼리 끌린다든가 혹은 자신 안에 없거나 모자란 자질에 끌린다는 짝짓기 이론에 근거한 것이다. 이것은 고전적인 '쫓아가는 자/거리 두는 자'라는 부부 관계를 낳게 된다.

도나와 알렉스의 예를 보자. 도나는 알렉스가 속박되는 것을 두려워한다든가 거리 두기가 필요한 사람이라는 사실을 의식의 차원에서는 몰랐다. 그렇지만 그의 독립성, 강함, 혼자 안전하게 있을 수 있다는 사실을 존경하였다. 알렉스가 도나로부터 공간과 자유를 얻어 내려고 고투하면서 이러한 자질들이 나타나게 되었다는 사실을 도나는 거의 알지 못하였다. 결국 이러한 독립적인 자질은 도나에게 가장 상처를 주는 속성이었다. 도나가 버림받는 것에 대한 두려움이 있어서 알렉스에게 매달리는 현상도 같은 것이다. 처음에 알렉스는 도나가 정답고 애정이 깊다고 생각하였다. 그렇지만 곧이어 가까워지려고 하는 그녀의 욕구에 화가 나기 시작하였다. 이들이 상호 반응에 대해서 배우면서 깨달은 것은 서로 그토록 상처를 줄 수 있다는 사실은 서로 치유할 수 있는 힘이 더욱 많다는 사실이었다.

사실 알렉스는 도나를 치유할 수 있는 가장 유력한 인물이었고, 도나도 알렉스의 가장 잠재력 있는 치유자였다. 함께 씨름하고 있는 이러한 '친밀한 원수'가 사실은 치유의 열쇠를 쥐고 있었다. 도나와 알렉스는 서로에 관한 참된 영상을 갖기 위해 열심히 작업하였으며, 이러한 영상으로 자유롭게 되어 자신과 상대방을 좀 더 긍정적인 빛으로 보게 되었다. 도나는 알렉스를 억제하는 것이 아니라 상처 입은 사람으로, 무관심한 것이 아니라 두려워하는 사람으로, 냉담한 것이 아니라 상처 입은 사람으로 보기 시작하였다. 알렉스도 도나를 요구가 많은 것이 아니라 두려워하는 사람으로, 칭얼거리는 것이 아니라 상처 입은 사람으로, 숨 막히게 하는 것이 아니라 외로워 하는 사람으로 보았다. 몇 개월 상담을 받은 후에 어느 사람도 잘못된 얼굴을 배우자에게 씌운다든지, 상대방에 대한 거짓된 실체를 만들어 내려는 유혹을 받지 않았다. 상대방에 대한 심한 과민 반응과 부정적인 영혼의 인상은 사라지기 시작하였다. 이들은 에너지를 서로의 영혼을 치유하는 데 쓰게 되어 아주 친한 친구이자 연인이 되었다.

만일 당신이 역기능으로 가득 찬 가정에서 자라났다면 배우자에 대해 거짓 신념을 갖는 경향이 매우 심할 것이다. 우리가 데이트할 때를 기억해 보면, 톰은 나를 태우러 올 때 가끔 늦을 때가 있었는데 나는 그것을 날 사랑하지 않는다는 식으로 지나치게 해석하며 그를 비난하였다. 나는 그런 작은 잘못에 대해서 아주 가혹한 결론을 끌어냈던 것이다. 반면에 그는 우리가 갈등을 겪으면 나를 친구로 생각하기를 매우 어려워하였다. 참 영상 연습은 보다 건강하고 보다 실제적인 빛으로 상대방을 볼 수 있게 하는 데 매우 유용하였다.

연습 4: 관계 갱신(relationship update)

부부들이 자신이나 결혼 생활에 대해 깨닫고 난 후에, 그리고 영혼 치유 계획을 세우고 난 후에는 이러한 목표를 모니터할 방법을 개발해야 한다. 둘만의 시간을 갖는 것이 아주 중요하다. 우리는 결혼 생활에서 갈등을 겪는 이유로 부부들이 몇 번이나 우리를 찾아오는지는 모른다. 그러나 그들이 수년씩이나 둘만의 시간을 보낸 적이 없다는 것은 알 수 있다. 어떤 관계든지 최소한 서로 만나기는 해야 함이 분명한데도 갈등을 겪는 부부들은 이러한 사실을 잊는다. 둘만의 시간을 갖는 것은 상대방에게 온전히 집중할 수 있게 해 줄 뿐 아니라 관계를 새롭게 할 수 있는 좋은 기회가 된다.

우리는 개인 목표나 영혼 치유 계획을 살펴보고 잘 해 나가고 있는지 평가하는 시간으로 '관계 갱신' 이라는 것을 만들어 보았다. 만일 당신이 진전하고 있다면 축하 행사를 계획하라. 만일 지체하고 있다면 왜 그런지, 앞으로 어떻게 할 것인지를 징하는 시간으로 삼는다. 목표를 좀 더 현실적으로 조정해야 될지도 모른다. 목표를 달성하기 위해 좀 더 시간을 할애해야 할지도 모른다.

잘 되어 가는 사업이라면 반드시 정기적인 간부 회의가 있다. 그런데 결혼 생활에 대해서는 우리가 서로 사랑하기만 하면 모든 것이 자연스럽게 다 잘 되어 갈 것이라는 잘못된 가정을 한다. 관계 갱신은 결혼 생활이 잘 유지될 수 있는 구체적인 방안을 제공한다.

여기서 주목해야 할 점이 있다. 관계 갱신은 배우자를 숨어 기다리다가 비판적인 태도로 습격하기 위해 사용되어서는 안 된다. 이것은 단지 이전에 세웠던 목표를 갱신하려는 시간일 뿐이다. 우리는 둘만의 시간을 한 사람은 설교하고 비판하며 상대방은 방어하고 물러나 앉는 식의 대화를 하는 것으로 사용하는 경우를 너무 많이 보았다. 이 연습은 긍정적인 경험을 위한 것임을 잊지 말라!

영혼의 경험 중 매우 강력한 경험은 사랑에 빠지는 것이다. 그와 같은 느낌은 거의 유일하다. 우리는 사랑하는 사람의 존재에 도취된다. 우리는 그와 만나는 것을 갈망한다. 불행하게도 이런 만남이 불행과 고통으로 끝나는 경우가 많다. 부부가 계획을 세우고 영혼 치유 계획을 개발하는 것은 부부가 길을 잃었을 때도 도움을 주지만, 사랑에 빠진 느낌이 어떤 것인지를 이해하는 데도 유용하다. 그래서 다음 장에서는 사랑에 빠진 영혼에 대해 할애하여 사랑을 시작할 때 갖는 긍정적인 영혼 치유의 경험을 어떻게 유지할 수 있는가를 가르쳐 주겠다.

제 6 장

사랑하는 영혼

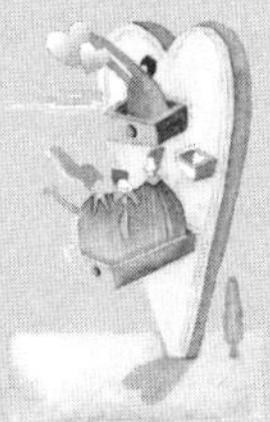

앞부분에서 우리는 어떻게 부부들이 사랑이라는 산을 미끄러져 내려가 배우자를 잘못 선택하였다고까지 느끼는지 살펴보았다. "사람을 잘못 만난 거야." 혹은 "이 여자는 내 여자가 아닌가 봐."라는 생각은 갈등을 겪는 부부들이 갖는 공통적인 생각이다.

우리는 상호 반응의 원리가 어떻게 작동하는지, 그리고 한 배우자의 상처가 어떻게 상대방에게 영향을 주는지를 살펴보았다. 만일 그토록 심하게 서로 상처를 줄 수 있다면 애초에 왜 그런 사람을 선택하였을까? 그들을 끌리게 만든 것은 무엇일까? 그토록 잔인하게 상처를 줄 수도 있는 사람에게 무슨 매력이 있는 것일까? 이 장에서는 이런 혼란스런 질문에 대해 탐색하고 답해 보려고 한다.

조지와 마거릿의 이야기 · · · · · 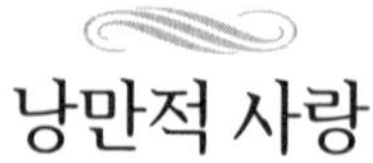

조지는 마거릿을 교회 소모임에서 만났다. 조지는 그날 마거릿이 처음 교회에 온 것으로 기억하는데, 그 전에 온 적이 있었다면 그토록 사랑스러운 그녀의 모습을 기억하지 못할 리가 없었기 때문이다. 그들의 눈길이 서로 부딪혔다. 아주 잠깐이었다. 서로의 호의를 받아들이겠다는 미묘한 미소가 교차되었다. 서로를 향하여 마음이 흔들리고 그 방의 다른 사람들이 전혀 보이지 않게 된 것은 순전히 운명이었다. 심장은 빠르게 뛰었고 손바닥에 땀이 난 채, 아무 말 못 하고 멍하니 바라보았다. 조지는 말할 때 목에 큰 덩어리가 낀 것 같았다. "처음 오셨죠?"

"네, 그래요." 마거릿이 대답하였다. 예의 바르지만 약간 어색하게 소개를 하고 난 후에는 모임 인도자가 하는 말이 하나도 귀에 들리지 않았다. 서로의 가슴이 뛰는 소리를 듣느라 정신이 없었다.

낭만적 사랑

이토록 놀랍도록 경쾌하고, 찬란하지만 불안을 일으키는 감정은 무엇일까? 연인이 되었으면 하는 사람 앞에서 가슴과 영혼에 강타를 맞은 것 같은 느낌의 이것이 과연 무엇일까? 어떤 이들은 이것을 매력이라고도 하고, 심취라고도 하고, 단순히 욕정이라고도 하고, 어떤 이들은 낭만적 사랑이라고도 한다.

이 신비로움 때문에 톰과 나는 사랑을 구성하는 것이 무엇인가를 끊임없이 탐구하는 여정을 시작하게 되었다. 이 감정은 무엇일까? 왜 그렇게 느낄까? 왜 어떤 사람에게는 그렇게 느끼고 다른 사람들에게는 그렇지 못할까? 영혼의 짝이란 무엇일까? 사랑에 빠진다는 것이 정말일까? 사랑에 빠지는 것과 사랑을 선택하는 것은 다른 것일까?

이런 것들이 로맨스라는 성배를 찾아 나서게 하는 질문들이다. 우리는 사랑에 관한 몇 가지 통찰력 있는 이론을 찾아내어 관계에 대한 수많은 질문들에 답을 하기 시작하였다. 이러한 이론들을 여러분과 공유하면서, 우리는 사랑을 하면 왜 심장이 그렇게도 강하게 뛰는지 알 게 될 것이다. 낭만적 사랑이 시작된 곳에서 시작하면 좋을 것 같다. 우리 문화가 사랑에 빠진다는 개념을 늘 용인한 것은 아니다. 오랫동안 결혼은 사업 거래나 재산 수여처럼 주선하고 거래되었다. 그런데 어떻게 우리 사회가 느낌과 기회라는 흥분되는 게임을 하게 되었을까? 여기 그 여행이 어떻게 시작되었는지 살펴보겠다.

낭만적 사랑의 기원

1993년 *TIME*지에 기사를 쓴 폴 그레이(Paul Gray)에 따르면,

낭만적 사랑은 프랑스 남부의 음유시인과 사랑의 연가가 등장한 12세기에 시작되었다고 한다. 이는 '품위 있는 사랑'이라고 알려졌는데 남성이 여성에게 간청하고 탄원한다는 주제가 인기를 끌었다. 음유시인은 대저택 여성들의 관심과 호의를 겸손하게 청원하면서 '궁정풍의 사랑(courts of love)'을 만들어 냈다. 철학자들에 의하면 사랑은 결혼 밖에서만 얻을 수 있고 성적인 교섭이 없어야 하였다고 한다.

낭만적 사랑은 서구에서 특별히 찾아볼 수 있는 오락거리에서 생겨났다. 여가 시간, 어느 정도의 안락함, 문학과 예술이 세련된 수준을 갖춤으로 인해 로맨스가 꽃피게 되었다. 편안함과 안락함이라는 장신구가 없는 곳에는 로맨스도 없었다. 이렇게 서구화된 사회에서 농부들은 짝을 지었고 귀족들은 사랑에 빠졌다. 그래서 남편들이 십자군 원정을 떠난 게으른 귀족 부인들과 열정적인 구혼자 사이에 정교한 의식이 발달되었다. 그렇지만 이런 구혼자들과 조금이라도 신체적인 관계가 있다는 것이 드러나면 바로 처형되었다. 로맨스의 근원은 사회의 필요에 의해 생겨난 것이며 성(sex)은 전혀 개입되지 않았다. 사회학자들은 세계가 개인적인 선택의 자유가 있는 좀 더 민주적인 사회로 발달해 가면서 낭만적인 사랑이 우리 문화의 한 부분이 되었다고 생각한다. 중매결혼을 통해 사람을 할당받는 것과는 반대로, 사랑하는 배우자를 선택하는 것이 유행하게 되었다.

이런 것이 요즘 우리가 배우자를 만나는 방식의 기원이다. 금지된 연인 간의 환상적인 관계, 즉 시시덕거리며, 희롱하고, 신화와 소원으로 가득 차고, 현실에 아무런 기반도 없고, 성 관계의 기회도 없이 권태로운 두 사람이 진정성이나 실제성이 없는 거짓 관계를 장난삼아 맺는 것이다.

낭만적 사랑의 기원을 알게 되고 나서 톰과 나는 좀 혼란스러웠다. 심리치료자로서 우리는 이러한 낭만적인 행복을 맛보기 위해 살고 숨쉬고 먹고 자는 사람들을 수없이 만나 왔는데, 이것은 결국 단순히 신화요 환상일 뿐인 것이다. 이런 문화의 사람들이 사랑을 성취하지 못하였다고 말하는 것은 이상한 일이 아니다. 그들이 추구하는 것은 광기와 탈선에 뿌리를 둔 것이지, 확고한 현실이나 의식 혹은 건강에 뿌리를 둔 것이 아니다. 이런 의미에서 '고대의 중매결혼이 더 낫지 않을까' 하는 생각도 가끔 해 본다. 안정적인 결혼에 정착해야 한다는 개념은, 12세기의 유명한 음유시인들 이래로 우리 사회에 만연한 완벽한 연인을 찾아 나서는 무미건조한 추구를 그만두게 할지도 모르기 때문이다.

낭만적인 사랑은 단순히 우리 문화의 전염병이나 위안제가 아니다. 인류학자들은 적어도 147개의 다른 문화에서 낭만적 사랑의 근거를 발견하였다. 보다시피, 톰과 나만 낭만적인 사랑을 채택하고 건강한 결과를 낳게 하려는 사회적 딜레마에 빠진 것이 아니다. 배우자를 선택하는 현대 방식을 변경할 수가 없기 때문에 우리는 이 방식을 가지고 작업할 수밖에 없다. 그러므로 목표는 낭만적 사랑을 향상시켜서, 그 우물에서 마시고 싶어 하는 사람들에게 그 사랑이 보다 더 건강하고 의식적인 것이 되게 만드는 것이다. 우리는 신비주의의 연인 지망자들이 낭만적 사랑의 이론에 대해서 배울 수 있는 모든 것을 배우게끔 돕고 싶다.

낭만적 사랑의 이론들

짝을 선택하는 방식만큼이나 낭만적 사랑의 이론도 많다. 이 이론들은 신체적 · 성적 매력에서부터 화학, 생물학 그리고 투사까지 전역에 걸쳐 있다. 그렇다 하더라도 그 이론들은 매우 복잡한 주제에 빛을 비추어 줄 것이다.

에로스 이론

낭만적 사랑의 첫번째 이론은 '에로스'에 기초를 둔다. 서구 문명의 사람들은 에로스는 남자와 여자 사이의 열정이 타다 남은 것이라고 생각한다. 에로스는 본질적으로 감각적이고 성적이다. 그러므로 로맨스에 대한 이 이론의 중심 개념은 신체적 · 성적 매력이다. 다른 이름을 붙이자면 정욕이라고도 할 수 있다. 만일 당신이 방 맞은편에 있는 어떤 사람을 보고 그에게 강하게 끌린다면 에로스 혹은 정욕에 찬 속성이 가동하고 있는 것이다. '당신의 타입'으로 보이는 어떤 사람을 만날 수도 있다. 욕망을 만들어 내고 가까워지고 싶은 마음이 생기게 하는 특정한 신체적 특징, 색깔, 스타일, 움직임, 제스처, 자세 등이 있다. 이러한 것이 바로 에로스를 가동시키는 것이다.

닐 워렌(Neal Warren)은 『평생의 사랑을 찾아서』(*Finding the Love of Your Life*)라는 저서에서, 많은 관계심리학자들이 열정적인 사랑에서 나온 신체적인 매력이나 흥분 없이는 깊은 관계를 형성하기가 불가능하다고 생각한다는 것을 언급하였다. 그는 두 사람이 지속적이면서도 만족스러운 관계를 가지고자 한다면 이러한 열정적 사랑(혹은 에로스)이 결정적인 요소라고 보았다. 서로 관계를 맺는 과정에서 에로스가 중요하긴 하지만, 우리 사회의 많은 사람들이 에로스를 진정한 사랑의 리트머스 시험지처럼 삼고 다른 중요한 요소들을 부인한다. 그래서 매력이 사라지고 열정적인 사랑이 시들면 헌신도 사라질 위기에 놓이게 된다.

관계심리치료자로서 우리는 사람들이 에로스라는 개념을 많이 오해하고 있다는 것을 알았다. 그리스 사람들은 에로스가 감각적이고 성적인 속성이 있지만 그 단어의 진정한 의미에는 부분적으로만 성적인 내용을 포함하고 있다는 것을 알게 되었다. 그리스 원어로 '에로스'라는 단어는 '생명의 숨' 혹은 '생명의 에너지'라고 정의된다. 이 뜻은 열정적인 사랑이나 육체적인 정욕과는 현저한 차이가 있다. 그렇지만 워크숍의 참가자들에게 우리가 에로스라는 말을 쓸 때 무엇이 떠오르는지 물어보면 대부분 에로틱, 섹시한, 너저분한, 포르노그래피 같은 것을 말한다. 마음에 떠오르는 이미지들은 너저분하고 비정상적인 것이다. 그리스인들은 사람들이 생명의 에너지를 느껴야 한다는 것을 알았고 그것을 성에서만이 아니라 여러 가지 형태에서 발견하였다. 문학, 시, 스포츠, 건축, 이야기, 함께 나눔 그리고 창조하는 것 등이 에로스를 표현하는 방식이었다. 서구인들은 에로스를 성인이 되어 하는 것, 즉 섹스를 하는 것으로 축소하였다. 이들은 생명의 에너지를 성적인 것으로 만들었고, 에로스를 성적 환상(대개는 불법적인 성적 황홀을 암시함)에서 찾으려고 한다. 정말로 흥분되는 환상적인 섹스는 평생 헌신한 배우자와의 관계에서는 있을 수 없다는 미묘한 생각이 우리 사회에 만연해 있다.

톰과 나는 에로스를 다른 시각에서 보는데, 신체적인 자아에서만이 아니라 영혼의 측면에서도 본다. 이렇기 때문에 우리 문화에서 오랫동안 그래왔듯이 그 뜻이 희박해지거나 왜곡될 필요가 없다. 배우자를 만나고 사랑을 하는 것은 육체만이 아니라 영혼을 통해 이루어져야 하는 것이다. 성적 친밀감은 하나님이 자녀의 삶을 축복하실 때처럼 하나님의 심장을 감동시키는 신성한 의식이다. 그러므로 성은 신성한 영혼의 선물이다. 우리가 성을 이런 관점으로 볼 때 에로스는 더 이상 육체적인 것이 되지 않고 사람들 안에서 진정으로 생명의 에너지나 생명의 힘을 의미할 수 있게 된다. 결혼의 목표는 영혼에 대해서 알게 되고 영혼을 치유하는 일에 헌신하는 것을 통해서 그러한 생명의 에너지를 자신과 배우자에게 공급하는 것이다. 남녀가 성적으로 관계를 맺는 것은 숭고한 과정이다. 성교는 남자와 여자 사이의 숭고한 행위이며 우리가 주님과 친밀해지는 모습을 그대로 재현하는 것이다.

감각적인 에로스와 신체적인 매력은 관계를 과정에서 중요하다. 그렇지만 배우자의 영혼을 진정으로 사랑하고 배우자가 나의 영혼을 사랑하게 만드는 법을 배우려면, 중요해 보이지 않는 보다 더 영적인 면을 보아야 한다.

꿈꾸던 사랑

어린 시절 우리는 '이상형'이라는 환상을 만들어 낸다. 이 환상에는 신체적인 특징, 즉 체형, 얼굴 모습, 냄새, 살결, 머리 색, 성적 특성 등이 포함된다. 그리고 이러한 사람과의 만남을 기대하면서 이상형을 찾아 나선다. 이러한 것은 때론 신체적인 외양만으로 이루어지지만 때로는 접촉이나 키스로 이루어진다. 『로미오와 줄리엣』은 이렇듯 첫눈에 반하는 사랑의 표본이다. 닐 워렌은 이런 '꿈꾸던 사랑'은 우리의 자존감을 증진시키는데, 일부는 상대방의 사랑이 나 자신에 대해 기분 좋게 느끼도록 만들기 때문이고 일부는 누군가와 연결되었다는 느낌을 갖기 때문이라고 말한다.

우리가 어떤 특정한 사람만을 선택하고 나머지 사람들을 그대로 두는 이유는 바로 장래 배우자에 대해 미리 갖고 있는 이러한 이미지 때문이다. 사람들이 누구한테 끌릴지 정신적인 그물망을 가지고 있는 것은 사실이지만 이러한 꿈꾸던 사랑이라는 유령만이 배우자를 만나는 과정에 개입되어 있는 것이 아니다. 이제 '이마고'라고 부르는 짝짓기 이론으로 가 보자.

이마고 이론

하빌 헨드릭스는 이마고 관계 이론을 발전시키는 데 창시자 역할을 하였다. '이마고(Imago)'는 라틴어로서 '상(image)' 혹은 '아주 비슷한 것(image of)'을 뜻한다. 헨드릭스는 우리가 과거 양육자의 부정적, 혹은 긍정적인 속성의 무의식적 이미지에 끌린다고 믿는다. 그는 이 이미지를 우리의 이마고라고 부른다. 이 이론은, 우리는 배우자에게서 과거 양육자의 긍정적인 속성을 구현해 내려는 마음 때문에 그의 부정적인 속성에 무의식적으로 끌린다고 설명한다. 그래서 우리는 우리가 그토록 필사적으로 원하는 긍정적인 양육자를 '창조'할 수 있는 것이다. 이러한 전 과정은 무의식적인 차원에서 이루어지지만, 왜 그토록 많은 사람들이 논리적으로 모순됨에도 원가족의 특징을 복제한 배우자를 선택하는지를 설명해 주고 있다. 학대적인 알코올 중독자의 딸이 무의식적으로 알코올 중독자인 남편을 고르는 것이 그 예가 될 수 있다. 이 여자는 아버지와 같은 남자와는 절대 결혼하지 않을 것이라고 맹세하였을 것이다. 그녀는 술을 마시지 않는 사람을 찾으려는 희망에서 알라논 모임(알코올 중독자 가족 모임-역자 주)에서 남편감을 찾으려고 할 것이다. 그렇지만 그녀는 여전히 어떤 형태로든 중독을 가진 배우자를 고를 위험이 매우 높다.

이 이론의 전제 중 하나는 '반복 강박'이라는 프로이트의 개념이다. 이것은 무의식적인 기억에 익숙한 삶의 패턴을 반복하려는 경향이다. 다시 말하자면 우리는 익숙하고 편안한 것을 재생하려는 숨은 욕구가 있다는 것을 완전히 알아차리지는 못한다는 뜻이다. 이마고는 우리가 어린 시절의 패턴을 반복하게 해 주는 사람, 그래서 이번에는 '그것을 바르게 이해하게' 해 주는 사람에게 끌리도록 만드는 무의식적 귀소 장치이다. 우리는 어린 시절의 상처를 치유해 주고 우리가 늘 원하던 사랑을 주는 사람에게 끌린다. 이것은 왜 우리가 사랑하는 사람 옆에서는 익숙함과 편안함을 느끼는지를 설명해 준다. "당신을 내 평생 알아 온 것 같아요."라는 느낌은 우리의 상처를 치유해 주는 무의식적 귀소 본능의 일부이다. 치유를 향한 이러한 숭고한 욕구는 관계 뒤에 숨어 있는 추진력이다.

이마고 이론의 또 다른 전제는, 우리는 사회화 과정에 보완적으로 적응한 사람에게 끌린다는 것이다. 쉽게 말하자면, 우리는 비슷한 상처를 가지고 있지만 다른 방식으로 대처한 사람에게 끌린다는 말이다. 우리는 성장을 위한 화학 작용을 만들어 내기 위해 양립할 수 없는 배우자를 만나 짝을 이룬다. 우리는 자신에게 없는 것 혹은 잃어버린 것에 끌린다. 수줍은 소년은 사교적인 여자에게 매우 끌릴 것인데, 그런 여자와 있으면 사교적으로 능숙하다는 느낌을 가질 수 있기 때문이다. 그래서 그의 상처는 그녀가 있음으로 인해 치유될 수 있다. 대중 앞에서 감정을 표현하기 어려워서 쉽게 당황하는 여성은 감정을 대중 앞에서 자유롭게 표현할 수 있는 잘 생긴 남자

를 만난다. 그래서 과거에는 전혀 느껴보지 못하였던 흥분을 느낄
수 있다. 헨드릭스는 다음과 같이 말한다.

> 당신이 끌리거나 찬양하는 사람들은 당신이 갈망하거나 혹은 당신의 가
> 정에서 추방하였거나 경시하였던 특성을 갖고 있는 사람일 가능성이 많다.
> 만일 당신이 그런 사람들에게 가까워지면, 스스로에 대해 기분 좋게 느끼게
> 되고 교제를 통해 더 완전해진 것처럼 느낀다. 우리와 반대되는 사람 앞에서
> 우리는 우리가 잃어버린 부분을 되찾을 수 있고 온전함을 느낄 수 있다.

나의 남편은 나의 역기능적 양육자들과 전혀 닮지 않았기 때문에
이 이론을 처음에 의심하였다. 그런데 헨드릭스의 연구를 좀 더 탐
구하고 훈련을 받아 본 후, 나의 원가족과 톰 사이에 커다란 상관성
이 있는 것을 보고 아연실색하고 말았다. 또한 내가 시댁 식구들의
부정적인 특성을 너무나 많이 닮아 있다는 것을 보고 놀랐다. 고맙
게도 나는 그들의 긍정적인 특성들도 많이 가지고 있다.

나는 또 톰이 나에게 없는 것들을 가지고 있다는 것을 발견하였
다. 톰을 만났을 때 나는 자기주장이 약하고 수동적인 사람이었다.
이에 비해 톰은 식당에서 조리가 덜 된 스테이크를 돌려보내고 무례
한 영업사원과 맞설 수 있는 사람이었다. 그와 함께 있으면 나는 온
전하고, 완벽하고, 보호받는 느낌이었다. 그는 나와 반대 성향의 인
물이었다. 나에게 부족한 면이 그에게는 있었다. 반면에 나는 주기
좋아하는 사람이어서 여러 선교 단체와 자선 기관에 돈을 기부하곤
하였다. 톰은 후원 받는 단체들에 대해 회의적이었기 때문에 나의

이러한 점을 칭찬하였다. 나와 함께 있으면 톰은 보다 더 안정적이고 따뜻하게 느껴졌다. 나와 있으면 완벽해지는 느낌이었다. 마치 자신의 일부가 구원받은 것처럼 말이다.

이마고의 불리한 점은 배우자감이 어린 시절의 상처에 대한 영화로운 치유자로 보이는 반면에 우리의 영혼에 깊은 상처를 줄 수 있는 특징도 갖고 있다는 점이다. 영혼을 치유해 줄 수 있는 막대한 힘을 가진 사람은 당신의 영혼을 죽일 수 있는 동일한 힘도 가지고 있다는 점을 상상해 보라. 이러한 점 때문에 미칠 듯이 사랑하였던 연인이 지독한 원수로 끝날 수 있는 것이다. 우리는 부부들이 헤어진 뒤 느끼는 쓰라림의 정도는 그들이 느꼈던 사랑이나 욕구의 정도와 비례한다는 것을 알 수 있었다. 배우자에게 상처를 주는 이러한 힘이 부부간의 경멸을 만들어 내는 것이다.

톰과 나는 이러한 분노에 찬 경멸을 직접 보았다. 우리는 둘 다 이혼 가정 출신이었다. 톰의 부모님은 26년간 결혼 생활을 하였다. 함께 재능 있고 똑똑하고 매력적인 자녀들을 낳았다. 스물여섯 번의 성탄절과 스물여섯 번의 휴가를 보냈고 그 외의 수많은 추억들을 가지고 있었다. 어느 시점까지 그들은 배우자요 여인이요 친구였지만, 이제는 지독한 원수이다. 나의 부모님도 마찬가지이다. 네 자녀를 두고 11년간의 결혼 생활을 한 후에도, 이들은 35년간 서로 대화하지 않았다. 결혼할 정도로 사랑하였고 자녀도 낳고 인생의 가장 친밀한 경험을 함께 한 사람들이 어떻게 완벽한 원수의 자리까지 내려갔는지 참으로 당혹스럽다. 어떻게 사랑과 미움 사이의 선이 그토록 불확실한지 놀라울 뿐이다. 이마고의 연합력이라는 동일한 긍정적인 에너지가 결혼 생활을 파탄내고 독살할 수 있는 것이다.

의식적 관계라는 헨드릭스의 이론은 이런 문제를 해결하기 위해 고안되었다. 그는 자신과 배우자의 상처를 자각하게 되면 좀 더 의식적인 배우자가 될 수 있다고 믿는다. 배우자의 상처와 고통을 자각할 때에 우리는 이러한 영역에 있어서 배우자를 해칠 가능성이 적어질 것이다. 부부들이 어린 시절의 옛 상처를 다시 상하게 하지 못하도록 예방하는 것은 치유를 위해 가치 있는 일이다.

화학 작용(혹은 리머런스) 이론

사랑의 짝 짓기 의식을 평가해 보았고 우리의 이마고도 살펴보았으니, 이제는 관계에서 화학이 작용하는 부분에 대해서 평가해 볼 시간이 되었다.

도대체 화학 작용이란 무엇인가? 우리는 그것이 무엇인지 다 잘 알고 있다. 우리가 어떤 특정한 사람을 보았을 때 갖는 아찔한 느낌이다. 무릎에 힘이 풀리고, 숨을 쉴 수 없게 되고, 떨린다. 깜짝 놀라며 다시 보고, 한 번이라도 더 보려고 흘끗거리고, 싱거운 질문을 한 번이라도 더 하려고 한다. 몸 전체가 두근거리는 느낌이 화학 작용이라고 알려져 있다. '화학' 이라는 용어는 연금술에 그 뿌리를 두고 있는데, 연금술이란 연금술사가 불로장생약을 발견하려고 시도하였던 중세 시대에 인기 있던 화학과 철학의 한 형태이다. 연금술사들은 평범한 물질이 진정한 가치를 가진 것으로 변화되는 마술적인 과정에 대해 철학적으로 설명하였다. '화학 작용'이라는 용어는 평범한 두 사람이 큰 에너지를 가지고 상호 작용하여 진정한 가치, 더 정확하게 말하자면 진정한 사랑이 생기는 모습을 설명하기 위해 생겨난 신조어이다. 도로시 테노브(Dorothy Tennov)는 그녀의 책 『사랑과 리머런스』(*Love and Limmerence*)에서 이렇듯 공중을 걷고 있는 듯한 더없이 행복한 느낌을 '리머런스(Limmerence)'라고 부른다.

> … 배우자 앞에서 행복의 열쇠를 발견한 느낌. 재연합에 대한 격렬한 갈망, 가슴의 통증, 애인에 대한 강박적이고 벗어날 수 없는 생각들. 배우자가 참으로 멋지다고 생각하게 만드는 최초의 매력과 흥분이 존재한다.

이러한 화학 작용 혹은 리머런스라는 느낌을 덜 신비롭게 표현하자면 공감적 이해, 조화로운 상호 작용, 혹은 확고한 친화 관계라고 할 수 있다. 리머런스는 다음과 같은 말들을 설명해 준다. "나의 새로운 애인은 내가 미처 하지 못한 말을 마무리할 수 있어요.""그는 내가 무엇을 생각하고 있는지 다 아는 것 같아요.""우리는 친밀한 화음으로 연주하고 있는 두 대의 악기 같아요.""난 그녀에게서 이해받는 느낌을 받아요.""난 어느 누구에게도 하지 못하였던 이야기를 그에게 하였어요." 이러한 것들이 화학 작용을 보여주는 예이다.

그렇지만 화학 작용은 위와 같은 것만이 아니다. '실패자'에 대한 화학 작용만 가지고 있는 사람들에게나, 교정해 줄 사람을 위한 화학 작용만 가지고 있는 공동의존자들에게는 이 화학 작용이 매우 위험한 것이 될 수 있다. 나는 자기를 필요로 하는 남자에 대해서만 화학 작용을 가지고 있다는 사실을 깨달은 내담자를 보았다. 결과적으로 그녀는 무책임하고 의존적인 남자만을 늘 선택하였다. 베풀기를 좋아하고 그녀에게 관심이 있는 남자를 만나면, 그녀는 그가 재미없다고 느꼈고 그와의 관계에서 불꽃이 튀지 않기 때문에 실망하곤 하였다.

어느 정도의 화학 작용은 관계가 성장하기 위해서 필요하지만 과연 그것이 건강한 것인지를 검토해야 한다. 만일 당신이 어떤 특정한 타입에 끌리고 그 타입이 늘 당신에게 상처를 준다면 당신은 관계가 좀 더 깊어지는 데 필요한 화학 작용의 양을 바꿀 필요가 있다. 잰의 이야기는 좋은 예가 될 것이다.

잰의 이야기 · · · · ·

잰은 결혼 한 달 전에 약혼자로부터 파혼을 통보받고 상담실을 찾아왔다. 그녀는 아주 우울했고 자살하고 싶은 심정이었다.

"난 살아갈 이유가 없어요."라고 말하면서 그녀는 울었다. "마이클은 내 삶의 모든 것이었어요. 3년이 지나자 그는 나와 결혼할 아무런 이유가 없게 되었다고 말하였어요. 나는 그이가 사랑하기에 너무 힘든 사람이었나 봐요."

잰을 떠난 남자는 마이클이 처음이 아니었다. 그녀는 냉정하고, 쌀쌀맞고, 비판적인 남자들에게 강한 매력을 느꼈던 일련의 관계들을 설명하였다. 그녀와 그녀의 친구들은 '친절한 남자는 흔해 빠졌다.'라는 생각을 가지고 있었다. 다시 말하면 남자가 도전해 볼 만한 인물이 아니면 쫓아가고 싶지 않다는 것이었다.

잰의 배경을 탐색해 보니, 아버지가 알코올 중독자였던 것을 알 수 있었는데 그것은 별로 놀랄 만한 일이 아니었다. 그녀는 셋 중에 맏이였는데 아버지가 술에 취해 있는 동안 동생들을 돌보았다. 잰은 자신의 아버지가 맑은 정신일 때는 친절하고, 에너지가 넘치고, 재미있었다고 했다. 그렇지만 술을 마시면 침울하고, 뾰로통하고, 비판적이 되었다. 맏이로서 잰은 아버지를 그러한 상태에서 끌어내려는 책임을 느꼈다. 그는 아버지가 술을 마시고 있을 때 아버지를 웃겨 드리는 것을 좋아하였는데, 아버지가 가족들과 좀 더 교류하면서 침울해 하지 않도록 만들고 싶은 마음에서였다.

잰은 화학 작용과 매력을 사용하여 냉담해 보이는 남자가 자기에게 적극적으로 관심 갖게 만드는 방법을 일찍이 터득하였다. 그리고 아버지와의 상호 작용에서 나온 역동을 성인이 되어 데이트를 할 때도 똑같이 사용하고 있었다. 그녀는 어린 시절의 반복 강박에 사로잡혀 있었다. 그래서 어린 시절의 갈등을 재현할 수 있는 남자들만 무의식적으로 선택하였다. 이 남자들과는 대단한 화학 작용이 있었지만 이들은 그녀의 자존감에 치명적인 상처를 주었고, 더군다나 그녀에게 결코 진정으로 헌신하지 않았다.

상담을 받으면서 잰은 좀 더 사랑스럽고 덜 도전적인 사람을 의식적으로 골라야겠다는 것을 알게 되었다. 이 말은 화학 작용에 덜 영향을 받는 쪽으로 가야 한다는 것일지도 모른다. 나는 그녀에게 여전히 매력이라는 것이 존재하지만, 그녀의 만남이 이전만큼 강타를 가하는 것이 아닐 것이라고 말해 주었다. 처음에는 이렇게 하는 것이 힘들었지만, 헤어지고 난 뒤에 오는 끈질긴 고통을 생각하면 노력하지 않을 수 없었다.

결국 잰은 좀 더 적당한 수준의 화학 작용을 편하게 느끼게 되었다. 그때 바로 바비를 만났다. 그는 과거의 멋쟁이들보다는 훨씬 내성적이었지만, 그들에 비해 정서적으로나 실제적으로 잰과 함께 할 수 있었다. 일단 잰이 '친절한 남자' 현상을 극복하자, 바비가 참 재미있는 사람이라는 것을 알게 되었다. 친절한 남자는 재미가 없다든가 흔해 빠졌다는 생각은 사라지기 시작하였다. 나는 잰이 편안한 마음으로 사랑 받고 돌봄을 받는 것을 보니 참 기뻤다. 그녀는 더 이상 어린 시절의 갈등을 재현할 필요가 없다는 것을 알았다. 거두절미하고, 잰과 바비는 결혼하였고 평생 동안 영혼의 치유자가 되기로 헌신하였다. 잰은 배우자를 만나는 과정에서 화학 작용이란 믿을 게 못된다고 힘주어 말할 것이다.

화학 작용에 있어서 가장 큰 문제는 언젠가는 그것이 사라진다는 사실이다. 어느 정도의 기간 동안 결혼 생활을 해 본 사람들에게 물어보라. 우리는 우리 결혼 생활에서 이 점을 알아챘다. 신선함이 닳아 없어지고, 흥분도 가 버린다. 더 이상 숨죽이고 배우자를 기다리지 않는다. 배우자가 방에 들어올 때 설레지 않는다. 화학 작용은 감소하거나 약해지는 경향이 있기 때문에, 관계심리학자들은 사랑에 빠져 있다는 감정에 중점을 두지 말고, 배우자를 사랑하겠다는 의식적인 결심에 중점을 두라고 강조한다. 사랑은 느낌보다는 선택이라는 것, 그리고 감정은 관계를 맺는 이차적인 역할을 해야 한다는 사실을 강조한다.

배우자를 선택할 때 화학 작용이 어떤 부분에서 일어나는지를 검토하기 시작하면서, 머리와 마음 간의 생물학적인 연결을 보여 주는 신경생물학 분야의 최근 연구 조사를 살펴보는 것도 가치 있을 것 같다. 특히 화학 작용과 사랑에 빠지는 것에 관해서 말이다.

사랑의 생물학

누군가와 사랑에 빠지면 왜 그토록 강한 생리학적인 자극이 생기는 것인지 궁금하게 생각해 본 적이 있는가? 왜 심장이 뛸까? 왜 마음이 두근거리는가? 하늘 위를 걸을 수 있을 것 같은 기쁨, 먹고 싶지도 않고 자고 싶지도 않은 것, 아드레날린의 분비와 함께 느껴지는 슈퍼맨이 된 것 같은 기분…. 이러한 것들은 모두 사랑의 신체적 징후이다. 왜 증세가 나타날까? 어떤 사람들은 이런 것들이 진정한 사랑의 확실한 징후라고 믿는다. 나도 한때는 그렇게 믿었지만, 최근 발달하고 있는 신경생물학에 의하면 그렇지 않다는 것을 알 수 있다.

아나스타시아 투펙시스(Anastasia Toufexis)는 '올바른 화학 작용(The Right Chemistry)' 이라는 기사에서 사람이 사랑에 빠지면 뇌에는 화학 물질이 넘치게 된다고 말한다. 노르에피네프린(부신수질호르몬-역자 주), 도파민, 특별히 페닐레틸라민(줄여서 PEA라고 부름) 등이 그것이다. 이 모든 것이 암페타민(중추신경을 자극하는 각성제-역자 주) 계통이기 때문에 사랑에 빠졌을 때 슈퍼맨같이 느끼게 되는 것이다. 눈과 눈이 마주치고 손을 만지고 향기가 풍기면, 화학 물질의 홍수가 뇌에서 시작되어 신경을 따라 혈관 전체 구석구석까지 흘러간다. 그 결과는 우리가 잘 알고 있는 것이다. 피부는 붉어지고, 손바닥엔 땀이 나고, 숨쉬기가 힘들어진다. 이 모든 것 위에 사랑에 빠졌다는 진짜 도취감이 생긴다. 바로 이런 이유 때문에 사랑에 빠지면 신체 상태가 달라지는 것이다. 또한 이런 설명을 들으면 사랑에 빠진다는 개념을 좀 더 분명하고 좀 더 이성적인 관점에서 생각하게 된다.

사랑스런 연인 앞에서는 PEA가 우리 몸의 체계에 흘러 넘친다는 사실을 알기 때문에, 이제는 이 관계를 쫓아가고 싶은지를 의식적으로 제정신으로 결정할 수 있다. 우리는 더 이상 생물학적인 자극이 평생의 배우자가 누구인지를 일러 준다고 생각할 필요가 없다. 또한 PEA 공장이 가동하도록 호각을 불지 못한다고 해서 그 사람을 그냥 지나칠 필요도 없는 것이다. 인류는 더 이상 사랑에 관해서 생물학적인 징후의 노예가 될 필요가 없다. 이는 이 세대의 배우자 지망생들에게 좋은 소식이다. 왜냐하면 좀 더 자세한 연구 조사에 의하면 뇌의 고도의 화학 작용은 PEA가 함께 할 때 지속되지 못하기 때문이다. 다른 화학 약품과 마찬가지로, 신체도 내성을 키우기 시작한다. 사랑의 특별한 자극을 제공하려면 점점 더 많은 물질이 필요하게 된다. 2년이나 3년 후에는 몸이 필요한 양의 PEA를 만들어 내지 못한다. 그렇기 때문에 열정적이고 낭만적인 사랑이 오래 가지 못하는 것이다. 화학 물질이 "쉿!"소리를 내며 꺼지면 미친듯이 날뛰던 열정도 끝나고 만다. 이렇게 되면 대부분의 경우 관계 자체도 끝이 난다. 이러한 시나리오는 특별히 '매력 중독자' 들에게 해당되는데, 이들은 사랑에 빠진 도취감을 너무나 갈망한 나머지, 처음의 황홀감이 사라지자마자 이 관계에서 저 관계로 미친듯이 옮겨 다닌다.

혼전 상담 중에 우리는 커플들에게 가장 두려운 것이 무엇인지 물었다. 너무나 많은 경우에 그들은 사랑에 빠졌을 때의 그 설레는 느낌이 사라질까 봐 걱정된다고 했다. 우리는 이제 그것이 언젠가는 반드시 사라질 뿐 아니라 그렇게 되는 것이 생물학적으로 필요하다는 것을 알게 되었다. 신체는 PEA에 대해서 내성을 키워서 한때 이글거리며 공급하던 것만큼 충분히 생산해 낼 수가 없다. 게다가 이러한 자연적인 '암페타민'이 끊임없이 흐르면 신체에 막대한 스트레스를 주게 된다. 우리가 사랑에 빠졌을 때 신경 체계는 스트레스를 받는다. 신체는 이런 종류의 스트레스를 무한정 견뎌 내지 못한다. 이러한 느낌은 사라져야 하는데, 신체에 휴식을 주기 위해서 뿐 아니라 진정한, 제정신의, 의식적인, 의지에 찬 영혼 치유의 사랑을 위한 공간을 마련하기 위해서도 그러하다.

투펙시스는 또한 생물학은 우리에게 지속적으로 헌신한 사랑에 대해 상을 준다고 이야기해 준다. 뇌하수체의 내분비선은 엔돌핀을 분비하는데 이는 자연적인 진통제로, 사랑하는 이들에게 안전감과 평화와 고요함을 가져다준다. 이렇기 때문에 배우자가 사망하였을 때 우리는 그토록 공포를 느끼는 것이다. 우리는 하루에 필요한 충분한 양의 '마약'을 가지고 있지 못하다. 옥시토신(뇌하수체 후엽 호르몬의 일종-역자 주)은 오래된 부부가 사랑을 할 때 수없이 방출되는 화학 물질이다. 많은 과학자들은 이것을 '포옹 화학 물질'이라고 부른다. 이것은 부부에게 이 세상 모든 것이 좋다는 기분을 느끼게 해 준다. 그래서 PEA가 사라지고 난 후에도 관계 속에서 기다리고 있으면 자연이 주는 위안제의 혜택을 받게 되는 것이다. 헌신을 하게 되면 그에 따른 상이 반드시 있게 마련이다.

투사 이론

투사 이론은 우리의 영혼 안에는 남성적인 특성과 여성적인 특성이 있다는 전제에서 출발한다. 이것은 이성 간의 관계에서 매우 중요한 의미를 내포한다. 남자는 전형적으로 자신의 여성적인 면을 자기가 끌리는 여성에게 투사하고, 여성은 전형적으로 자신의 남성적인 면을 자기가 끌리는 남자에게 투사한다. 투사가 일어날 때는 언제든지 투사된 이미지를 가지고 있는 사람은 매우 과대평가된다. 실제 인물은 투사된 이미지에 가려서 아주 희미해진다. 다시 말하자면, 자신의 남성적인 특징을 받아들이지 못한 여성은 이것을 배우자가 될 수 있는 남자에게 투사한다. 마찬가지로 자신의 여성적인 면을 받아들이지 못한 남자는 이것을 여자에게 투사한다. 이러한 투사된 이미지를 가지고 있는 사람은 상대방에 대해서 대단한 힘을 갖는다. 한 사람의 영혼의 어떤 부분이 누군가에게 감지되면, 그 사람은 감지한 사람에게 모종의 통제력을 갖는 것이다. 처음에는 긍정적인 시각에서 보이기 때문에 그 사람은 가치 있고 우쭐하는 느낌을 가질수 있다. 자기에게 투사된 강력한 이미지와 자신을 기꺼이 동일시하는데, 그 이유는 실제 성격의 진짜 경계선을 인정해야 하는 겸손한 작업으로부터 도피할 수 있기 때문이다.

여성이 자기의 긍정적인 남성적인 면을 남성에게 투사할 때, 여성은 그 남성에 대해서 구원자요, 영웅이며, 영적 지도자가 하나로 뭉쳐진 망상적 이미지를 갖게 된다. 그녀는 그를 과대평가하고 그에게 매혹되며 신비롭게 끌린다. 그녀는 그를 최고의 남자로 혹은 이상적인 연인으로 본다. 그녀는 그를 통해서만이 완성되며 그 앞에서만 온전하다. 잃어버렸던 것을 이제 찾은 것이다. 그를 통해서 그녀는 자기의 영혼을 발견한다. 그녀는 그의 불꽃 주위를 날아다니는 사랑의 나방이 된 것에 만족한다. 그렇지만 그녀가 보지 못하고 있는 것은 자신 안에 있는 긍정적인 남성적 자질을 찾아보려는 생각을 포기한 점이다. 그녀는 그 자질을 이상적인 남자에게 옮겨 놓았기 때문에 자신 안에 있는 그것을 찾을 필요도 없고 가꿀 필요도 없다. 완벽한 사랑을 추구하다가 개인적 성장을 놓칠 수도 있는 것이다.

이런 사랑의 감정은 순전히 투사에 근거한 것이기 때문에, 이렇게 사랑에 빠져 있는 상태는 현실에 근거하지 않은 것이며 따라서 망상적이다. 사람들은 이미지와 사랑에 빠지는 것이지 현실의 사람과는 아닌 것이다. 존 샌포드(John Sanford)는 『눈에 보이지 않는 배우자』(*Invisible Partners*)라는 책에서 다음과 같이 말한다.

오로지 사랑에 빠진 상태에 근거한 관계는 지속될 수가 없다. … 사랑에 빠진 상태가 일상생활의 스트레스를 견지지 못하는 것은 많은 위대한 시인들이 인정한 바이다. 이런 이유로 로미오와 줄리엣의 사랑이 죽음으로 끝맺었던 것이다. 세익스피어가 사랑하는 연인들을 시어스 백화점으로 보내 프라이팬을 사게 하는 것으로 위대한 러브 스토리를 마치는 것은 생각할 수도 없었을 것이다. 그들은 어떤 프라이팬을 사야할지 얼마나 돈이 들지를 놓고 금방 말다툼을 하였을 것이고, 모든 아름다운 이야기는 물거품이 되어 사라져 버렸을 것이다.

요약

낭만적 사랑에 대한 이론들을 요약하자면, 우리는 매력, 화학 작용, 리머런스, PEA, 이마고, 우리가 꿈꾸어 오던 이상형, 혹은 투사에 근거해서 배우자를 고를 수 있다는 것을 알았다. 이 모든 것은 사랑에 빠지는 것은 이성적이거나 의식적인 과정이 아님을 말해 주고 있다. 그것은 현실에 근거한 것이 아니다. 사랑에 빠지기도 하고 사랑에서 나오기도 하는 것이 우리가 생각하는 것보다 훨씬 더 '제정신이 아닌' 것임을 알게 되었다. 그러므로 이제 우리는 한 가지 결론에 도달하였다. 진정한 영혼 치유의 사랑은 제정신으로, 이성적으로, 그리고 의식적으로 선택하는 과정이라는 것이다. 이는 의지의 행위요 단지 가슴만의 행위가 아니다. 영혼 치유의 사랑은 들뜬 기분에 뿌리를 둔 것이 아니라 결단에 뿌리를 둔 영혼의 헌신인 것이다. 이는 진실로 어려운 작업이지만 가치 있는 일이다. 다음 장에서는 이렇듯 어렵지만 보람 있는 작업을 어떻게 할지를 보여 주겠다.

제 7 장

사랑을 이루어 가기

메리와 루는 결혼한 지 14년 되었다. 이들은 아메리칸 드림을 모두 이루었다. 두 자녀, 두 대의 차, 대출금도 다 갚은 큰 집, 그리고 둘을 바쁘게 만드는 성공적인 사업 등등…. 메리는 기독교 결혼 상담을 원해서 우리 상담소에 전화하였다. 몇 년 전에 그들의 친구 리키와 루시가 이혼 위기에 있을 때 우리 상담소를 찾은 적이 있다. 그들은 '영혼 치유자 워크숍'에 참석하였고 결혼 생활을 개선해 나가기 시작하였다.

　메리는 결혼 생활을 개선해야 한다고 생각하였고 루는 억지로 동의하였다. 첫 회기에 보니 두 사람 중에서 메리가 적극적이고 정서적인 쪽이었다. 대부분 그녀가 말하였고, 루는 고개를 끄덕이다가 논리적이고 사무적인 태도로 대답하였다. 결혼 생활에 점점 권태를 느낀다는 점에 대해서는 둘 다 동의하였다. 서로에게서 멀어지고 의사소통은 형식적이 되었다고 하였다. 가족사를 보니 메리는 남매 중에 맏이였다. 남동생 머레이는 사춘기 때 마약 중독이 될 정도로 반항적인 십대를 보냈다. 그는 우리가 가족치료에서 말하는 '지목된 환자(identified patient: 가족들이 환자라고 취급하는 가족 성원-역자 주)'였다. 그녀는 머레이의 건강하지 않은 삶의 태도가 가족의 슬픔이 되고 있다고 말하였다. 머레이는 이 직장에서 저 직장으로 떠돌아 다녔고 여전히 마약을 하는 습관이 있었다. 메리는 언제나 남동생을 돌보는 역할을 하였으며 이 둘은 일찍이 공동의존적인 패턴을 갖게 되었다. 메리는 또한 '가족의 영웅' 역할을 하였는데 가문의 명성을 지탱하는 데 책임을 졌다. 머레이가 나쁜 아이 역할을 하면서 가족을 무너뜨린 반면에, 메리는 착한 아이 역할을 하면서 가족을 세우는 데 책임을 졌다. 메리는 모든 과목에 A학점만을 받았으며, 밴드의 리더였고, 우등생 사교 클럽의 회장이었으며, 모든 분야에서 본보기가 되는 아이였다. 어머니가 자주 하시던 말씀은 "너는 나에게 눈곱만치의 걱정도 끼친 적이 없구나."라는 것이었는데, 이는 "너는 어떻게 해서든지 훌륭해야 한다."라는 말을 암시하

는 것이었다. 사랑과 수용을 위해 행하는 것이 메리의 생활 방식이
되었다.

루는 네 형제 중의 막내였다. 그는 필라델피아의 거친 동네에서
자라났고 어릴 적부터 말썽을 피웠다. 열여섯 살 때 학교를 그만두
고 거리를 돌아다녔다. 술을 마시고 마약을 하였다. 법적인 제재를
받고 나서 아버지는 '훈련'을 받기 위해 군에 입대하라고 설득하였
다. 군대에서 그는 고등학교를 마쳤고 대학 교육을 받았다. 제대 후
스트레스는 많지만 훌륭한 영업 회사에 취직하였다. 타고난 영업사
원이었기 때문에 가장 높은 자리까지 곧장 올라갔다. 큰돈을 벌었고
일은 마음먹은 대로 다 되었다.

그때 메리를 만났다. 첫눈에 반해서 사랑에 빠졌다. 서로에 대해
서 충분히 알 수는 없었다. 그는 화려한 레스토랑에서 와인을 대접
하고 저녁을 샀다. 이국적인 곳에 여행도 갔다. 콜로라도 주의 베일
에 데리고 가서 2주일을 머물면서 참을성 있게 스키도 가르쳐 주었
다. 그들은 소용돌이 같은 로맨스를 즐겼다. 화학 작용의 척도를 1
에서 10까지 놓고 잰다면 그들은 11이었다고 한다. 우리는 사람이
사랑에 빠질 때 PEA와 같은 뇌의 화학 물질이 방출된다는 것을 말
해 주었고, 그 둘은 모두 자기들의 PEA 수준이 매우 높았다고 시인
하였다.

메리는 데이트를 할 때 루에게 무책임한 경향이 있었다고 기억하
였다. 그가 직장 사무실에 가지 않아서 고객의 전화에 회신하지 못
하였던 때가 있었다. 그렇지만 그녀는 그가 사랑에 빠져서 할 수 있

는 한 모든 시간을 자신과 함께 보내고 싶어한다는 식으로 좋게 해석하였다. 메리는 그가 결혼한 후에는 본 궤도로 돌아갈 것이고 생활의 틀을 잡아 갈 것이라고 확신하였다. 6개월이 지난 후 둘은 결혼하였다. 메리는 생활의 안정을 찾고 일상생활의 틀도 잡아 갈 참이었다. 그런데 루는 여전히 여행하고 놀고 싶어하였다.

"이런 식으로 살 돈이 없어요." 그녀는 애원하곤 하였다. "앞날을 위해 돈을 모아야 해요."

"당분간 좀 살고 봅시다. 자리 잡을 시간은 아직도 많아. 흥 좀 깨지 마."라고 루는 대답하곤 하였다.

신혼 생활은 끝나고 힘겨루기가 시작되었다. 메리는 좀 더 보수적인 생활양식을 원하였고 루는 부담 없이 살기를 원하였다. 점차 그들은 서로에게 소원해지기 시작하였다.

2년쯤 지나자 메리는 마술과 화학 작용이 사라지기 시작한다는 것을 느꼈다. 그녀는 실수를 저지른 것 같아 두려웠다. 남자를 잘못 만나 결혼한 것인지도 몰랐다. 그녀는 이러한 두려움을 마음 깊이 간직하였고, 과잉책임감을 갖는 사람으로서 결혼 생활이 잘 되게 하기 위한 모든 것을 하기로 결심하였다. 곧이어 임신을 하였고 윌리엄이 태어났다. 이제 시간과 관심을 쏟을 일거리가 생겼다. 그녀는 엄마가 된 것이 너무 좋았다. 아기로 인해 부부 사이가 가까워지는 것처럼 느껴졌다. 메리는 전심을 다해 아기를 키웠다. 윌리엄은 그녀의 중요한 관심 대상이었다. 그녀는 윌리엄이 응석받이처럼 되지 않기를 원하였고, 자기 부모의 잘못을 반복하지 않기로 결심하였다.

그러나 루는 점점 더 무시당한다는 느낌을 갖게 되었다. 퇴근 후에 동료 직원들과 어울리기 시작하였다. 가까운 술집에 자주 드나들었다. 매일 밤 술을 마셨으며 주말에는 더욱 과도하게 마셨다. 메리가 그에게 이 문제를 들이대면, 그는 핑계거리를 대거나 아니면 문제가 없다고 부인하였다. 그는 자기가 집에 왔을 때 좀 더 관심을 가져 주면 친구들과 밖에서 지내는 일은 없을 것이라고 말하였다.

마침내 루는 금요일 밤에는 집에 오지 않았다. 이렇게 몇 개월이 지났다. 어느 토요일, 메리는 루의 사장으로부터 걱정하는 전화를 받았다. 루의 일이 잘 안 되고 있으며 출근도 잘 안 한다는 것이었다. 그리고 마약 문제가 있는지 의심이 된다고 하였다. 그 주말에 루가 집에 왔을 때 메리는 이 일을 들이댔다. 굉장한 말싸움이 오고 간 후에, 루는 코카인을 써 왔으며 그것이 정말 문제가 되고 있다고 마지못해 시인하였다.

충격을 받은 메리는 그가 치료를 받지 않으면 떠나겠다고 위협하였다. 그래서 그는 지역의 기독교 치료 센터에서 검진을 받았다. 그는 하나님을 만나는 경험을 하였고 술을 먹지 않고 맑은 정신으로 지내기 시작하였다. 그들의 생활은 점점 나아졌다. 지역 교회에 나가 열심히 활동하였다. 루가 자기 사업을 시작한 것이 바로 이 즈음이었다. 메리는 곧 두 번째 아이를 임신하였다. 이들은 가족도 있고 믿음도 있었으며 건강도 있었다. 무엇을 더 바라겠는가? 그런데 메리의 마음 깊숙한 곳에서는 결혼 생활에 뭔가 빠져 있는 듯한 느낌이 사라지지 않았다. 목사님이 결혼 관계에서 영적인 하나 됨에 대해 설교를 하면 그녀는 무언가를 갈망하는 마음에 우울해져서 집에 왔다.

루는 거의 대부분의 시간을 사업에 매달렸고, 메리도 함께 일해야 한다고 압력을 가하였다. 이런 식의 관계는 과거부터 계속되어 온 패턴이었다. 이에 대해 수없이 싸웠기 때문에 메리는 상담을 요청하게 되었다. 둘째아이를 낳고 나서 메리는 더 이상 루의 사업장에 가서 일할 의욕이나 체력이 없었던 것 같다. 그녀가 남편을 돌보아야 하였던 지난날들이 너무 많이 생각났다. 그녀는 오직 아이들의 엄마 역할에만 온 관심을 쏟고 싶었다. 루는 지원받지 못하고 버림받았다는 느낌 때문에 분개하였다. 또 메리가 집에 들어오라고 끊임없이 잔소리를 하는 것에 대해서는 지쳐가고 있었다. 그는 아내가 사업을 도와주면 집에 더 자주 들어갈 수 있다고 생각했다. 그러나 메리는 더 이상 그를 돌보고 싶지 않았다. 그가 제발 자기 두 발로 설 수 있기를 바랐다. 그녀가 잔소리를 하면 할수록 그는 더욱더 거리를 두었다. 우리는 이들 관계에서 쫓아가는 자와 거리를 두는 자의 패턴을 볼 수 있었다. 상담을 받는 많은 다른 부부들처럼 이들도 '부부 팩맨 게임'을 하고 있었던 것이다.

톰과 나는 이들 부부에게 아동이 발달 단계를 거치는 것처럼 결혼도 단계를 거친다는 것을 말해 주었다. 이러한 단계를 가르쳐 주면 부부들은 결혼 생활에 대한 좌절감을 확인하고, 정상화시키기 위한 치유의 기초를 세우는 것 같다.

결혼 생활의 단계

결혼 생활에서 무엇을 기대해야 하는지 모르는 부부가 많다. 이들은 다음에 무엇이 올지 모르기 때문에 관계가 변하면 공포감을 갖거나 심지어 파멸감까지 갖는다. 루와 메리가 그랬던 것처럼 말이다. 우리는 이들에게 인간의 경험에는 세 가지 기본 단계가 있는데, 결혼도 그렇다고 말해 주었다. 모든 경험의 시작 단계는 '확장 단계' 이다. 이때 우리는 희망과 긍정적인 기대로 가득 찬다.

새로운 경험 다음에는 어떤 것이 오는가? '환멸.' 그렇다. 우리가 생각하는 방식대로 일이 풀리지 않으면 실망한다. 새로운 직업이 문제의 해답이 되지 않았다. 대학 교육이 완전한 전문직을 만들어 내지 못하였다. 결혼 생활에도 실망거리가 있다. 그런데 사회는 부부들에게 언제나 긍정적으로 생각하라고 너무 많은 압력을 가한다. 결혼 생활에서 조금이라도 실망의 기미를 보게 되면 우리는 마법이 풀렸다든지 아니면 사람을 잘못 골랐다고 생각하게 된다. 결혼 상담가로서 우리는 부부들에게 실망을 '예상' 하라고 조언한다. 예견하고 있으면 그 일이 벌어졌을 때 별로 충격 받지 않고 그것을 다룰 힘을 가질 수 있다.

모든 인간 경험의 마지막 단계는 '해결' 이다. 이 단계는 오직 환멸의 단계를 받아들이고 변화를 위해 할 수 있는 일을 해낼 때만이 체험할 수 있다.

결혼 생활에 있어서 문제는 부부들이 너무나 낙담한 나머지 치유나 해결을 향해 나가지 못하는 경우가 많다는 사실이다. 우리는 부부들에게 이러한 결혼의 단계를 알려 주면, 갈등에 대한 공포나 두려움을 줄이고 결혼 생활의 좌절이나 실망을 해결하려고 하기 시작한다는 것을 보아 왔다. 결혼 생활의 단계는 다음과 같다. 낭만적 사랑, 힘겨루기, 자각, 변형, 현실적 사랑.

낭만적 사랑의 단계

사랑의 첫 단계는 '낭만적 사랑'이다. 앞 장에서 보았던 대로 이 단계는 긍정적인 뇌 화학 물질(PEA)과 망상이 그 특징이다. 이러한 망상의 단계에서 우리는 배우자가 나의 영웅이요 모든 문제의 해답이라고 믿는다. 이 시기에 우리가 '택한 자'는 아무 잘못도 하지 않는다. 한번은 내담자가 이런 말을 한 적이 있다. 새 남자 친구가 파산 문제를 해결하고, 전처를 구타해서 받은 집행 유예가 끝나고, 그의 자녀들이 사회봉사에서 돌아오면, 그들의 생활은 굉장히 멋지게 변할 것이라는 말이었다. 그녀는 망상에 빠진 것일까? 아니면 무엇일까? 워크숍에 참석하였던 한 사람의 말이 이런 현상을 잘 설명해 준다. "남자 친구를 처음 만났을 때 그가 완벽하다고 생각하였어요. 그런데 지금은 나의 뇌가 마약에 취해 있었다는 것을 알게 되었죠."

우리는 앞에서 낭만적 사랑의 단계가 현실에 근거하지 않는다는 것을 배웠다. 이 단계는 매우 감정적이고 긍정적인 투사로 가득 차 있다. 언제나 배우자가 보고 싶다. 아무리 노력해도 그를 충분히 가질 수 없을 것 같다. 이렇게 되는 이유는 부분적으로는 뇌 화학 물질인 PEA가 배우자 앞에서 활성화되기 때문이고, 부분적으로는 배우자와 함께 있으면 아주 안정적으로 느끼기 때문이다. 부부는 하루 종일 함께 보내고 집에 오면 즉시 서로를 찾는다. 애칭을 사용하며 '베이비 토크'(연인들이 아기처럼 말하는 것-역자 주)를 한다. 이들의 상호 작용은 갓 태어난 아기와 연결된 부모 같다. 부부는 이 단계에서 하나로 묶이고 애착도 형성된다. 그렇지만 부부가 현실에 정주하면서 상호 작용이 점점 더 판에 박혀간다. 이전에는 감지가 안 되던 상처가 이제는 불길하게도 지평선 위로 불쑥 모습을 드러낸다. 이렇게 낙담한 부부는 하빌 헨드릭스가 말하는 힘겨루기 단계로 들어간다.

힘겨루기

이는 나를 사랑하던 사람이 나를 내려 누르기 시작하는 단계이다. '빛나는 갑옷의 기사' 혹은 '나의 불꽃 주위를 맴도는 헌신적인 나방'이라고 하면서 인생의 온갖 질병으로부터 구원해 줄 사람이라고 상대방을 의지해 왔다. 그렇기 때문에 그런 사람이 지극히 평범한 한 명의 사람일뿐이라는 사실을 알게 되면 분개하게 되는 것이다. 유감스럽게도 낭만적 사랑의 단계가 망상적인 만큼이나 힘겨루기도 망상적이다. 이제는 배우자에게 온갖 긍정적인 특징을 투사하던 일을 그만두고 온갖 부정적인 특징을 투사한다. 우리는 배우자가 나를 사랑하고 나의 필요를 채워 주기 위해 해야 할 일을 다 알고 있다고 확신한다. 왜냐하면 낭만적 단계에서는 배우자가 아주 쉽게 그리고 기꺼이 그런 일을 하였기 때문이다. 이제 우리는 배우자가 완강하게 그런 일 하기를 거부한다고 생각한다. 그리고 이런 잘못에 대해서 이전의 어느 때보다도 격분한다. 한때는 더없이 소중한 배우자라고 생각하였지만, 이제는 치약을 가지고, 예산에 대해서, 그리고 지난달에 잠자리를 몇 번이나 함께했는지를 가지고 다툰다.

진정한 연인이 이제는 나를 배신하였기 때문에, 나는 이 '악한'에 대해서 앙심과 적의를 품는다. 슬픈 사실은 이 사람이 '빛나는 갑옷의 기사'가 아닌 것과 마찬가지로 '악한'도 아니라는 것이다. 우리는 단지 평범한 인간일 뿐이고, 자신과 상대방을 있는 그대로 보아야 할 책임에 직면한 것이다. 우리 영혼은 배우자가 갑자기 바뀐 것이 이해가 되지 않기 때문에 자기 나름대로 현실을 만들어 낸다. 배우자가 나에게 대하는 설명하기 어려운 행동을 설명해 내기 위해서, 그가 사악하거나 부정적인 동기를 가지고 있다고 마음대로 설정한다. 우리는 배우자가 의도하지도 않았는데도 의도하였다고 비난하고, 잘못을 저지르지도 않았는데도 잘못하였다고 비난한다. 이렇게 함으로써 나를 기분 나쁘게 한 행동에 대해서 과잉 혹은 과민 반응을 한다.

메리와 루는 이 단계에서 자기들의 과민 반응이 엄청났다는 것을 깨달았다. 메리는 루가 마약 중독인 남동생과 똑같이 무책임한 사람이 될 것이라고 단정 지었다. 루가 아주 조금이라도 무책임한 행동을 하면 그녀는 공포에 질리면서 그의 태만을 비난하였다. 루도 역시 과민 반응을 하였다. 그는 메리가 불평하기 좋아하는 '통제광'이라고 단정하였다. 어머니처럼 그녀도 이렇게 함으로써 권력을 느끼기 때문이라는 것이었다. 메리는 자기주장을 받아들이게 하기 위해 잔소리하고, 비난하고, 강요하였다. 이것이 루의 '나쁜 아이'라는 어린 시절의 상처를 건드렸다. 루는 메리의 행동을 보면 어머니가 생각났고, 소리 지르고 말썽피우지 말라고 야단치던 어머니 모습이 떠올랐다. 루는 자랄 때 어머니에게 느꼈던 것처럼, 메리의 마음에 들게 행동하는 것이 불가능하다고 느꼈다. 그는 메리에게 그렇게 하겠다고 약속하고는 '잊어버리는' 식으로 수동 공격을 하였다. 이럴 경우 어떤 일을 수행하거나 돌보는 일을 하지 않으면 자신이 무가치하게 느껴지는 메리의 상처가 자극되었고, 그녀는 화를 내면서 앙갚음을 하였다.

다시 여기서, 앞의 사례에서 보았듯이 과민 반응이 추한 머리를 들어올리는 것을 볼 수 있다. 메리와 루의 상처는 상호 반응적이었다. 이들은 서로의 상처를 깊숙이 찌르는 충격 진술을 끊임없이 해댔다. 충격 진술은 배우자의 상처를 직접 건드리는 것으로, 자신의 상처에서 나오는 말이다. 이러한 충격 진술은 메리와 루의 거부와 고통이라는 구뇌 감정을 자극하였고, 관계를 더욱 상하게 하고 파괴시키는 원인이 되었다.

메리와 루는 친구가 아니라는 것이 명백해졌다. 더 이상 서로를 자기편으로 보지 않았다. 힘겨루기 단계에서 서로 적대자가 되었다. 에로스는 쓰디 쓴 것이 되었고 우정, 즉 '필리아'도 선택할 수 없었다. 안타깝게도 대부분의 부부들이 이 단계에 머문다. 메리와 루는 이 단계에서 14년 동안 머물러 있었다. 말다툼하고, 싸우고, 조정하고, 거래를 하였다. 서로 자기 식대로 하자는 것이었다. "당신을 위해서 목숨을 바치겠어요."라는 구애의 모습은 이제 "나 먼저!"라는 싸움꾼의 모습으로 변하였다.

그렇지만 힘겨루기에서 벗어날 방법은 있다. 영혼의 치유자가 되려는 헌신이 그것이다. 물론 영혼의 치유자가 되는 것은 어려운 작업이다. 그러나 노력과 결단으로 부부는 다음 단계, 즉 '자각 단계'로 옮겨 갈 수 있다.

자각 단계

'자각 단계'에서 우리는 서로를 있는 그대로 알게 된다. 우리는 비난하던 것을 그만두고, 부부 문제 중에 내가 일으키는 부분은 어떤 것인지를 살펴보게 된다. 손가락질하던 것을 멈추고, 나의 상처를 인정한다. 그리고 자신에게 중요한 질문을 한다. "나와 함께 사는 것이 어떤 것일까?" 이제는 초점을 상대방의 사마귀와 결점에 맞추는 것이 아니라 나 자신의 결점에 맞춘다. 이것은 자기 비난을 하려는 순교자 같은 시도도 아니고 거짓 겸손도 아니다. 오히려 주님의 도우심으로 결혼 생활에서 내가 저지르고 있는 성격적 결함이나 부정적인 행동을 보려는 정직하고도 용감한 시도이다.

자각 단계에서 우리는 나 자신이나 배우자에 관한 정보를 수집한다. 이때 영혼 치유도(제4장 참조)가 매우 도움이 된다. 이는 영혼 치유에 도움이 될 수 있는 많은 지식을 제공해 준다.

메리와 루는 영혼 치유도를 작성하고 그 전에는 몰랐던 몇 가지 사실을 알아냈다. 그렇지만 서로를 좀 더 긍정적인 시각으로 보기 위해서 하나님의 은혜를 간구해야 하였다. 참 영상 연습(제5장 참조)을 작성한 후에도 여전히 나쁜 감정, 상처, 아픔을 품고 있었다.

서로의 상처에 대해서 듣는 것은 새로운 경험이었고, 그 결과 그들은 불안하고 혼란스럽게 되었다. 이런 현상은 과거의 행동 방식을 포기해야 하기 때문에 흔히 일어나는 것이다. '비난 게임'을 떠나서 "당신은 날 사랑하지 않아요."라고 발을 질질 끌면서 춤을 추다가 변화를 향해서 떠밀린다. 부부들은 이러한 변화가 두려울 수 있다. 우리는 부부들에게 이러한 새로운 통찰이나 행동이 매우 불편하기 때문에 호전되기 전에 악화될 수 있음을 알려 준다. 이러한 불편함은 불안을 일으키고 심지어 공포를 일으킬 수 있는 것이다.

영혼 치유도를 작성한 메리와 루는 이제 영혼 치유 계획을 세우기로 했다. 각자 이 계획의 목표를 쓰고 상담 시간에 서로 이야기하였다. 그들의 목표는 다음과 같다.

＊ 메리의 영혼 치유 계획 날짜: 1996년 2월 14일
  1. 루와 나는 영혼의 짝이 되어 깊은 감정을 서로 나눈다.

2. 루는 가족을 위해서 경제적인 책임을 진다.
3. 자녀를 돌보는 데 모든 시간을 바치고 사업을 돕지 않는 것에 대해 죄책감을 느끼지 않는다.
4. 루는 적당한 시간에 집에 돌아오고, 일주일 중 하룻밤은 아이들과의 가족 시간을 갖는다.
5. 우리는 의사소통을 잘 하는 법을 배우고, 건강한 방법으로 갈등을 해결하는 법을 배운다.

＊ 루의 영혼 치유 계획 날짜: 1996년 2월 14일
1. 메리는 내가 하는 사소한 일에 대해 잔소리를 그친다.
2. 메리는 심하게 화내는 것을 그친다.
3. 우리는 2주에 한 번 밤에 데이트를 하며 서로를 좀 더 친절하고 유쾌하게 대한다.
4. 우리는 좀 더 만족스러운 성 관계를 갖는다.
5. 메리는 나를 좀 더 칭찬하고 인정해 준다.

보다시피, 이들의 목표는 참 달랐다. 루의 목표는 대부분 메리가 변화하는 것에 관한 것이었고, 메리의 목표는 대부분 차원이 높고 좀 철학적이었다. 이들의 결혼 생활이 성공할 가망이 없다고 생각하기 전에 확실히 해 두고 싶은 것은, 부부들이 상담 시간에 전혀 다른 안건을 내놓는 일이 빈번하다는 사실이다. 오랫동안 결혼 상담가로 지내면서, 우리는 사람들이 결혼 생활에서 원하는 것이 무엇인지는, 그것을 '왜' 원하는지만큼 중요한 문제가 아니라는 것을 깨닫게 되었다.

메리는 자기의 '왜'에 관한 이야기를 하기 시작하였다. 그는 루를 돌봐야 한다는 책임감에 넌더리가 나 있었기 때문에 남편 사업에 관여하고 싶지 않았다. 메리는 과거의 루를 용서하기 어려웠고, 루를 스스로 책임지고 부양할 사람으로 믿을 수가 없다고 느꼈다. 그녀는 자기의 시간과 에너지를 자녀와 자신을 돌보는 데 쓰고 싶었다. 그녀는 결혼 초기에 남편 사업을 돕느라고 아이들과 함께 있지 못한 것에 대해 죄책감이 있다고 하였다.

메리는 울기 시작하였다. 부모를 기쁘게 하기 위해 책임감을 느끼면서 자라난 이야기를 하면서 목소리가 낮아졌다. 그녀는 상담 중에 퇴행적 회상을 하였다. 어린 시절로 돌아가 실제로 경험하는 것처럼 어린 시절의 아픔을 느끼기 시작하였다. 루는 그녀가 얼마나 고통스러운지를 직접 보게 되었다. 그는 그녀의 고통을 함께 느끼기 시작하였다. 그녀는 남동생의 중독에 대해, 어떻게 남동생을 돌보았는지, 그리고 남동생의 문제를 부모가 알지 못하게 하느라고 어떻게 하였는지를 이야기하였다. 루는 메리가 경제적 책임에 부담을 갖지 않는 것, 그리고 모든 것을 처리해야 하는 압박감을 갖지 않는 것이 왜 그토록 중요한지를 금방 알게 되었다.

루도 어린 시절의 고통을 재현하였고, 퇴행적 회상을 하였다. 메리는 그의 옆에 앉아서 그를 도왔다. 그녀는 한 번도 자기가 괜찮은 아이라고 느껴 본 적이 없고 부모의 관심을 끌기 위해 나름대로 열심히 노력하던 어린 소년을 좀 더 잘 이해하게 되었다.

서로에 대한 오해를 '정정' 하면서도 그들은 여전히 변화에 대한 저항이 컸다. 둘 다 상대방이 먼저 행동해 주기를 기다리는 것같이 보였다. 아무도 먼저 모험을 하려고 하지 않았다. 이때가 '의도' 라는 개념을 도입해야 할 시점이다.

'의도'라는 것은 중독을 다루는 자조 집단에서 상당히 많이 쓰이는 개념이다. 구어적으로 표현하자면 "정말로 해낼 때까지는 하는 척을 하라."는 것이다. 다시 말하면, '느낌'과 상관없이 특정한 방식으로 행하라는 것이다. AA(익명의 알코올 중독자 모임)는 술집을 지나치고 싶지 않아도, 술을 너무 마시고 싶을 때라도, 어쨌든 그 유혹을 물리치라고 가르친다. 얼마 후 감정은 행동을 뒤따라 올 것이다. AA 참가자들은 이것을 "맨 정신으로 술 안 마시고 버티기(white knuckle sobriety)"라고 부른다. 즉, 감정에 의해서가 아니라 의지의 행위로써 맑은 정신을 유지하라(술을 먹지 말라)는 뜻이다. 우리는 많은 부부들이 "맨 정신으로 결혼 생활 유지하기(white knuckle matrimony)"를 사용할 수 있을 것이라고 생각한다. 결혼 생활에서 의도라는 것은 배우자를 사랑하는 감정이 있든지 없든지 간에 부정적인 행동을 변화시키려고 의식적으로 노력하는 것을 말한다. 부부가 행동을 변화시키면 긍정적 감정도 따라 온다. 부부들이 그들의 관계에 의도를 도입하게 되면, 이제는 '변화'라고 부르는 다음 단계로 넘어갈 준비가 된 것이다.

변화 단계

'변화' 단계에 이르면 부부들의 영혼은 바뀌기 시작한다. 더 이상 감정이나 정서에 따라 행동하지 않고 좀 더 나은 부부 상호 작용에 도움이 되는 기술이나 도구를 사용하려고 한다. 과민 반응과 부정적인 영혼의 인상을 다룰 줄 알게 되고, 배우자에 대해 새로운 인식을 갖게 된다. 더 이상 배우자에 관한 사실을 날조하려는 유혹을 받지 않게 된다. 만일 옛 행동으로 돌아갈 경우 빨리 빠져 나오는 길도 알고 있다. 부부들은 이전에 가지고 있던 이기적인 칼날을 버렸고, 더 이상 정서적으로 혹은 신체적으로 도피하려고 하지 않는다. 도피구를 닫으며, 결혼 생활에서 벗어나 기분 전환 거리를 쫓아다니던 것도 그만둔다. 부부들이 이 단계에 도달하면 고린도전서 13장의 사랑에 관한 구절을 따르기 시작한다. "사랑은 오래 참고 사랑은 온유하며 사랑은 자랑하지 아니하며…" 배우자에게 최선의 것을 해주기를 원한다. 영혼을 치유하는 사랑은 결혼 생활의 지평선에 가능하고도 가시적인 목표가 되는 것이다.

메리와 루는 변화 단계에 들어서면서 서로를 아가페적으로, 무조건적으로 사랑하기 위해 아주 열심히 노력해야 했다. 아가페는 받을 만한 자격이 없는 사람에게 주는 사랑이다. 주는 자가 주기로 결정하였기 때문에 주는 것이다. 하나님은 자녀들에게 무조건적인 사랑을 주신다. 우리가 그의 선물은 받을 수도 없고 받을 자격도 없지만 그분은 여전히 주기로 결정하신다.

메리는 루에게 무조건적인 사랑을 주겠다고 결정하기가 어려웠다. 과거 남편의 소행이 그녀의 머릿속을 떠나지 않아서 그를 신뢰할 수가 없었다. 이 일은 루에게 상처가 되었는데, 메리가 과거의 죄 때문에 자기를 영원히 원망할 것이라고 느꼈기 때문이다. 메리가 남편이 술 마시고 떠들며 흥청대던 것을 말하려고 하자, 그는 용서에 관한 성경을 인용하면서 "당신이 나를 용서하지 않으면 하나님도 당신을 용서하실 수 없을 거야."라고 거듭 말하였다. 이런 형태의 '영적인 강요' 때문에 메리는 루에게 화가 났고 사랑과 은혜를 베풀 마음이 더욱더 없어졌다. 무조건적인 사랑을 의도적으로 실행하는 일은 이 부부에게 가장 어려운 과제였다. 이런 사랑은 이기심을 넘어서야 하는 것이었다. 또한 서로에게 문자적인 선물뿐 아니라 감정으로나 행동으로도 선물을 주어야 하는 것이었다. 부부 사이에 이런 종류의 돌봄이 있으려면 기도의 초자연적인 힘이 받쳐 주어야 한다.

우리는 이 부부와 함께, 이들이 그렇게 하고 싶지 않을지라도 사랑으로 행하도록 그리고 하나님의 인도하심에 마음을 열도록 도와 달라고 간구하였다. 이들은 '제대로 해낼 수 있을 때까지는 하는 척' 하였고, 주님의 도우심으로 서로를 다른 시각으로 보기 시작하였다. 행동이 바뀌었을 뿐 아니라 마음도 바뀌었다. 첫번째 변화와 두 번째 변화를 모두 경험한 것이다.

가족치료에서 우리는 두 가지 특별한 변화를 구하는데 그것은 행동의 변화와 태도의 변화이다. '행동의 변화' 혹은 '1단계 변화'는 실제로 원하는 목표에 도달하기 위해서 행동을 변화시키거나 재구성하는 것을 말한다. 이런 종류의 변화는 "다르게 행동하고 있는가?"라는 질문에 대답할 수 있다.

그렇지만 '2단계 변화'는 '태도의 변화'이다. 이에 대한 질문은 "다르게 느껴지는가?"이다. 이것은 가슴의 변화를 뜻한다. 당신의 행동은 달라졌다. 왜냐하면 그렇게 되고 싶기 때문에, 당신의 가슴이 변화를 명하기 때문이다. 이런 행동 변화는 감정과 신념의 변화에서 파생된다. 우리는 이것을 영혼의 변화라고 부른다.

메리는 1단계 변화를 이루기 위해 매우 노력하고 있었다. 할 수 있는 한 최선을 다하여 '하는 척' 하였고, '해 내려고' 하였다. 그녀는 어린 시절의 아픔을 이야기하고, 루에게 사랑의 태도로 행동하였으며, 과민 반응과 구뇌 반응을 점검하고, 가능한 한 의도적이 되려고 노력하였다. 그렇지만 메리에게는 문제가 있었다. 감정을 속이는 것이 너무나 어려웠던 것이다. 그녀는 가짜 같이 느끼는 것이 힘들었다. 진정성과 진실은 그녀에게 아주 중요한 개념이었다. 나는 그녀에게 이렇게 하는 것의 목표가 부정직해지는 것이나 허위로 인한 성실성의 상실이 아니라는 것을 수없이 말하였다. 목표는 단순히 사랑으로 그리스도와 같이 행동하는 것이며 그것에 감정이 따라오도록 기도하는 것이었다. 메리는 마지못해 믿음으로 이러한 새로운 행동을 하기로 동의하였다.

하나님의 도우심으로 메리는 자신의 과민 반응을 대부분 알아차렸고 마침내 극복할 수 있었다. 그녀는 주님을 신뢰할 수 있었고 루에게 아가페 사랑을 줄 수 있었다. 순종과 사랑으로 행동함으로써 그녀의 가슴은 정말로 변화하기 시작하였다. 변화된 첫 감정은 루에게 진정으로 감사하는 마음이었다. 칭찬과 격려가 그녀에게서 자연스럽게 흘러 나왔다. 이것은 루의 상처를 치유하기 시작하였고 그의 영혼도 변화되기 시작하였다. 둘 다 서로를 향하여 사랑으로 행동하고 느끼게 되었다.

메리가 가짜처럼 행동하는 데 대한 저항감을 극복하는 데에는 시간이 어느 정도 걸렸다. 그렇지만 그녀와 루의 영혼이 치유되는 대가를 받았다. 이들의 관계는 이제 결혼의 마지막 단계이자 가장 좋은 단계인, 하빌 헨드릭스가 '현실적 사랑'이라고 부르는 단계로 나아갔다.

현실적 사랑

이 단계는 모든 고투를 할 만한 가치가 있는 단계이다. 이때는 부부가 서로에 대해서 지식, 수용, 인정, 감사를 갖는다. 더 이상 배우자를 파괴의 악마로 보지 않고, 처음에 그들을 하나로 묶어 주었던 것과 다시 접촉한다. 우리는 이를 '영혼을 치유하는 사랑'의 단계라고 부른다.

하나님의 무조건적인 사랑을 서로에게 줌으로써, 부부는 서로 나눌 수 있는 안전한 환경을 창조한다. 영혼의 고통을 나누는 것을 더욱 자연스럽게 느낀다. 이런 나눔은 자신과 배우자에 대해서 더 깊게 이해할 수 있게 해 준다. 부부는 서로를 영혼 치유자로서 '다시 보기' 시작한다. 더 이상 배우자에게서 가해자의 얼굴을 보지 않는다. 오히려 그 안에서 '때 묻지 않은 상처받은 아이'를 보며 그 아이를 양육하고 치유하기를 원한다.

상처받은 아이의 얼굴을 보다

현실적인 혹은 영혼을 치유하는 사랑의 단계에서는 부부는 서로를 까다롭고 좌절감을 갖다 주는 어른이 아니라 상처 입은 아이로 보기 시작한다. 서로를 '다르게 보는 것'은 메리와 루와 같이 곤경에 빠진 부부에게는 특히 도움이 된다. 처음에 우리를 찾아왔을 때를 기억해 보라. 그들은 분노와 두려움에 가득 차 있었다. 절망에 빠진 대부분의 부부와 마찬가지로 그들은 상대방이 사악한 의도나 혹은 바람직하지 못한 의도를 가지고 있다고 생각하였다. 결혼 생활에서 생기는 문제를 상대방 쪽의 이기심 때문이라고 축소하려 하였다. 서로를 비난하는 것이 생활 방식이 되어 버렸다. 이렇게 함으로써 서로에 대해 부정적인 이미지만 강화하였고 부부 갈등을 일으킨 자신의 역할에는 눈을 감았다.

메리와 루가 상대방에게서 상처 입은 아이의 얼굴을 보기 시작하자 상대방의 동기를 부정적으로 보던 것을 그치고 서로의 행동에 대한 이유를 이해하기 시작하였다. 또한 각자가 부부 관계에 영향을 끼칠 수 있다는 것에 책임감을 가질 수 있었다. 코이노니아 혹은 상호 공감이 나타나기 시작하였다. 그들은 서로의 고통을 마치 자기 것인 양 느끼게 되었다. 서로가 지난 세월 동안 겪어온 것에 대해 깊게 이해하게 되면서 서로에 대한 존경심이 자라나게 되었다.

메리가 너무 빨리 어른이 될 수밖에 없었던 금발의 어린 소녀의 상처를 쏟아 놓는 동안, 루는 연민과 공감을 가지고 경청하였다. 이제 루에게는 모든 사람을 기쁘게 만들기 원하였던 순진한 상처 입은 소녀에 대해 화를 내고 수동 공격을 하는 것이 훨씬 더 어려운 일이 되었다. 마찬가지로 메리 역시 가족의 관심과 사랑을 구하려다 말썽만 일으킨 작은 소년에게 무관심하고 사랑이 결여된 듯한 표정을 보이는 것은 어려웠다.

그래서 모든 사람을 지나치게 돌보려고 애썼던 어린 소녀와 스스로를 결코 좋은 아이라고 느끼지 못하였던 상처 입은 어린 소년은 마침내 서로를 친구로 보기 시작하였다. 서로의 영혼을 돌보는 것은 더 이상 따분한 일이거나 의지적인 행위가 아니었다. 그것은 최대의 원함이 되었다. 배우자가 이야기할 때 듣기를 원하였으며 서로를 영혼을 치유하는 사랑으로 섬기는 것을 중요하게 생각하였다. 이제 이들은 친구가 되었다.

여기서 필리아, 즉 우정은 에로스(성적인 사랑), 그리고 아가페(무조건적인 사랑) 후에 오는 필연적인 과정이라는 것을 주목해야 한다. 우리는 40년 이상 결혼 생활을 한 그리스도인 부부들에게 결혼의 요소 중에서 가장 중요한 것이 무엇이냐고 묻는 인터뷰를 해 보았다. 놀랍게도 그들은 대단히 희생적인 행위라든가 감동적인 계시라고 말하지 않았다. 단순히 친구가 되는 것이라고 하였다. 많은 사람들이 배려, 관심, 지지에 대해 말하였지만, 그 대답은 순수하고 단순한 우정, 즉 필리아로 요약되었다. 우리는 그토록 많은 부부들이 결혼하여 아이를 낳고, 집을 사고, 일상의 지루하고 단조로운 일을 함께 해 놓고도 친구 관계는 아닌 것을 보았다. 그러므로 그토록 많은 결혼 생활이 오늘날 고통을 겪고 있다는 것은 이상한 일이 아니다.

메리와 루의 우정은 서로를 다른 시각으로 보기 시작하면서 꽃피었다. PEA와 같은 뇌 분비물질과 결혼의 단계에 대해서 알게 되자 그들의 열정이 왜 식어졌는지를 이해할 수 있었다. 많은 통찰을 가진 후에, 그들은 자기들이 느끼는 정말로 부정적인 감정을 전달하는 법을 배울 준비가 되었다. 또한 서로에게 상처를 주었던 행동을 알고, 이러한 정보를 건강한 방식으로 나누고, 용서를 구하고 용서를 할 준비가 되었다. 다음 장에서는 이 작업을 어떻게 하는지 한 단계 한 단계 보여 주겠다.

제 8 장

우리를 파괴하는 것과
그 이유

우리는 사랑에 빠진 상태라는 것이 현실이라기
보다는 신화에 가깝다는 것을 알았다. 이는 진리가 아니라 투사에
근거한 것이다. 투사란 '우리 마음속에 있는 생각을 객관적인 실재
로 시각화하는 행위'로 정의된다는 것을 기억하라(주 1). 우리는 우
리가 배우자에 대해서 어떤 실체를 만들어 내는 경향이 있다는 것을
앞에서 배웠다. 관계를 맺을 때 우리는 정확하지 않을 수도 있는 흐

릿한 시각을 통해 사물을 본다. 또 투사는 우리 자신의 시각을 흐리게 해서 우리 안에 있는 객관적인 감정이나 생각, 혹은 태도를 다른 사람의 것으로 돌리게 하는 방법이 되기도 한다. 낭만적 사랑의 단계에서는 배우자에게 긍정적인 특성을 투사하는 경향이 있다. 힘겨루기 단계에서는 부정적인 특성을 투사하는 경향이 있다. 이렇게 함으로써 우리는 우리 안에 있는 이러한 특성들을 소유하거나 다룰 필요가 없게 된다. 결혼 생활에서 문제가 생기면 우리는 자신의 심리 바깥을 살펴보고 배우자에게 비난을 투사하려 한다. 이렇게 하여 결혼 생활에서 우리를 파괴하는 것이 진정으로 무엇인지 그리고 그 이유가 무엇인지에 대해서는 눈이 먼다.

프레드와 이텔의 투사 이야기

프레드는 서른 살의 총각인데, 2년간 사귀어 온 여자 친구가 일방적으로 관계를 끝내자 상담실을 찾아왔다. 그는 먹지도 자지도 못하였고, 너무 우울해져서 아침에 잠자리에서 나오기도 힘들었다.

"이텔이 없이는 길을 완전히 잃어버린 공허한 느낌이에요. 난 어떻게 해야 하나요? 그녀는 내 삶의 모든 것이었어요. 그녀는 나에게 영감을 주었죠. 이제 난 직장에 나갈 수도 없어요."

좀 더 질문을 해 들어가자, 나는 프레드가 이텔을 생명의 힘 혹은 생명의 에너지로 보고 있다는 것을 알았다. 프레드는 금욕적이고 보수적이며 성에 대해 매우 폐쇄적인 가정에서 자라났기 때문에, 매우 수줍고 내성적이었다. 이텔은 관능적이고 표현이 풍부한 여자였다. 그는 뻣뻣하고 친절하지 않았지만, 그녀는 따뜻하고 솔직하고 상냥하였다. 그는 너무 진지하였으나, 그녀는 웃고 놀 수 있었다. 이텔은 프레드가 억눌렀던 모든 것을 가지고 있었기 때문에, 당연히 프레드는 그녀와 있으면 완벽하고 온전해지는 느낌을 가졌다. 그런 그녀가 그의 삶에서 빠져 나가자, 그의 모든 에로스나 생명의 에너지도 그녀와 함께 사라졌다. 프레드는 내면에서 죽어있는 느낌이었다. 자신을 치유하기 위해서, 그는 이텔이 관계를 맺을 때 가져온 특성들을 지나치게 소유하고 있었다는 점을 알아야 하였다. 그 특성들은 그의 의식적인 마음에 떠오르지 않았거나 억압되어 있었을 뿐이었다. 프레드에게는 이러한 특성을 자기 안에서 발달시키는 것보다는 이텔에게 투사하는 것이 더 쉽고 안전하였다.

앞장에서 배웠듯이 부부는 관계 초기에 대개 이런 식으로 한다. 그러다가 나중에는 자기 영혼의 부정적인 특성을 배우자에게 투사하는 경향이 있다. 프레드가 자신의 내면을 들여다보고 잃어버린 부분을 발견하고 그것에 대해 행동하기 시작하자, 그는 좀 더 온전한 느낌을 갖게 되었다. 이렇게 하여 이텔을 극복하고 다시 사랑할 수 있게 되었다.

투사와 인간관계

관계 이론가들은 모든 의사소통의 80퍼센트는 투사라고 말한다. 따라서 현실에서 환상을 분리시키고, 투사에서 진리를 분리시키기 위해서 우리의 의사소통을 검토해야 할 것 같다. 관계 이론가들은 우리가 다른 사람들에게서 가장 경멸하는 것이 바로 투사라고 말한다. 우리가 다른 사람들에게서 발견해 내는 가장 혐오하는 특성은 우리 안에 소유하고 있는 부정적인 특성이다.

다른 사람들에 대해서 정말로 경멸하는 특성이 있는가? 가령 오만한 사람을 경멸한다고 하자. 이런 오만함이 조금이라도 내 안에 있는 것은 아닐까? 내가 경멸하는 심리가 다른 사람에게서 체현화된 것을 보면 불편하고 불안해진다. 거북하고 괴롭다. 이런 것들은 불쾌한 감정이기 때문에 그러한 불안을 일으킨 특성을 가진 사람을 경멸하게 된다. 내 안의 작은 부분을 차지하고 있는 어떤 것을 다른 사람에게서 발견하면, 그 사람을 경멸해 버리는 것이 훨씬 쉽다. 왜냐하면 나 자신 안에서 그것을 본다면, 그것을 인정해야 하고 그것에 대해서 무엇인가 해야 하기 때문이다. 나 자신 안에서 치유를 향하여 작업하기보다는 이것을 누군가에게 전가하는 것이 훨씬 쉽다. 그러니 배우자보다 더 좋은 대상이 있을까? 그는 아마 내가 억압한 심리의 긍정적인 투사의 일부를 이미 가지고 있을 것이다. 그렇기 때문에 부부가 처음에 서로 사랑에 빠지게 되는 것이다. 불쾌하거나 부정적인 특성을 배우자에게 부여하거나 투사하는 것은 거의 제2의 본성이다.

의사소통과 투사

투사가 의사소통의 대부분을 차지한다는 것을 이제 알았으니, 내가 싫어하는 배우자의 특징들은 내 안에도 있다고 가정하는 것이 안전하다. 가정에서 용납되지 않던 특성들이 억압되기도 한다. 프레드는 어렸을 때 외향성을 억압받았는데, 이는 그 가족이 그의 사교적인 측면을 시인하지도 않았고 격려하지도 않았기 때문이다. 그들은 프레드의 진지하고, 학구적이고, 조용한 특성을 칭찬하였다. 사실상 그가 자라나면서 사교적이거나 외향적이 되는 것은 그에게 안정감을 주지 않았을지 모른다.

그가 이텔과 관계를 맺기 시작할 때 처음에는 안전하고 온전한 느낌을 가졌는데, 사교적인 면에서 타고난 재능을 가진 사람 앞에서 이런 억압된 부분을 탐색할 수 있었기 때문이다. 그렇지만 관계가 진전되자 그녀의 용감한 사교성은 그의 결핍을 지적할 뿐이었다. 또한 무의식적으로 불편하게 되었고 불안하기까지 하였다. 왜냐하면 그의 가정에서는 좋게 평가되거나 지지 받지 못하던 것을 그녀는 터놓고 과시하기 때문이었다. 결국 그는 사교성의 결핍을 그녀에게 투사하기 시작하였다. 그는 그녀가 사교술이 형편없다고 비난하기 시작하였다. 처음에 그가 끌렸던 점이 바로 그녀의 외향성이었기 때문에 이렇게 하는 것은 아이러니가 아닐 수 없다.

"당신은 파티에서 왜 그렇게 말을 많이 해?" 그는 비난조로 묻곤 하였다. "사람들은 자기들에게 말할 기회를 주지 않으면 무례하다고 생각한단 말이야. 아무도 수다쟁이는 좋아하지 않아."

"수다쟁이라고?" 이텔은 쏘아 붙였다. "당신을 좀 봐요. 내가 말을 안 하면 사람들은 지루해서 죽을 거예요. 당신은 그냥 앉아 있기만 하고 사람들하고 한 마디도 안 하잖아요."

프레드와 이텔이 서로에게 끌렸던 바로 그 점이 그리고 온전해지는 느낌을 주었던 바로 그 점이 갈등을 일으키는 문제가 되었다. 그들을 완전하게 해 주었던 것이 이제 그들에게 혐오감을 주는 것이 되었다.

투사 이론이 전개되면서 우리는 프레드의 내면에 억압된 사교성이 있다는 것과 이텔 안에는 수줍은 소녀가 있다는 것을 알았다. 배우자가 자기 자신과 다르게 행동하는 것이 이들을 불안하게 만들었다. 대부분의 부부들은 이런 것을 내면의 갈등으로 표현하기보다는, 프레드와 이텔처럼 비난의 말로 전달한다.

이런 형태의 갈등을 보다 더 건설적으로 다루기 위해 각 사람은 투사 안에 있는 자신의 부분을 인정해야 한다. 이것을 '자기의 투사 들여다보기'라고 부른다. 만일 프레드가 자신의 사교성을 계발할 수 있고, 이텔이 내성적인 측면을 인정하고 받아들일 수 있다면 이 두 사람은 불화의 테이블에 보다 많은 연민과 이해를 가져올 것이다. 상대방을 비판하는 경향이 줄어들 것이며 갈등에서 느끼는 진정한 감정을 나누는 쪽으로 기울어질 것이다. 이들은 또한 관계의 아주 중요한 규칙을 배울 수 있을 것이다. 즉, "나는 나의 배우자가 아니며 나의 배우자도 내가 아니다."라는 것이다. 잠시 시간을 내서 당신의 배우자에게서 가장 싫어하는 점이 무엇인지 생각해 보라. 이런 것들을 어느 정도 당신 안에도 가지고 있지 않은가? 이런 것이 당신 안에 있다는 것을 인정할 수 있는가? 이렇게 하는 것이 당신의 배우자가 왜 그렇게 행동하는지를 좀 더 이해하게 해 주는가? 부부들이 이런 원리를 적용하기 시작하면 결혼 생활의 다툼과 불화를 치유할 줄 알게 된다.

억압하기를 배우다

우리는 이런 본성을 어떻게 잃어버렸을까? 우리는 어떤 특성을 가지고 태어난다. 아기일 때 우리는 모두 천진난만하고, 귀엽고, 활동적이다. 배가 고프면 새벽 2시라도 울어 댄다. 우리는 태어날 때부터 표현적이었다. 무엇인가 필요하면 소리를 질렀다. 그렇지만 어른이 되어서는 어떤 특성은 권장되지만 어떤 특성은 제재를 당한다는 것을 알게 되었다. 이러한 특성들이 반드시 우리의 특별한 본성에 가장 적합한 것이지는 않다. 프레드의 예를 보자. 그의 부모는 프레드의 사교술을 격려하고 외향적인 측면을 계발시켜 주었어야 하였다. 그렇지만 그들 자신이 지나치게 진지하였기 때문에 그의 진지한 강점을 부추겼다.

잠언에는 "마땅히 행할 길을 아이에게 가르치라 그리하면 늙어도 그것을 떠나지 않으리라"라는 말씀이 있다(잠 22:6). '길'이라는 히브리 단어는 'derek'으로서 '본성' '인생의 방향' '행동의 양식' '관습' '태도' 혹은 '성향'을 뜻한다(주 2). 성경은 우리에게 자녀들을 그들의 양식 혹은 성향에 따라서 훈육하라고 말한다. "자녀가 원래 가지고 있는 태도에 근거해서 훈육하라." "그들의 있는 그대로를 가장 잘 나타내는 특징에 따라 훈육하라." 그런데 많은 그리스도인 부모들은 이 구절을 잘못 해석하여 "그의 부모인 내가, 그가 가야 한다고 생각하는 길로 자녀를 훈육하라."는 뜻으로 읽는다. 이것은 성경적으로 맞지 않는 것이며, 자녀들에게 정서적으로나 심리적으로도 유익하지 않고 건전하지는 않다.

만일 예술에 대단한 재능이 있고 수학을 싫어하는데도, 가족들이 모두 회계사이기 때문에 그의 뒤를 따라야 한다는 기대를 받는다면 어떨까? 만일 운동선수의 집안에서 태어났는데 당신은 허약하고 빼빼 마른 체격의 아이라면 어떨까? 만일 자녀가 과잉 성취적 완벽주의자인데 부모가 자녀를 지나치게 성공으로 내몰면 어떨까? 그 부모는 자녀에게 강박-충동 신경증을 실제로 촉진시킬 수도 있다.

이것이 오늘날 많은 사람들에게 일어나는 일이다. 그들의 '길'은 발견되지 못하였고 그들의 '성향'은 지지받지 못하였다. 이런 이유로 사람들은 '참 자아(true self)'의 그림자밖에 되지 못하며, 많은 가치 있는 속성들로부터 분열된다. 이렇게 분열된 현상은 성인으로서 관계 갈등을 일으키는 묘판이 된다.

부모는 자녀의 길을 발견하고 자녀가 그것을 따라가도록 도와줄 책임이 있다. 부모는 자녀의 둥근 영혼을 인생의 네모난 구멍에 억지로 집어넣으려 하기보다는, 자녀의 창조주이신 하나님께 그들을 인도해 달라고 간구해야 한다. 부모가 자녀에게 부모의 혹은 사회의 건강하지 못한 틀을 얹어 놓으려고 지나치게 노력하면, 자녀들의 가장 경건한 특성을 억압하게 만들 수 있다. 참 자아를 억압하거나 숨기게 만든 어린 시절에 들었던 말이나 태도의 예를 여기 열거해 보겠다.

- "아이들은 눈으로 보아야지 그 말을 들어서는 안 된다."— 우리의 사고, 감정, 행동을 말로 정확하게 표현하는 능력을 억압하게 만든다.
- "아이들은 조용해야 하고 떠들면 안 된다."— 명료하게 표현하고 말

로 나타내는 능력으로부터 분열되게 만든다.

- "아이들은 어리석게 행동하면 안 된다."— 자연스런 기쁨과 장난스런 측면을 억누르게 된다. 매우 심각한 사람이 된다.
- "멋진 말을 하지 못할 바에는 아무 말도 하지 마라."— 우리 안의 진실로부터 분열되게 만든다.
- "성적인 것에 대해 관심을 갖지 말라. 감각적이 되지 말라. 성은 더러운 것이다."— 인간으로서의 정상적이고 감각적인 측면을 억누르게 만든다.

＊ 어떤 메시지는 성에 따라 다르게 주어진다.
- "괜찮은 여자라면 시시덕거리는 연애 따위는 하지 않는다."— 여성들의 남성에 자연스런 대한 에너지와 본성을 억누르게 된다.
- "시끄러운 것이나 소리 지르는 것, 화내는 것은 여성답지 못한 것이다."— 여성들의 주장하는 능력을 억압하게 된다.
- "소녀는 스포츠를 하지 않는다. 소년이 운동가이다."— 여성은 운동하는 능력으로부터 분열된다.
- "괜찮은 소녀라면 화내지 않는다."— 여성이 상처와 아픔을 표현하지 못하게 만든다.
- "훌륭한 소년은 울지 않는다."— 남성이 감수성과 연민을 억압하게 만든다.
- "소년은 터프해야 한다."— 남성이 아픔을 억압하게 만든다.
- "소년은 욕구를 가셔서는 안 된나."— 남성이 자신의 영혼의 복구를 무시하고 결코 연약함을 보이지 않게 만든다.
- "괜찮은 녀석이라면 경쟁에서 최고가 되어야 한다."— 남성이 친절한 측면을 억압하고 경쟁심을 보여 주게 만든다.

영혼을 억압하는 일에 가족만 영향을 주는 것은 아니다. 문화와 사회도 역시 이러한 해로운 성 역할 규칙을 지시하는 데 큰 역할을 하였다. 나의 할머니는 102세이다. 할머니는 테네시의 언덕에서 자라났는데 여자의 위치란 '맨발로, 임신하고, 스토브에 매여 있는 것'이라고 믿었다. 어머니는 1930년대에 자랐는데 당시는 남자에게만 지적인 능력이 있고 여자는 가정에서 살림하는 사람이라고 믿었던 시대였다. 여자가 대학에 간다는 생각은 작은 남부 마을에서는 들어보지 못한 소리였다. 대학 교육은 남자를 위한 것이었지 여자를 위한 것이 아니었다. 어차피 결혼을 할 것이라면 무엇 때문에 교육을 받아야 하는가? 이렇기 때문에 우리 가문의 여성들은 그들의 능력과 욕구와 야망을 억압하였고 하나님이 주시는 소명까지 무시할 때도 있었다.

우리 세대는 양성 간의 전쟁을 감수하고 있다. 우리 자녀들은 천성적인 '성향'을 억압하지 않아도 된다. 사회의 구조가 이전에 비해 덜 편향적이기 때문이다. 오늘날 남자들은 직장에서 시간을 내서 아이들을 차에 태워 소아과 여의사에게 데리고 간다. 문화적인 성 고정관념이 바뀌는 것은 잃어버린 자아를 치유하는 데에 큰 효과를 가져올 수 있다.

잃어버린 자아를 찾아서

우리는 우리의 어느 부분이 상처를 입고 상실되었는지, 그리고 이런 일이 어떻게 발생하였는지를 인식할 필요가 있다. 우리는 억압된 측면이 표면에 떠오르도록 함으로써 그 상처에 대해 치유 작업을 할 수 있다. 그 다음 그 상처를 성령의 다스림 아래 가져와서, 하나님의 전능하신 능력이 이런 느낌과 정서, 속성을 건강한 방향으로 향하도록 만들게 할 수 있다.

만일 우리가 이렇게 잃어버린 부분에 대해 두려워하는 상태로 있다면, 우리 영혼의 어두운 그림자가 결혼 생활에서 추한 머리를 들어올릴 것이다. 구애 과정에서는 우리의 허락되지 않은 자아(배우자 안에 들어있는 것)가 나타나는 것이 완전한 느낌을 주었지만, 결국 그 금지된 것이 우리를 두렵게 만든다. 이런 일이 일어날 때 우리는 배우자를 공격하며 우리 영혼의 금지된 모든 부분을 배우자에게 투사한다. 이렇게 함으로써 우리는 억압된 측면을 직면하지 않아도 되고 그것을 치유하는 법을 배우지 않아도 되는 것이다. 투사하는 것은 우리의 문제를 배우자에게 속하게 만드는 것이다. 우리는 우리의 심리적 혼란을 배우자에게 투사하여, 불편함과 두려움을 직면해야 할 책임을 피한다.

우리 결혼 생활에서도 이런 형태의 투사가 있었다. 톰은 목사로 사역하고 있었고 나는 치료사로서 개인 상담소에서 파트타임으로 일하고 있었다. 첫 아이 맨디가 생후 15개월 되었을 때였다. 바쁜 하루가 가고 있었다. 나는 베이비시터에게서 맨디를 찾아와 저녁을 준비하고 있었다. 저녁이 되어도 톰은 집에 오지 않았다. 6시 무렵이었다. 교회로 전화를 하였지만 이미 자동응답기로 연결되어 있었다. 이제 6시 30분이 되어도 톰은 오지 않았다. 식사는 다 식어빠지고, 맨디는 칭얼거리기 시작하였다. 아기를 달래려고 치리오를 주었다. 아기는 재빨리 바닥에 집어 던졌다. 개가 와서 바닥에 있는 치리오를 다 먹었고 아기 식탁 의자에 있는 것도 다 먹었다. 아기는 소리 지르기 시작하였고, 오븐 부저가 울렸고, 전화벨이 울렸다. 기부를 좀 하라는 전화였다. 말할 필요도 없이 자선을 베풀 마음이 아니었다. 나는 화가 났다! 전화 건 사람을 야단쳤고, 개한테 야단쳤고, 배고픈 나의 귀한 아이도 야단쳤다. 당신이 짐작할 수 있듯 나는 엄마로서도, 요리사로서도, 그리스도인으로서도 실패자라고 느꼈다. 죄책감의 내적 불안이 나를 엄습하였다. 7시 10분쯤, 엉망진창인 집에 남편이 도착하였다. 나는 그에게 맹렬하게 달려들었다.

"어디 있었어요?" 나는 다그쳤다. "늦게 올 거라고 왜 전화를 안 하였어요?" 남편이 숨도 쉬기 전에 내 모든 죄책감을 남편에게 투사하는 데 바빴다. "무슨 남편이 저녁 시간에 식구들이 꼼짝 못하게 내버려 두죠? 무슨 아빠가 전화 한 통도 없이 불쌍한 아기를 배고프게 내버려 두죠?"

2분 만에 나는 나쁜 사람이라는 나의 죄책감과 고통을 고스란히 남편에게 '넘겨 주는' 데 성공하였다. 나는 더 이상 이런 지독한 감정을 다룰 필요가 없었다. 왜냐하면 나 대신 톰에게 화를 내면서 그 모든 것을 그에게 투사하였기 때문이다. 남편은 어쩌면 죄를 덮어 씌울 대상으로서 환영받는 느낌이었을지도 모른다. 그날 저녁 즐거운 시간을 갖지 못하였다는 것은 두말할 필요도 없다. 우리는 부부들이 서로에게 화를 버럭 내기보다는 '자기의 투사를 들여다보기'를 배워 가는 어려운 길을 여행하였다. 우리 부부가 자신의 내면을 진정으로 들여다보고 서로에게 '떠넘기던' 추한 모습을 보는 데에 수년이 걸렸다. 우리는 이제 관계 안에서 우리를 파괴하고 있는 것이 무엇인지, 또 왜 그런지를 살펴보기로 하겠다. 많은 부부들에게 이 일은 힘든 작업이다.

두려움과 억압

금지된 억압을 인정하는 데 가장 어려움을 겪는 사람은 대개 소위 '완벽한 그리스도인 프로필'을 가지고 있는 사람이다. 나도 한때는 이런 역겨운 증세를 가지고 있었기 때문에 하나님의 복을 받기 위해서는 완벽한 그리스도인이 되어야 한다고 느끼는 것이 어떤 것인지 대번에 알 수 있다. 이것 때문에 나는 나의 죄성 중 그 어느 것도 인정하지 않으려고 하였다. 죄책감은 너무 힘겨워서 지고 있을 수가 없었다. 내 인생의 모든 고투에 대한 해답은 좀 더 좋은 사람이 되고, 좀 더 열심히 일하고, 좀 더 섬기자는 것이었다. 하나님의 은혜가 들어올 공간이 없었다. 그 대신 나의 완벽주의와 결심을 사용하였기 때문이다. 죄책감과 수치 때문에 내 영혼의 어두운 부분을 인정할 수 없어서, 나는 그것들을 놓을 곳이 필요하였다. '아, 그래!

내 남편은 어때?' 완벽하게 숨겨 놓을 곳이었다. 난 나의 추함을 모두 투사의 형태로 그에게 넘기면 되었다.

투사는 스크린에 상을 비추는 영사기처럼 작동한다. 우리는 억압된 자아를 배우자 영혼의 스크린에 비춘다. 그래서 우리의 잃어버린 부분이 다른 누군가에 의해서 묘사되고 상영되는 것을 보는 것이다. 이렇게 하여 우리의 어두운 그림자를 인정하여 치유하는 일로부터 벗어나게 된다. 또한 자신의 억압된 부분을 계속해서 숨기거나 억압할 수 있게 된다. 다시 말해 우리가 자신에게서 보기 두려워하는 것을 배우자에게 투사하는 것이다.

연습 5: GIFT 연습

우리의 혼란스러운 것을 배우자에게 투사하는 주요 통로는 화를 통해서이다. 화는 대개 배우자의 보복적인 반응이기도 하다. 나는 나 자신이 경멸하는 행동을 똑같이 하는 배우자에게 격노하고, 혹은 나의 어두운 부분에 대해 나 자신에게 격노한다. 어떤 경우든지, 최고로 나타나는 감정은 화이다.

그렇지만 화가 진짜 원인은 아니다. 화는 이차적 감정일 뿐이며, 일차적인 감정에 대한 반응으로 느끼는 것이다. 즉, 화란 그 상황의 뿌리보다는 반응 쪽에 가깝다. 화 밑에는 네 가지 기본 감정이 깔려 있는데, 이는 화를 규정짓거나 화에 목적을 부여하는 감정들이다. 만일 화가 일어나면 그 원인을 다음의 네 가지 감정 중 하나로 추적해 볼 수 있다.

Guilt (죄책감)

Inferiority (열등감)

Fear (두려움)

Trauma or pain (충격 혹은 고통)

우리는 화의 근본 원인을 추적하기 쉽도록 저변에 깔린 감정들의 앞 글자만 따서 단어를 만들었다. 우리는 'GIFT(선물)'라는 단어를 택하였는데, 화의 뿌리가 무엇인지 아는 것이 당신이나 당신 배우자에게 선물이 될 수 있다고 생각하였기 때문이다. 만일 배우자에게 화를 내며 반응하면, 방어를 하거나 화를 내는 식의 반응이 돌아온다. 건강한 의사소통은 방해받고, 갈등은 해결되지 않은 채 계속 된다. 그렇지만 분노의 뿌리를 추적하면 배우자와 함께 그것을 나눌 수 있을 것이다. GIFT 연습은 격노의 뿌리를 추적하는 틀을 제공한다.

잠언에는 "노하기를 더디하는 자는 크게 명철하여도 마음이 조급한 자는 어리석음을 나타내느라"(잠 14:29), "유순한 대답은 분노를 쉽게 하여도 과격한 말은 노를 격동하느니라"(잠 15:1)라고 나와 있다. 이 연습의 목적은 좌절과 짜증, 그리고 격노를 정직하게 말할 수 있게 하는 것이다. 한 배우자가 화를 내며 말하면 상대방은 그가 무슨 말을 하는지 잘 들으려 하지 않는다. 그렇지만 그가 무엇이 정말 잘못 되었는지(즉, 죄책감, 열등감, 두려움, 혹은 고통)를 말하면서 반응하는 경우, 상대방은 당신의 말을 들으려고 하며 변화하려고 할 것이다.

우선 당신은 '분노가 정말 이런 네 가지 감정을 갖고 있는 것일까?' 하고 의문을 품을지 모른다. 그렇지만 깊게 들여다보면 격노의 뿌리를 찾을 수 있다. 가령 어떤 차가 갑자기 끼어들었을 때 어떻게 느끼겠는가? 보복하고 싶을 것이다. 그 차 앞으로 가서 길을 막고 욕설을 하고 삿대질까지 하면서 말이다. 당신은 무시당한 기분을 느낀 것이다. 이것은 열등감의 표현일 수 있다. 또 예를 들어 보자. 친척이 전화를 해서 왜 그렇게 오랫동안 연락을 안 하였느냐고 불평하면, 정말로 느끼는 것은 죄책감인데도 우리는 방어와 화로 대답하는 적이 많다. 결혼 관계에서 정말로 당신을 화나게 만드는 것은 무엇인지 생각해 보라. 이제 그 뿌리를 살펴보라. 당신의 GIFT에서 찾을 수 있을 것이다.

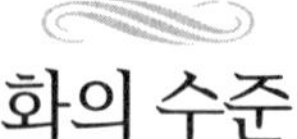

화의 수준

화에는 다섯 가지 기본 수준이 있다. 약 오름, 짜증, 좌절, 화, 격노가 그것이다. 거의 모든 경우 부부가 결혼 생활에서 무엇이 싫은지를 이야기할 때 이들 중 한 가지를 언급한다.

1. 약 오름. 배우자의 사소하고 끈질긴 잘못에 대해서 느끼는 귀찮은 감정이다. 그것은 대단한 잘못은 아니지만 지속적으로 해를 주는 골칫거리이다. 예를 들면 배우자가 당신이 원하는 대로 치약을 아래부터 짜지 않고 위부터 짤 때이다.

2. 짜증. 이것은 배우자가 당신을 자극하거나 괴롭히는 습관으로 점점 더 화나게 하는 것에 대해 갖는 참을 수 없는 감정이다. 예를 들면 배우자가 샌드위치를 만들고 나서 빵 부스러기를 치우지 않았을 때이다.

3. 좌절감. 이런 불만족은 불안이나 우울과 함께 온다. 이는 욕구가 성취되지 않았거나 문제가 해결되지 않았다는 생각에 기초하는데, 그 예는 배우자가 약속 시간에 늦고서도 전화를 하지 않았을 경우이다.

4. 화. 불쾌감과 공격성이 강한 이 감정은 실제 혹은 추측되는 과실 때문에 일어난다. 이러한 감정은 대개 순간적으로 생기며 보복하고 싶은 충동이 동반된다. 예를 들어 계속 요청하는데도 배우자가 허드렛일이나 마당일을 도와주지 않을 때 폭발한다.

5. 격노. 이런 격렬한 감정은 자신의 영혼이 부당하게 대우 받는다고 생각할 때 우리 안에서 타오른다. 이것은 폭발적 분노 혹은 자제를 잃은 분노라고 표현할 수 있으며, 대개 과민 반응에 뿌리가 있다. 보복하고 싶은 충동은 매우 강력하다. 그렇지만 격노는 폭발적이기보다는 수동 공격적일 수 있다. 욕설과 언어적 학대는 격노의 파생물이다. 외도하는 것은 격노를 나타내는 수동 공격적 방법일 수 있다.

이와 같이 분노는 그 수준에 따라 각기 다른 감정을 나타낸다. 감정의 수준을 확인하게 되면 갈등이 있을 때 자신의 욕구를 보다 정확하게 알아낼 수 있다. 조리대 위에 빵 부스러기를 그냥 놓아두었다고 해서 격노하거나 공격적으로 욕설을 하는 것은 그런 행동에 대해 과민 반응한 것이다. 분노의 수준을 확인함으로써 그 상황에 적절한 정도로만 화를 낼 수 있다. 내담자 중에 은그릇을 찻장의 제자

리에 놓지 않았다고 남편에게 격분하여 고함치고 소리 지르는 여성
이 있었는데, 이런 형태의 극단적인 과민 반응은 결혼 생활을 망치
고 말았다.

화의 기원

우리는 투사, 화의 뿌리, GIFT, 화의 수준에 대해서 배웠다. 이
제는 이런 행동이 우리에게 왜 그토록 괴로움을 주는지 알아보겠다.
이렇게 하면 어떤 특정한 상황에 대해서 왜 그토록 강하게 과민 반
응을 보이는지 알 수 있을 것이다. 가령 약 오르는 정도에서 시작된
행동이 좌절감이나 격노로까지 인식될 수 있다. 이 지점이 바로 과
민 반응과 부정적 영혼 인상이 그 역할을 하는 곳이다. 이런 갈등의
시간에 자신에게 물어보라. '내가 이런 느낌을 이전에 또 가진 적이
있었던가?'

만일 그 감정이 과거에 뿌리를 둔 것이라면, 이전 상황에서 느꼈
던 똑같은 감정을 느낄 가능성이 많다. 만일 어린 시절에 동생을 뒤
따라 다니며 치워야 하였다면, 그래서 이용당한다거나 열등하게 느
꼈다면, 어른이 되어서 배우자가 치우지 않은 빵 부스러기를 치워야
할 때 비슷한 반응을 할 가능성이 매우 많다.

화에 대한 반응

다음 단계는 화에 대한 행동으로 무엇을 하였는지 확인해 보는 것이다. 자신에 물어보라. 화가 났을 때 나는 어떤 행동을 하는가?

소리 지르고 비판하는가? 물러나서 토라지는가? 설교하거나 통제하려고 애쓰는가? 아마 어린 시절에 하였던 행동을 어른이 되어서도 그대로 할 것이다. 지저분한 동생을 쫓아다니며 치워야 하였을 때 화가 나서 하였던 행동은 무엇인가? 결혼해서도 같은 반응을 하는가?

분노 뒤에 있는 욕구

모든 좌절감 뒤에는 원하는 바가 있고 모든 수준의 분노 뒤에는 욕구가 있다. 배우자가 내가 원하는 대로 치약을 짜지 않을 때, 나는 배우자가 내 식대로 하길 원한다. 배우자가 조리대 위에 빵 부스러기를 어질러 놓아 약이 오를 때, 나는 배우자가 자기가 어지른 것은 스스로 치워 주길 바란다. 배우자가 늦게 오는데도 전화하지 않을 때, 나는 배우자가 내 감정을 중요하게 생각해 주길 원한다.

그래서 부부들은 상담 시간에 와서 서로에 대해서 치료자에게 불평을 한다. 우리는 마치 초등학교 교사가 되어 운동장에서 아이들의 고자질을 듣는 기분이다. 이런 부부들은 그 상황에서 정말로 원하는 것이 무엇인지에는 집중하지 않고, 배우자가 어떤 잘못을 하였는지, 왜 그것을 용납할 수 없는지에 대해서 우리에게 일러바치느라 온 에너지를 써 버린다. 잔소리하기, 설교하기, 같은 말을 되풀이하기, 비판하기, 비난하기 등은 부부가 '사냥감을 그만 좇고' 자신의 욕구를 이야기한다면 최소한으로 감소될 수 있다. 안타깝게도 부부들은 약 오름이나 짜증이나 좌절감을 부정적으로 말한다. 부부가 서로 좌절감을 전달할 때 다음과 같이 말하는 것이 보통이다.

"이러지 마! 당신 왜 이래?"

"당신이 이렇게 하면 내가 참을 수 없다고 수백만 번 말했는데도 또 하다니요!"

"당신은 듣질 않아! 그것 좀 그만 하라고 몇 번이나 말해야 돼?"

아내가 조리대에 빵 부스러기를 흘려 놓았으면 남편은 아마 "당신 것은 당신이 치워 줄래?"라고 말하기보다는 "다시는 이러지 마!"라고 하기가 쉽다. 대부분의 사람들은 자기가 좋게 말하는데도 상대방이 들어먹질 않는다고 말한다. 어떤 남자의 말을 인용하자면, "내가 정말 진지하게 말하고 있다는 걸 보여 주려면 아내에게 소리 지를 수밖에 없어요."라는 것이다. 한 여자는 이렇게 말하였다. "남편은 내 말을 진지하게 듣지 않기 때문에 이제 요구하는 데 넌더리가 나요. 내가 화를 내고 위협을 해야 비로소 내가 뭘 원하는지 들어요." 다음의 연습은 서로의 말에 귀 기울이고 의사소통을 할 때 부정적인 관점을 없앰으로써, 이런 식의 부정적인 전달을 효과적으로 다루어 나가도록 고안되었다.

이 연습은 약 오름, 짜증, 좌절감, 분노 등을 표현하는 과정을 단순화할 수 있도록 개발한 다섯 가지 기본 단계로 되어 있다. 우리는 우리의 결혼 생활에서의 좌절감을 다루다가 이 도구를 우연히 발견하게 되었다. 이 도구를 사용함으로써 갈등이 얼마나 많이 해결되는지를 보면 놀랄 것이다. 이 단계를 따르기 위해 다음의 질문에 답해야 한다.

- 나의 화를 촉발하는 배우자의 행동은 무엇인가? 배우자가 이런 ______을 할 때, 나는 ______을 느낀다.
- 내 화의 뿌리는 무엇인가? (GIFT 연습을 사용하라.)
- 이전에도 이런 감정을 느낀 적이 언제였는가?
- 이런 감정을 느낄 때 나는 어떻게 하는가? 나는 어떤 행동을 하는가?
- 내가 정말로 원하는 것은 무엇인가?

롭과 로라의 더 깊이 파기 연습 · · · · ·

롭과 로라가 상담실을 찾은 이유는 자기들의 화로 인해 둘의 관계가 망가지고 있기 때문이었다. 그들은 거의 매일 싸우며, 문제가 쉽게 해결 되지 않는다고 말하였다. 로라의 가장 큰 불평은 롭이 집안일을 도와주지 않으며 그녀가 하는 보석 사업에 대해 좋지 않게 말한다는 것이었다. 롭은 집안이 언제나 엉망진창이고, 로라가 집안일에 시간을 써야 할 때에 늘 여자 친구들과의 통화에 정신이 팔려 있다는 이유로 화가 나 있었다. 롭은 집안일을 도와달라는 로라의 요청을 괘씸하게 생각하였다. 왜냐하면 아내가 친구들과의 통화를 좀 자제하면 자기가 도와주지 않아도 될 것 같았기 때문이다. 로라는 자기는 보석 파는 일을 하고 있는데 왜 남편이 자기를 지원하지 않느냐면서 불평을 하였다. 이런 갈등은 대개 아무런 해결도 보지 못한 채 소리 지르기 시합으로 끝나고 말았다.

롭과 로라는 서로에게 상처와 격노를 촉발시키는 진술을 한 것이다. 이러한 것은 충격 진술로써, 자신의 상처와 고통에서부터 나온 말이고 서로에게 더욱 상처를 주는 말이다. 그들의 영혼의 상처는 상호 반응적이었다. 롭의 가장 깊은 문제는 로라의 문제에 부정적으로 상호 반응하면서 영향을 주었고, 또 로라의 문제는 롭의 문제에 그렇게 하였다. 롭이 로라의 사업에 대해 비판하는 것은 로라로 하여금 어렸을 때 가정에서 받은 비판을 생각나게 하였다. 그녀는 어린 소녀였을 때와 똑같이 분개하면서 쓰라린 느낌을 갖기 시작하였다. 로라가 롭에게 집안일을 거들어달라고 잔소리를 하면 롭은 어머니가 투덜거리던 것이 생각났다. 그는 수년 전에 원가족에게서 느꼈던 것과 같이 아내에게 숨이 막히고 약이 올랐다. 롭은 늘 너무 많은 것을 요구하던 어머니에게 느꼈던 감정을 로라에게도 똑같이 느끼기 시작하였다. 각 사람은 서로에게 다시 상처를 주며 상대방의 영혼이 겪고 있는 고통으로 곧바로 걸어 들어갔다. 서로에게 한 충격 진술은 결혼 생활에 잠식해 들어가기 시작하였다. 결혼 상담을 찾게 될 무렵 자기들의 결혼 생활은 끝장날 것이라고 느꼈다. 몇 회기가 지난 후 우리는 더 깊이 파기 연습을 해 보게 하였다. 그들이 발견한 것은 다음과 같다.

✱ 로라의 더 깊이 파기 연습

1. 나의 화를 촉발하는 배우자의 행동은 어떤 것인가?
   롭이 나의 사업이나 집안일에 대해서 비판을 하면 나는 무시당하고 못났다는 느낌이 들고 상처받는다.
2. 내 화의 뿌리는 무엇인가?
   무시당하고 상처받은 느낌이다. 뿌리는 '열등감' 과 '고통' 이다.
3. 그 전에도 이런 감정을 느낀 적이 있었는가?

어렸을 때 아버지가 나를 어리석다고 하거나, 끊임없이 허드렛일을
시키면서도 거들어주지 않았을 때.

4. 나는 어떻게 반응하였는가?

화를 내고, 소리를 지르며, 아버지가 비판하는 그 행동을 계속하였다.
변화의 요구를 자주 무시하였다(수동 공격).

5. 내가 정말로 원하는 것은 무엇인가?

존중받고 능력을 인정받는 것. 남편이 집안일을 거들어 주는 것.

✳ 롭의 더 깊이 파기 연습

1. 나의 화를 촉발하는 배우자의 행동은 어떤 것인가?

로라가 집안일을 도와달라고 잔소리 할 때, 숨 막히고 열등하다고 느
낀다. 마치 그녀를 위해 아무리 해 주어도 부족한 것 같이 말이다.

2. 내 화의 뿌리는 무엇인가?

그녀가 멍청한 사업에 들이는 시간과 돈 때문에 이용당하는 느낌과
무시당하는 느낌이다. 집안일에 대한 잔소리 때문에 숨 막히고 통제
당하는 느낌이 든다. 뿌리는 '열등감'과 '고통'이다.

3. 그 전에도 이런 감정을 느낀 적이 있었는가?

형제들이 돈을 빌려가서 갚지 않곤 하였을 때이다. 어머니는 종일 돈
을 벌기 위해 나가셔서 내가 집안 허드렛일을 많이 해야 하였다. 어
머니는 비판적이었고 늘 잔소리를 하셨다. 나는 스스로 못났다고 느
꼈다. 어머니를 위해 아무리 해도 부족할 것 같았다. 그래서 나는 내
가 못난 사람이라는 생각이 들었다.

4. 나는 어떻게 반응하였는가?

좌절감을 참다가 결국 폭발하였다. 그러고 나서 소리 지르며 똑같이
비판하였다.

5. 내가 정말로 원하는 것은 무엇인가?

로라가 나에게 고마워하는 것 그리고 나를 중요한 사람이라고 느끼
는 것. 집안일을 거들라는 명령이 아니라 요청을 받는 것. 로라가 나
의 느낌과 생각을 존중해 주었으면 좋겠다.

보다시피 분노에 대한 이들의 반응은 서로에 대해 작용하였다. 롭은 화를 가지고 있다가 폭발하였고 로라에게 소리 지르곤 하였다. 로라는 되받아 소리 질렀고 롭이 암시적으로나 직접적인 말로 변화를 요구할 때 무시하였다. 이들은 둘 다 이해받지 못하며 존중받지 못한다고 느꼈다. 이들의 깊은 감정은 열등감과 고통이었다. 롭과 로라는 이 연습을 해 나가면서 서로의 상처를 건드리는 상호 작용을 하고 있다는 것을 알게 되었다. 이들은 상대방이 가장 상처받을 행동과 말을 하고 있었다(충격 진술). 분노에 대한 반응이 결혼 생활을 악화시키고 있다는 것이 분명하였다.

더 깊이 파기 연습을 한 후에 롭과 로라는 조용하고 치유적인 태도로 그 결과를 서로 나누었다. 우리는 몇 가지 지침을 주었다. 자기가 말할 순서가 돌아올 때까지 상대방의 말을 가로막지 않아야 하며, 공감하며 들어야 하고, 코이노니아를 실행하고 상대방의 고통을 마치 자기 것인 것처럼 들어야 한다는 것이 그것이다. 서로 이야기를 나누면서 이들은 각자의 분노 뒤에 있는 깊은 의미를 들을 수 있게 되었다. 이렇게 하여 서로를 새롭게 이해하게 되었다. 격노하지 않고 이야기를 나눔으로써 서로의 말을 진정으로 들을 수 있었다. 그래서 배우자와 자신의 상처를 치유하기 위해서 욕구를 충족시킬 수 있는 방향으로 작업할 수 있었다. 이 부부는 이제 건강하지 않은 행동들을 변화시킬 준비가 되었다.

어떤 영역은 특별히 논의하기가 좀 더 어렵다. 다음 장에서는 의사소통을 할 때 특별히 나누기 어려운 영역, 즉 영혼에 상처를 주는 영역에 어떻게 접근할 수 있는지 그 방법을 제시하겠다. 혹자는 그런 영역을 부부가 서로에게 가하는 '영혼 살해의 상처' 라고 부르기도 한다. 다음 장에서 이런 문제를 배우자와 어떻게 논의할 수 있는지 배우게 될 것이다.

제 9 장

어려운 주제의 의사소통

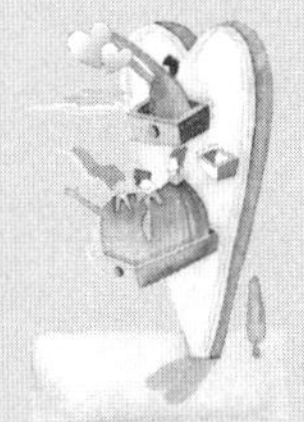

이 장의 목적은 결혼 생활 중에서 정말로 어려운 주제에 대해 어떻게 이야기를 나눌 수 있을지 그 방법을 가르치는 것이다. 또한 일상생활의 관계에서 어떻게 용서를 할 수 있는지 보여 주려 한다. 더불어 오늘날 결혼 생활에 수없이 들이닥치는 간음, 학대, 중독과 같이 용서하기 어려운 상처를 용서하고 치유하는 법을 말하려 한다.

우리는 결혼 상담가로서 가족 체계 안에서 문제 영역을 확인하는 훈련을 받았다. 이러한 것들은 많은 부부들이 의논하기 힘들어하는 문제들로써, 싸우거나 도망가는 반응을 일으킨다. 다시 말해 물러나서 마음 문을 닫거나 혹은 이 문제에 대해 충돌하며 싸운다는 뜻이다. 톰과 나는 말하기 어려운 주제를 '유독성 주제(Toxic Subject)'라고 부른다. 앨리슨 베이스(Allison Bass)에 따르면 부부의 문제 영역 중 가장 흔한 다섯 가지는 성, 돈, 시댁과의 관계, 자녀 양육, 역할/집안일이라고 한다. 이런 주제에 대해 화해할 수 없는 의견 차이가 이혼의 중요한 원인이 되고 있다. 또 이 연구는 부부들이 이혼을 하게 될 만한 갈등을 다룰 수 있는 몇 가지 방법도 보여 준다. 우리는 부부들이 의사소통을 할 때 이러한 역기능적 패턴이 스며들지 않도록 하는 방법들을 나누고 싶다. 이런 부정적인 행동은 부부 갈등을 악화시키며 부부 간의 대립을 더 심하게 만든다. 당신 부부가 이미 이런 의사소통의 덫에 빠져 있다면 거기서 나오는 방법을 가르쳐 줄 것이다.

이혼의 전조

시애틀 워싱턴대학의 심리학 교수인 존 고트맨(John Gottman)은 부부들의 의사소통 패턴을 검토하기 위해서 10년간 200쌍의 부부에 대한 연구를 주도하였다. 그의 목표는 어떤 형태의 의사소통 패턴이 결혼을 파괴시키는지, 그리고 어떤 형태의 의사소통이 결혼을 유지시키는지 알아내는 것이었다. 그가 발견해 낸 것은 깨닫게 하는 바가 컸다. 제1의 이혼의 전조는 '물러나기' 혹은 '담쌓기' 이다.

물러나기/담쌓기

담쌓기는 물러나거나 마음 문을 닫아 버림으로써 갈등 다루기를 거부하는 것이다. 이것은 감정적으로 마음 문을 닫고 말하기를 거절하는 것, 혹은 물리적으로는 떠나 버리는 것이다. 고트맨은 담쌓기는 남편들이 주로 한다는 것을 알아냈다. 또한 아내가 정서적인 책임을 감당하는 것이 규범이 되어 있다는 것도 발견하였다. 대개 화해하고 해결해야 할 곤란한 문제를 꺼내는 사람은 아내이고, 만족스럽게 해결되든지 혹은 '소리 지르기 시합' 으로 끝나든지 간에 그 논의를 끝까지 고집하는 사람도 아내이다. 이런 것이 갈등을 협상 테이블에 가져오기 싫어하는 남편에게는 성가신 것이 될 수 있다. 남자들은 큰 논쟁거리가 될 위험을 감수하기보다는 모르는 체 하거나 어느 정도 포기한 채 살려는 경향이 농후하다. 아내가 갈등 문제를 꺼내면 남편은 피하거나 그것을 과소평가하여 별 문제가 아니라는 듯 다룬다. 자기의 관심사가 무시되어 화가 난 아내는 쫓아가는 자의 역할을 하게 된다. 아내는 문제를 극대화시키고 비판적이 되며, 남편에게 심각한 문제가 존재한다는 것을 알리기 위해 무엇이 문제인지를 장황하게 되풀이 설명한다. 이제 제2의 전조, '비판'을 보게 된다.

비판

남자가 갈등을 피하려고 하면 여자는 문제를 과소평가한다며 남자를 비판한다. 아내는 상황이 바뀌기를 원하기 때문에 어려운 주제를 꺼내는데 대개 배우자에게 잔소리를 하는 식으로 표현한다. 그러면 압박 받는 느낌을 가진 남자는 더욱더 뒤로 물러선다. 기성품처럼 똑같은 쫓아가는 자/거리 두는 자의 관계가 만들어진다. 수많은 부부들처럼, 이들도 한 쪽이 다른 한 쪽을 잡아먹으려고 쫓아가는 '부부 팩맨 게임'을 하고 있다. 그리고 이런 패턴이 형성된 것에 대해 서로를 원망한다.

기분이 상한 아내는 투덜대고 잔소리하며 비판한다. "왜 안 그래요? 왜 못 해요? 당신은 한 번도…. 도대체 왜 그래요?" 안타깝게도 아내는 이렇게 해도 목적을 달성하지 못하는데, 그 이유는 이런 식으로 몰아붙이면 남편이 회피하는 반응, 즉 제3의 전조인 '방어'라는 것을 만들기 때문이다.

방어

쫓아가는 자(대개는 아내)가 과민 반응을 보이며 결혼 생활에서 잘못된 점을 반복하여 읊조리게 되면, 그 비판 때문에 남편은 스스

로를 방어하게 된다. 그는 자신을 방어하고 싶은 자연적인 욕구로
불탄다. 아내가 세세한 것들을 과장해서 퍼부으면 퍼부을수록 남편
은 더욱더 방어적이 된다. 그는 변명을 하고, 아내에게 죄를 뒤집어
씌우며, 자신만의 비판을 개발한다. "당신 때문에 내가 이것밖에 못
하는 거야."

잠언은 다음과 같이 말한다.

자기 집을 해롭게 하는 자의 소득은 바람이라 미련한 자는 마음이 지혜로운
자의 종이 되리라(잠 11:29)

미련한 자는 분노를 당장에 나타내거니와 슬기로운 자는 수욕을 참느니라(잠
12:16)

입을 지키는 자는 그 생명을 보전하나 입술을 크게 벌리는 자에게는 멸망이
오느니라(잠 13:3)

무릇 지혜로운 여인은 그 집을 세우되 미련한 여인은 자기 손으로 그것을 허
느니라(잠 14:1)

비판은 비판을 낳고 방어는 방어를 낳는다. 이런 일이 일어나면
아무도 자기 말을 들어 주지 않는다. 두 사람 다 상처를 입었고 이런
상처를 치유하려고 하였던 시도가 성공하지 못하였기 때문에, 각 사
람은 상대방에 대해서 원망하며 용서하지 못하는 마음을 가진다. 이
제 그들의 영혼은 더 이상 보호받는다는 느낌이나 안전하다는 느낌
을 갖지 못한다. 이들의 욕구는 한때 그랬던 것처럼 충족되지 못하

고 있는 것이다. 이제 마지막 전조인 '경멸'로 가게 된다.

경멸

하나의 충격적인 발언을 만회하기 위해서는 20개의 긍정적인 발언이 필요하다는 점에서 보면, 이렇게 비판/방어를 하게 된 부부들은 나락으로 빠르게 떨어지고 있는 셈이다. 심지어 어떤 이들은 떠나기도 한다. 외도를 하거나 TV나 일, 자녀에게 몰두하는 등 문자적으로나 정서적으로 상대방을 떠난다. 어떤 것이든 정서적으로 이혼한 것이다. 이런 행동 패턴의 고통은 경멸을 낳는다. 한때 충만하였던 열정과 에너지는 모두 적개심으로 끓어오르는 잿불이 되고 말았다. 이러한 분노는 단순한 냉담('상관 안 해.' '내 일이나 할거야.' '내 욕구나 채워야지.')에서 전적인 미움('그/그녀)를 용서할 수 없고 다시는 믿을 수 없어.')으로 옮겨갈 수 있다. 이런 씁쓸함과 원망으로 인해 부부는 부정적인 감정에 압도된다. 그 결과 이들은 결혼 생활에서 긍정적인 어떤 것도 얻을 수 없게 된다.

잭과 켈리의 이야기 · · · · ·

잭과 켈리가 바로 그런 부부였는데, 이혼 서류를 제출하기 전에 최후의 수단으로 상담소에 왔다. 켈리는 잭이 결혼한 후 해 온 일로 인해 그를 미워한다는 이야기로 말문을 열었다.

"잭은 지난 10년 동안 직업이 불안정하여 가족들을 어렵게 했고, 벤처인지 뭔지를 몇 번 하다가 집을 날렸고, 지금 하고 있는 사업으로도 돈을 벌지 못하고 있어요. 화를 잘 내는 성질 때문에 늘 내 급소를 찔렀지요. 그렇지만 결정타를 맞은 건 직장에서 어떤 여자와 잠깐 바람을 피웠다는 말을 했을 때였어요."라고 그녀는 말하였다.

"내 외도는 끝났다고 켈리한테 계속 말했어요. 그건 내 어리석은 실수였고 다시는 그렇게 하지 않을 거라고 말이죠." 잭은 응수하였다. "아내는 과거를 과거로 두지 못해요. 언제나 모든 것을 파헤쳐 내고서는 내 얼굴에 팽개치죠."

우리는 쫓는 자/거리를 두는 자의 양자 관계가 작동하고 있다는 것을 알 수 있었다. 켈리는 울고, 화내고, 소리 지르며, 문제를 과장하곤 하였다. 반면에 잭은 방어하며 자기 잘못을 최소화하였다. 결국 파괴적인 싸움으로 끝나는 악순환이 생겨났다. 둘 다 패배감에 젖는 동안에 켈리는 떠나 버리고 싶은 생각이 들기 시작하였다. 불안한 마음이 냉담으로 바뀌고, 결국 잭을 미워하고 경멸하게 되었다.

불행하게도 우리는 잭과 켈리 같은 부부를 많이 본다. 상상할 수 있는 바대로 이들은 함께 작업하기 매우 힘든 사람들이다. 우리는 때때로 이들이 좀더 빨리 찾아 왔다면 이만큼 힘들지는 않을 것이라고 생각한다. 우리는 이런 부부들의 결혼 생활을 치료하려고 노력하지만, 결국 아무런 소용이 없는 결과를 맞는 많은 치료자들 중 하나가 되어 버리기도 한다. 우리의 첫번째 과제는 변화에 대한 이들의 저항을 이겨 내는 것이었다.

변화에 대한 잭과 켈리의 저항 · · · · ·

앞장에서 우리는 부부가 더 깊이 파기 연습을 함으로써 자기들을 파괴하는 것이 무엇이며 왜 그런지를 알아 가는 과정을 보여 주었다. 우리는 이것을 잭과 켈리와도 나누었는데, 이들은 너무나 화가 나서 분노의 뿌리가 결코 상대방이 아니라는 사실을 듣고 싶어 하지 않았다.

"깊이 판다니 무슨 말이에요?" 켈리는 날카롭게 소리 질렀다. "지금까지보다 더 깊게 파 볼 필요도 없지요. 선생님은 제 분노의 뿌리가 뭔지 알고 싶으세요? 그건 잭이에요! 이 모든 분노의 원인이죠. 이건 전부 그의 잘못이에요. 더 이상 파 들어갈 필요가 없어요!"

반면에 잭은 자기 나름대로의 이론이 있었다. "선생님은 제가 여기서 뭘 다루어야 할지 보고 계시죠? 켈리는 모든 것을 다 내 탓이라고 하죠! 똥차가 주저앉아도 내 잘못이라고 말하죠. 제 분노의 뿌리를 알고 싶으신가요? 바로 그 여자를 지금 보고 계십니다!"

우리는 이들에게 정말 자기들을 파괴시키는 것이 무엇인지, 그리고 그 갈등에 각자가 어떤 역할을 하고 있는지를 볼 수 있도록 '탓하기 게임'을 중지시키는 것은 매우 힘들겠다는 것을 알았다. 우리는 그들을 '영혼 치유 워크숍'에 초청하는 일부터 시작하였다. 평소와 같이 이들은 매우 회의적이었다. 마지막 수단으로 우리는 그들의 생활비에 호소해 보았다. 이혼 절차에 들어가는 변호사 비용보다 워크숍 참가비가 더 싸다는 우리의 말에 마지못해 참석하기로 하였다. 게다가 워크숍에 참석하면 적어도 기회가 있다는 것, 그러나 일단 변호사 사무실에 가면 종말을 향해 갈 뿐이라는 것 등도 덧붙였다. 망설이고 저항했지만 아무튼 그들은 워크숍에 나타났다. 우리는 그들에게 자기의 영혼의 상처가 어떤 것인지 깊게 들여다보도록 만들었다. 그 작업의 결과는 다음 단락에서 논의하겠다.

잭과 켈리의 더 깊이 파기 연습 · · · · ·

1단계. 우리는 배우자가 화나게 만드는 행동이 무엇인지부터 물어보았다. 잭은 켈리가 자기의 잘못을 자세하게 마음속에 담아 두고 있다는 것부터 말하였다. 그는 아내가 자기를 결코 용서하지 않을 것이고 자기가 한 일을 잊어버리지도 않을 거라고 생각하였다.

"내가 한 일이 다 옳다고 하는 건 아니에요. 그렇지만 이 여자는 내가 그냥 살게 두지 않을 거예요. 나는 아내가 남은 삶 동안 내가 한 일을 다 갚으라고 할까 봐 두려워요! 이런 식으로는 못 살아요! 아내는 이런 것들을 내가 하는 일마다 사사건건 비판할 구실로 삼죠!"

우리는 잭에게 물었다. "이런 상황을 어떻게 느껴요?" 잭은 잠깐 있다가 대답하였다. "슬프고, 상처받는 느낌이에요. 난 결코 켈리 마음에 들 수 없을 것 같아요."(열등감).

이제는 켈리에게 잭이 화를 돋우는 것이 무엇인지 물어보았다. 그녀는 대답하였다. "남편은 이기적이에요. 그리고 가족보다 자신을 더 신경 쓰지요. 벤처 사업이라고 이것저것 하면서 가족들은 불안한 생활을 하게 만들었고 내가 이 상황에 대해서 어떻게 생각하는지 전혀 개의치 않아요. 나와 가족들은 그를 위해 헌신하였는데 돌아온 거라곤 뺨을 찰싹 맞은 기분뿐이죠."

우리는 켈리에게 물었다. "이런 것을 어떻게 느껴요?" "나는 상처받았어요. 잭에게 내가 아무것도 아니라는 느낌이 들어서 내가 하찮은 존재 같아요. 잭이 나랑 아이들에게 관심을 갖지 않는 것 같아요!"(열등감).

앞 장에서 배운 대로, 분노는 주어진 상황에서 갖는 첫번째 느낌이 아니다. 화 밑에는 당신을 해방시켜 줄 GIFT가 있다. 이 연습의 2단계는 잭과 켈리가 분노 뒤에 무엇이 있는지를 보는 것이었다.

2단계. GIFT 연습. 우리는 그들에게 분노의 뿌리를 확인해 보라고 하였다[화의 뿌리는 죄책감, 열등감, 두려움, 충격(상처 혹은 고통)].

- 잭의 GIFT 연습: 잭은 무시당하는 느낌, 끊임없이 죄가 생각나고 사랑받지 못하는 느낌을 가졌다. 그의 분노의 뿌리는 '열등감' 과 '죄책감' 이었다.
- 켈리의 GIFT 연습: 켈리는 자신이 하찮은 존재라고 느꼈고, 자신의 욕구는 중요하지 않다는 식으로 무시당하는 느낌, 불안전하고, 보호받지 못하고, 관심과 사랑을 받지 못한다는 느낌이 들었다. 화의 뿌리는 '두려움' '상처' '열등감' 이었다.

3단계. 각 사람에게 "이런 느낌을 과거에도 가진 적이 있었나요?"라고 물어보았다.

잭은 자기 과거를 검토하면서 무시당하고 상처받는 느낌을 어머니와 아버지에게서도 가졌던 것을 기억해 냈다. 그는 삼 형제 중 둘째였으며 그의 부모는 아들에게 높은 기대를 가지고 있었다. 그가 중학생 때 성적이 저조해지자 부모는 그를 운동 팀에서 빼내어 저녁 시간 대부분 공부만 하게 하였다. 친구들과 형제들은 여러 팀에서 운동을 하고 있는 동안에 말이다. 운동을 좋아하고 잘 하는 잭은 이것이 너무 힘들었다. 그는 자신을 이해해 주지 못하는 부모에게 분개하였고 이때부터 반항하고 말썽을 피우기 시작하였다. 또한 그 이후 자신이 가치 있는 존재라든가 어떤 일에서 중요한 인물이라고 느껴본 적이 한 번도 없었다. 그는 어른이 되어서도 그리스도인으로서 대부분의 시간을 자신이 가치 있는 존재라는 것을 증명하려고 애쓰면서 보냈다. 이것은 켈리가 그를 깎아내리고 비판할 때 느끼는 것과 똑같은 고통이었다.

켈리는 남동부의 시골 농가에서 자라났다. 그녀는 다섯 남매 중 맏이였다.

그녀의 부모는 농부였고 가족은 언제나 돈 때문에 어려움을 겪었다. 그녀는 열한 살부터 돈을 벌기 위해 달걀을 팔고 목화를 따기 시작하였다. 일생 동안 그녀는 어렵게 살게 될지 모른다는 깊은 두려움을 가지고 지냈다. 잭이 돈을 벌 야심을 품을 때 그녀는 똑같은 두려움을 다시 느꼈다. 그녀가 이 두려움을 말하면 잭은 그것을 하찮게 여기고 무시해 버렸다. 그녀는 어려운 시절 가족들을 돌보는 책임을 짊어져야 했던 어린 소녀가 느꼈던 상처를 잭에게서 똑같이 느꼈다.

켈리는 자신의 아버지를 사랑이 많은 분이라고 묘사하였지만, 아주 어려운 시기에는 아버지는 냉정을 잃고 그녀에게 형제들을 조용히 시키라고 명령했다. 자신이 TV를 보거나 잠자리에 들 수 있도록 말이다.

이런 고통의 느낌과 과중한 책임감은 잭이 (그녀의 표현으로) 고약하게 성질을 내고, 별난 벤처 사업에 성공하려면 그녀의 도움과 지지가 필요하다고 말할 때 느끼는 바로 그 기분이었다.

이 연습의 1단계와 2단계를 마치고 나서 켈리는 가족을 돌보지 않는 무감각하고 성난 어른 잭은 보이지 않았다. 그 대신 가족의 사랑과 인정을 받지 못한다고 느끼는 어린 소년이 보였다. 잭은 비판적이고 통제적인 어른 켈리가 보이지 않았고, 앞날을 걱정하고 살아갈 돈이 없을까봐 두려워하는 상처 입은 어린 소녀가 보였다. 이들은 서로에게서 상처 입은 아이의 얼굴을 보기 시작하였다.

**4단계. 각 사람에게 "이런 식으로 느낄 때 어떻게 행동합니까?"
라고 물어보았다.**

잭은 "아무 일도 제대로 못한다는 열등감을 느낄 때, 나는 수동 공격을 하거나 혹은 화를 내고 흥분해요."라고 대답하였다.

켈리는 "앞날이 두려울 때 나는 모든 것을 통제하고 정리하려고 애쓰지요. 잔소리하거나 불평하면서 그렇게 해요."라고 대답하였다.

잭이 하는 일은 켈리를 화나게 하는 행동이고, 그녀의 잔소리와 통제적인 행동을 더욱 악화시키기만 한다는 것이 분명했다. 켈리의 잔소리하고 통제하는 반응은 잭을 나락으로 내몰고, 거기서 잭은 훨씬 더 수동 공격적이 되거나 (예를 들어 바람 피우기) 혹은 켈리에게 화를 내고 격분할 가능성이 많다. 이 것은 부정적인 악순환을 부추긴다. 과민 반응의 원리는 이제 완전히 작동하고 있는 것이다. 이들은 서로에게 깊은 상처를 주는 충격 진술을 하고 있었다. 여기서 기억할 것은 우리는 자신을 격분시키는 문제를 가지고 있을 만한 상대를 무의식적으로 고르는 경향이 있다는 점이다. 이 부부가 왜 서로를 좋은 짝이 아니라고 생각하는지 그 이유를 알아내기란 쉽다. 또한 왜 포기하고 싶어지는지 그 이유도 알기 쉽다.

5단계. 마침내 우리는 물었다. "정말로 원하시는 게 뭐죠?"

잭은 인정받고 확인받고 싶은 평생에 걸친 욕구가 있다는 것을 알아차렸다. 결국 자신이 괜찮은 사람이라고 느끼고 싶었던 것이다. 그의 단기적인 욕구는 켈리가 '그에게 기회를 주는 것' 즉 그를 용서하고 다시 신뢰하려고 노력하는 것이었다.

켈리는 잭에게서 부양받는 느낌과 보호받는 느낌을 받기 원하였다. 그녀는 잭이 그녀에게 화내지 않는 것을 원하였다. 그녀는 남편이 자신을 소중히 여기고 사랑한다는 것을 느끼기 원하였다. 또한 그가 언제나 한 여자에게 충실하길 원하였다.

많은 사람들이 켈리처럼 "잭이 화내지 않았으면 좋겠다."고 하는 식의 부정적인 표현으로 욕구를 열거한다는 것에 유념해야 한다. 우리는 내담자들에게 긍정적인 표현으로 욕구를 말하라고 하는데, 인간의 행동을 동기화시키는 데에는 긍정적인 표현이 더욱 효과가 있기 때문이다. 우리는 켈리가 "잭이 나

를 사랑하고 소중히 여기고, 그것에 알맞게 행동하는 것을 원한다."고 말하도
록 격려하였다.

부정적이 아닌 긍정적으로 동기부여를 하는 것이 행동 수정이나
동기 부여 이론에서 매우 효과적이라는 사실이 증명되었다. 코치가
투수에게 "네가 뭘 하든, 몸 쪽 빠른 공은 던지지 마라."고 하는 말
을 들어본 적이 있는가? 그 말을 듣고 투수가 어떻게 할 것 같은가?
그렇다! 여태까지 투구하였던 것 중에서 가장 빠른 '몸 쪽 빠른 공'
을 던질 것이다. 부부들은 상대방이 좀 더 잘 하도록 동기를 부여하
려면, 부정적이 아니라 긍정적으로 요구 사항을 말해야 한다는 것을
기억해야 한다.

이제 이들 부부는 상대방이 무엇을 원하고 왜 그런지를 알게 되
었다. 이제 실제 행동을 변화시키기 위해서 특별히 고안된 '행동 변
화 요구 연습'을 할 준비가 되었다(이것은 제10장에서 더 설명할 것
이다). 그렇지만 앞의 연습을 통해서 통찰을 얻었더라도 아직도 길
이 막혀 있었다. 그들은 아직도 상대를 적군 진영에서 보았다. 우리
는 서로 대화를 잘 나누고 결국 용서할 수 있게 하는 득별한 도구가
필요하다는 것을 알았다. 매우 어두운 곳을 여행하고 있는 부부들을
위해 특별히 고안된 것이어야 하였다. 그래서 우리는 머리를 모아
'용서 경험'을 개발하였다.

연습 7: 용서 연습

이 연습은 지난 20년간 배워 온 몇 가지 전제에 기초한 것이다. 첫째는 AA(익명의 알코올 중독자 모임)에서 온 것이다. 우리는 그들의 4단계와 5단계를 따왔는데, 저지른 잘못의 목록을 작성하고 그것을 수정하는 과정을 시작하는 것이다. 우리는 이것을 채택하여 배우자에 대해서 용서할 수 없을 것같이 보이는 행동의 목록을 포함하였다. 이것의 목적은 단번(유일하고 최종적이라는 의미에서 '영단번'이라고도 한다—편집자 주)에 과거 상처를 청산하고 부부들이 치유를 향하여 움직이도록 하는 것이다.

용서 연습의 둘째 전제는 '그릇(container)'이라고 부르는 연습에 기초한 것인데, 이것은 하빌 헨드릭스의 이마고 관계 이론의 일부이다. 그는 부부들이 안전하고 건설적인 환경에서 서로에게 분노와 원망을 표현하도록 하는 데에 이 도구를 사용한다. 한 배우자가 과거 상처에 대해서 분노를 표현하고 상대방은 그 격분에 대한 '그릇'의 역할을 한다. 듣는 사람은 반응하지 않고, 분노가 밀려올 때 '심리적 갑옷'을 입고 조용히 집중한 채 가만히 있는다. 이렇게 함으로써 배우자가 하는 말을 진정으로 들을 수 있다. 이런 연습을 하는 이유가 두 가지 있다. (1) 당신에게 상처 준 것이 무엇인지 말하고, 거기에 타당한 분노를 부여하는 것 (2) 물이 '다리 밑으로 흘러가도록' 하는 것, 다시 말해서 분노가 표현되고 해결되어서 과거사를 과거에 두고, 과거 상처에 방해받지 않고, 관계에 있어서 앞으로 전진하도록 하는 것이다.

용서 연습의 마지막 전제는 신학자이자 교수인 루이스 스미즈(Lewis Smedes)의 용서에 대한 저서에 기초한 것이다. 그의 책 『용서하고 잊어버려라』(*Forgive and Forget*)에서 스미즈는 진정한 용서가 이루어지고 신뢰가 다시 구축되기 위해서는 몇 가지 일이 일어나야 한다고 말한다. 한 가지는 용서를 구하는 사람은 상대방에게 가하였던 고통을 진정으로 느껴야 한다는 것이다. 용서를 요청하는 배우자는 피해자에게 기꺼이 공감해야 한다. 이는 쉽지 않은 일인데, 가해자가 느끼고 싶지 않은 모든 죄책감을 꺼내 놓기 때문이다.

잭과 켈리의 경우에서도 이것은 아주 힘든 과정이었다. 둘 다 이 연습을 하는 데 굉장한 저항감을 가지고 있었지만, 이것이 마지막 희망이라고 생각하였다. 켈리가 먼저 표현하기로 하였다. 잭에게 그에 대한 고통스런 기억을 말하기 시작할 때 그의 반응은 공감적으로 '심리적 갑옷'을 입고 그녀의 '신발'을 신는 것이었다. 그는 아내가 이러한 불의를 경험할 때 어떻게 느꼈는지를 느낄 준비가 되었다. 잭과 켈리가 이 과정을 해 나가는 것을 돕기 위해서 상당히 많은 기도가 필요하였다.

상대방에게 가한 고통을 느끼는 것만이 중요한 것이 아니라, 그 영향을 자기 입으로 진술해야 한다. 잭의 일은 아내의 고통을 이해하기 위해 최선을 다해 노력하고 있다는 것을 켈리에게 보여 주는 공감의 진술을 하는 것이었다. 이렇게 함으로써 그는 두 사람이 코이노니아를 경험하도록 만들었다. 그들은 서로의 이야기를 듣기 시작하였고 상대방의 고통을 마치 자신에게 일어난 일인 것처럼, 자신의 것인 양 느꼈다.

잭은 공감적 진술을 한 후에 행동을 변화시키겠다는 헌신의 진술을 하였다. 이 진술은 맹렬한 부부 싸움 후에 하는 또 하나의 공허한 약속이 아니다. 이 진술은 자신의 모든 영혼의 힘을 걸고 하는 것이다. 이 시점에서 잭은 완벽하게 변화할 것임을 보장하지는 못하지만, 영혼을 다할 것임은 보장할 수 있었다. 마음과 영혼을 다해 하는 약속은 신성한 언약이요, 가볍게 받을 수 없는 것이다.

그것만으로는 부족하다. 개심에 대한 마지막 진술을 해야 한다. 가해자, 즉 청자는 화자에게 묻는다. "나를 용서해 주겠소?" 화자는—우리가 바라기는-가해 배우자에게 사면을 허락한다. 용서는 상처 입은 자에게서 강제로 탈취하는 것이 아니다. 이 시점에서 화자가 용서를 할 수 없다면, 용서의 과정을 밟겠다는 약속이라도 한다.

우리는 그리스도인들이 서로 상처를 주고 너무 빨리 용서를 구하는 것을 자주 본다. 용서를 바라는 사람은 후회하는 빛이 거의 없고, 상처를 준 자는 온 마음과 영혼에서가 아니라 죄책감이나 의무감에서 용서를 신청한다. 스미즈는 이것을 '통전성이 없는 용서'라고 부른다. 통전성을 가지고 용서하기 위해서는 양편 모두 철저하게 죄를 숙고하고, 그 죄에 상당한 정서적·도덕적 에너지를 부여해야 한다. 용서의 목적은 요청하는 자를 용서하기 위한 것일 뿐 아니라 피해자의 영혼을 해방시키기 위한 것이다. 용서하지 않으면 영혼이 독에 물든다. 가해자에게 은혜와 사면을 내리면 영혼이 해방된다. 그렇지만 이것은 반드시 신성함과 경외심을 가지고 행해져야 하는데, 이런 마음은 오직 하나님의 초자연적인 힘으로부터 올 수 있다. 영혼을 살해하는 어떤 죄들은 하나님의 은혜로만 용서될 수 있다.

우리는 여러분이 용서 연습의 전체를 볼 수 있도록, 이 연습의 구체적인 단계를 통과해 보려고 한다.

1. 결혼 생활에 있어서 주요 상처(영혼의 상처)와 원망의 목록을 작성한다.
2. 그 목록을 배우자와 나눈다. 청자는 배우자의 격노를 담는 '그릇'이 되어야 한다. 화자는 그에 마땅한 분노를 부여해야 한다.
3. 청자/가해자는 화자의 고통을 공감과 코이노니아를 가지고 느낀다.
4. 청자는 공감적인 진술을 한다.
5. 청자는 "나를 용서해 주시겠어요?"라고 묻는다.
6. 화자는 (가능한 한) 기도하는 마음으로 용서를 수여한다.

7. 청자는 마음과 영혼의 의도를 가지고 앞으로 변화하겠다는 약속을
   한다. 구체적인 변화를 언급한다.
8. 화자는 감사 혹은 이해로 응답한다.

이 8단계는 부부가 밟을 가장 어려운 단계가 될 것이다. 우리는 부부
가 이것을 성취하기 위해 노력한다면 영혼을 위축시켰던 쓰라림과 경멸
을 정말로 치유할 수 있다는 것을 발견하였다.

부부가 영혼의 가장 깊은 곳에 있는 생각을 나눌 때 함께 하는 것은
매우 거룩한 일이다. 결혼 생활 안에서 이런 치유의 촉매자 역할을 하는
것은 경외롭고 경건한 일이다. 우리는 잭과 켈리가 우리와 함께 용서 연
습을 할 때 그러한 경건함을 느꼈다.

잭과 켈리의 용서 연습 • • • • •

켈리는 잭으로 인해 지난 10년의 결혼 생활 동안 이사를 다섯 번이나 하고
직업도 그만큼 자주 바꿀 때마다 느꼈던 두려움과 고통에 대해 말문을 열었
다. "나는 안전하고 보호받는다든가 당신의 사랑을 받는다는 느낌을 가져 보
지 못하였어요. 나는 당신이 도산하여 우리 식구가 길에 나앉으면 어떡하나
하는 두려움으로 살았어요. 당신은 우리 논으로 너무 많은 위험을 무릅썼어
요. 특히 아이들이 태어났을 때 말이에요." 켈리는 펑펑 울기 시작하였다. 그
녀는 그것에 합당한 분노와 감정을 부여하고 있었다. "나를 고통스럽게 하는
것이 무엇인지 말하면 당신은 화를 내고 소리 지르거나 뾰로통해져서 떠나곤
하였죠. 당신에게 내가 어떻게 느끼는지 말할 수가 없었어요. 청구서를 지불
하고 저축을 해야 한다는 책임감을 느꼈을 뿐 아니라, 당신의 생각에 반대하
면 당신은 나에게 불같이 화를 내거나 나를 상대도 안 해 줌으로써 나를 고통

스럽게 하였지요. 그래서 당신이 미워요." 켈리는 이제 매우 심하게 울었다. 잭은 '그릇'으로서의 일을 하는 중에도 몇 번 가로막고 방어하려고 하였다. 우리는 침착하게 '심리적 갑옷'을 입고 듣기만 하라고 격려하였다.

켈리는 계속 이야기하였다. "마지막 치명타는 당신이 직장에서 그 음탕한 여자와 바람이 난 거였죠. 당신이 그런 짓을 하다니 정말 말도 안 돼요. 나는 당신이 여러 가지 일을 저질렀어도 그렇게 치사한 짓을 할 줄은 몰랐어요! 어떻게 나한테 이럴 수 있어요? 어떻게 신뢰를 깨뜨릴 수 있어요? 나는 너무 화가 나고 상처를 받아서 소리 지를 수밖에 없어요!" 켈리의 목소리는 이제는 울먹이는 것이 아니라 분노에 차 있었다.

그녀는 잠시 쉬었다가 잭에 대한 감정을 농장에서 자라나면서 부모에게 느꼈던 감정과 연결시켰다. "난 지금 어렸을 때 집에 돈을 보태기 위해 달걀을 팔아야 했을 때와 똑같은 감정을 느껴요. 모든 게 나한테 달려 있는 지금처럼 똑같이 그때도 그랬어요." 이 시점에서 켈리는 영혼에서부터 올라오는 울음을 터트렸다. "나는 어렸을 때 완전히 혼자라고 느꼈어요. 식구들을 먹여 살려야 하는 너무나 큰 짐을 지고 있었어요. 나는 이런 느낌이 너무 싫어요. 나는 당신이 나한테 도움이 되길 원해서 결혼하였어요. 더 이상 당신에게 이런 식의 감정을 느끼기가 싫어요." 그때 흥미 있는 일이 벌어졌다. 그녀가 안도의 한숨을 크게 쉬었던 것이다. 그녀의 표정만 보아도 기분이 가뿐해진 것을 알 수 있었다.

이는 이런 연습을 할 때 화자에게 흔히 나타나는 현상이다. 처해 있는 상황에 상당하는 분노를 부여하고 나면 영혼이 자유로워진다. 화자는 영혼이 가벼워지는 자연스러운 느낌을 체험하는데, 대개 한숨이나 미소 심지어 웃음까지 동반한다. 이제는 잭의 차례였다. 아내의 느낌과 연결하고 있다는 공감 진술을 해야 하였다.

"켈리, 지난 세월 내내 정말 두려웠겠어. 당신 마음이 그렇다는 것을 전혀 상상도 못했어. 난 당신에게 상처 줄 생각이 아니었어. 고의적으로 한 게 아니야. 나는 정말로 당신에게 상처 주려고 하지 않았어. … 정말 미안해 … [긴 침묵] … 나를 마음에서부터 용서해 줄 수 있겠어? 날 용서해 줄래?" (잠시 침묵이 흐르고 켈리는 잭이 조용히 울고 있는 것을 볼 수 있었다.)

"잭, 모든 걸 용서할 수 있다고는 말하지 못하겠어요. 당신이 외도를 한 것…. 그건 정말 힘들어요. 하나님의 도우심으로 당신을 용서하려고 노력하겠다고는 말할 수 있어요. 그렇지만 당신도 노력해야 해요. 당신도 그런 짓 다시는 하면 안 돼요."

"안 할 거야." 잭은 말하였다. 그리고 다음에 무슨 말을 해야 할지 우리를 보았다. 우리는 앞으로 행동 변화를 시작하겠다는 헌신의 말을 하라고 부드럽게 지시하였다. "켈리, 내가 왜 그런 일을 하였는지 알아내기 위해서 뭐든지 할게. 내 성질을 다스리기 위해 정말 열심히 노력할 거야. 여기 선생님들이 날 도와주실 거고…. 당신과 아이들에게 잘 하고 싶어. 다시는 바람을 피우지 않을 거야. 절대로…. 절대로!"(잭은 흐느끼면서 말하였다.)

하나님의 놀라운 치유력이 엄습하는 시점이 이때다. 치료사인 우리가 거룩한 땅을 밟고 있다고 느끼는 시점이기도 하다. 잭이 고뇌에 차서 울고 있을 때 화가 나고 상처 입은 아내, 남편이 원수 같고 정말로 경멸한다고 말했던 켈리는 손을 뻗어 남편의 손을 부드럽게 잡았다. 이것이 화해의 시작이었다. 서로의 눈을 들여다보고 울기 시작하였으며 그 순간 서로에 대한 좋은 감정을 느끼며 포옹하였다. 이때는 부부를 위한 너무도 신성한 시간이기 때문에, 우리는 하나님의 치유 능력이 그들을 온전히 덮도록 방에서 나온다. 치료사로서 이런 장면을 수없이 보았어도 우리는 또 여전히 이 부부와 같이 울고 있었다.

이 연습이 잭과 켈리에게 진정한 돌파구가 되었다. 이것이 모든 문제를 해결해 주지는 못하였지만, 치유를 향하는 길로 방향을 틀어 주었다. 이들은 우정을 다시 구축하였고, 서로에 대한 신뢰를 구축하였고, 이제 영혼의 치유자가 되기 위해 매우 열심히 노력하고 있다. 그렇지만 이렇게 하기 위해서는 역기능적 행동을 변화시켜야 한다. 다음 장에서는 영혼의 치유 배우자가 되는 전략적인 부분인 행동 변화에 대해 다룰 것이다.

제 10 장

아무것도 변화시키지 않으면
아무것도 변하지 않는다

치료사에게 가장 힘든 일은 아마 행동 변화를 촉진하는 일일 것이다. 대부분의 부부들은 잭과 켈리와 같은 변화 과정을 겪는다. 이들은 부부 갈등이라는 보도 블록의 똑같은 구멍에 빠져서는 밖으로 나오는 데 곤란을 겪는다. 부부들이 왜 어떤 행동을 하게 되는지에 대해 통찰을 얻는 것은 아주 유용할 수 있다. 그렇지만 역기능적인 행동이 변화되지 않는다면 이 통찰은 아무 소용이 없을 것이다. 결국 치료에서 요망되는 것은 변화가 아니고 무엇이겠는가? 변화야말로 치료의 핵심이다. 부부들은 무엇이 달라질 것인지를 알고 싶어 한다. 이들은 건강하지 못한 행동 패턴이 어떻게 변화될 것인가를 묻는다.

무엇이 수정되길 바랄까? 그렇지만 변화란 이들에게 매우 힘든 것일 수 있다. 이 장에서는 부부들이 변화 과정에 저항하는 것을 검토하고, 그 저항에 대해서 무엇을 할 수 있을지 알아보겠다.

부부들은 대개 체계가 변화하지 않을지도 모른다는 두려움에 가득 찬 상태로 상담을 받는다. 이런 마음 때문에 변화 과정에 저항할 뿐 아니라 어떠한 관계 수정에 대해서도 태만한 태도를 보인다. 어떤 경우에는 한 배우자가 변화를 시도해도 다른 배우자는 전혀 눈치 채지 못할 때도 있다. 두려움 때문에 눈이 멀어 배우자가 치유를 향해 시도하는 것을 보지 못하는 것이다. 많은 배우자들은 “내 배우자가 변하고 나면 나도 변할 거예요.”라고 말한다. 어느 한 쪽에서 선의의 제스처를 할 때까지는 상처받거나 모험하기를 싫어한다. 이들은 치유를 향하여 작업하기보다는 변화 과정에 저항하는 데에 상당한 시간과 에너지를 써 버린다. 그리고 다음과 같은 말을 자주 한다.

남편은 지난 30년 동안 이랬어요. 결코 달라지지 않을 거예요.

변화는 모두 내가 해야 될 걸요.

내가 변해도 아내는 전혀 눈치도 못 챌 걸요.

선생님은 고리타분한 남편에게 새로운 요령을 가르칠 수 없으세요. 이이는 자기 마음대로만 한다구요.

내가 배우자에게 변화하라고 요청할 때마다 돈을 받았으면 지금쯤 큰 부자가 되었을 거예요.

아내는 잠깐은 변화할지 모르지만 다시 옛 버릇으로 돌아갈 거예요.

이들은 두려움과 고통에 잠겨 있는데, 그것은 체계는 변화하지 않을 것이라는 두려움과 삶이나 결혼 생활에서 받은 영혼의 상처에서 나온 고통이다. 어떤 이들은 배우자를 위해 그리고 결혼 생활을 위해 기도하던 것을 중단하기도 하였다. 우리는 이들과 같은 부부들이 온갖 수준의 절망 상태에서 찾아오는 것을 본다. 진저리나는 좌절감에서부터 정서적으로 이혼한 상태인 냉담함까지 말이다. 우리의 목표는 변화를 가져오는 것이지만 우선 우리가 해야 할 일은 부부의 믿음을 재구축하는 것이다.

변화의 자원으로서의 믿음

그리스도인 부부들은 전능하신 하나님이라는 무한한 자원을 당장 이용할 수 있는데도 두려움에 싸이게 되면 그것을 잊어버리는 것 같다. 두려움과 고통으로 인해 하나님의 치유력이 영혼에 도달하지 못한다. 고되고 지리한 일상생활과 힘든 결혼 생활 때문에 하나님은 시야에서 사라지고 만다. 이런 부부들은 결혼 생활이 변하길 간절하게 바라지만 똑같은 역기능적 행동을 반복한다. 작가이자 이마고 치료의 훈련자인 페트리시아 러브는 "아무것도 변화시키지 않으면 아무것도 변하지 않는다"는 말을 곧잘 하였다(주 1). 이 말은 존 브래드쇼(John Bradshaw)가 정신 이상에 대해 내린 정의를 연상시킨다. "정신 이상이란 같은 일을 계속 반복하면서도 다른 결과가 나오기를 기대하는 것이다."(주 2). 이것이 사실상 대부분의 부부들이 하고 있는 일이다. 똑같은 건강하지 못한 패턴을 자꾸 반복하면서도 상황이 달라지길 기대하는 것이다. 이런 부부들은 결혼 생활에서 행동 변화가 일어나도록 하나님의 초자연적인 치유 능력에 믿음을 적용해야 한다. 또한 자신의 행동을 살펴보아야 하고 그 행동이 효과가 없으면 변화시켜야 한다!

변화에 대한 저항

부부들이 이렇게 하기 위해서는 장벽 혹은 저항을 극복해야 한다. 동기 부여에 관한 전문 강사 데니스 웨이틀리(Denis Waitley)는 두 가지 기본 동기 유발 요소가 있는데 그것은 두려움과 욕구라고 했다. 이러한 감정은 사람들이 변화하도록 동기를 준다. 어려움을 겪는 부부들은 변하려는 욕구가 있다는 것을 알 수 있다. 그렇지 않으면 상담을 받으러 오지 않았을 것이다. 이들이 욕구대로 행동하지 않는 단 한 가지 이유가 남는데, 그것은 두려움이 너무 크다는 것이다.

변화를 가져오려면 우리는 두려움이 왜 있는지 그 이유를 발견해서 내쫓아야 한다. 이런 두려움은 몇 가지 형태로 나타나는데, 그 모든 것이 변화 과정에 저항을 유발한다. 우리는 부부들이 변화에 저항하는 몇 가지 이유를 제시함으로써, 하나님의 치유 능력으로 건강해지려는 것에 대한 저항을 어떻게 극복할 수 있는지 보여 줄 것이다.

상처

우리가 만나 본 많은 부부들은 영혼의 반려자로서 살고 싶다고 말한다. 이들은 남편과 아내 사이의 친밀함에 대해, 하나님께서 세우신 계획에 대해 설교도 듣고 주일학교 강의도 듣는다. 그렇지만 삶에서 이런 열매를 맺지 못할 것 같아 좌절하는 것이다. 이들의 저항은 대개 과거에 경험한 상처와 고통에 그 뿌리가 있다. 이들은 너무 큰 상처를 입었기 때문에 배우자와 친구가 되는 것을 상상하지도 못한다. 하물며 영혼의 반려가 되는 것은 말할 것도 없다. 영혼의 치유자가 되기를 노력하려고 한다면 자신의 상처를 치유하는 것은 필수적인 일이다.

미지에 대한 두려움

부부 관계가 건강한 경우에도 변화에 저항하는데, 그 이유는 그것이 미지의 것이기 때문이다. 익숙한 것이 경험해 보지 못한 것보다 좋아 보인다. 출애굽기는 자유를 가져다 줄 변화를 무릅쓰기보다는 포로 생활에 안주하려고 한 이스라엘 자손들의 역사적인 예를 잘 보여 준다. 미지에 대한 두려움 때문에 하나님의 축복 받기를 주저하는 것이다. 두려움에 찬 부부들은 이 예에서 교훈을 얻을 수 있을 것이다.

행복해지는 것이 거북하거나 행복할 자격이 없다는 느낌

때로 변화에 대한 저항은 행복할 자격이 없다는 무의식적인 느낌으로 거슬러 올라갈 수도 있다. 어린 시절에 욕구가 충족되지 못하였거나 부모의 불행한 결혼 생활을 보았다면, 무의식적으로 성취나 행복을 가져서는 안 되는 것처럼 느낄 수 있다. 이것은 드러나는 느낌은 아니지만 결혼 생활의 만족을 방해하는 수많은 은밀한 방법을 개발하였을지도 모른다. 행복하게 되면 무의식적으로 죄책감을 느껴서 그것을 파멸시키거나 방해할 방법을 찾아낼지도 모른다.

앞에서 나온 연습들은 이런 영역들을 치료하는 데에 유용하다. 또한 부부들이 저항에서 변화 과정으로 옮겨 갈 수 있도록 동기를 줄 수 있다. 영혼 치유도는 행복한 결혼 생활에 대한 무의식적인 죄책감을 폭로할 수 있으며, 더 깊이 파기 연습은 행동 변화에 저항하게 만드는 패턴을 밝혀 낼 수 있다. 용서 연습은 당신과 배우자가 서로에게 가한 과거의 상처를 치유하여 영혼의 치유자가 되기 위해 필요한 변화를 자유롭게 할 수 있게끔 도움을 줄 수 있다.

다음에 나오는 연습은 문제 행동을 치유하기 위해 특별히 고안된 것이다. 변화 과정에 단순함과 명료함을 가져오도록 고안하여, 변화가 실행 가능한 것임을 알 수 있게 하였다. 하빌 헨드릭스 박사는 이 연습을 '행동 변화 요구'라고 이름 붙였는데, 아주 적절한 이름인 것 같다.

연습 8: 행동 변화 요구 연습

다음과 같이 하는 것이다. 짜증나고 약 오르고 좌절감을 느끼고 화가 나면, 뿌리가 되는 감정을 알아내기 위해 GIFT 연습을 사용할 수 있다. 이것을 하면 욕구가 무엇인지 분명하게 알 수도 있다. 여러분은 앞장에서 사람들이 자기 욕구를 매우 포괄적이고, 일반적으로 정의한다는 것을 눈치 챘을 것이다. "그이가 나를 좀 더 사랑해 주었으면 좋겠어요." 혹은 "아내가 나를 존경해 주었으면 좋겠어요."라는 식의 일반화된 진술을 많이 듣는다. 목표가 부정적인 언어로 표현되지는 않았어도 여전히 너무 포괄적이다. 너무 포괄적이거나 일반화된 목표는 달성하기가 어렵다. 목표가 구체적이면 구체적일수록 달성될 가능성이 높아지는 것이다. 그러므로 부부들은 매우 구체적으로 목표를 말해야 한다. 하빌 헨드릭스는 욕구는 행할 수 있고, 측정할 수 있고, 양을 잴 수 있을 때 충족될 가능성이 많다고 말한다. '행할 수 있다'는 것은 목표가 달성 가능해야 한다는 것, 즉 현실적이어야 한다는 뜻이다. '측정할 수 있다' 는 것은 이 목표를 달성하는 진척 상황이 확인될 수 있어야 한다는 것, 즉 완수된 것을 계량할 수 있어야 한다는 뜻이다. 그리고 '양을 잴 수 있다' 는 것은 행동의 양이나 빈도(다시 말해, 언제, 얼마나 자주)가 정해져야 한다는 것이다. 부부들이 진보 상황을 측정할 수 있는 능력이 있으면 변화 과정에 큰 도움을 받을 수 있다. 이것은 배우자의 진보뿐 아니라 자신의 진보도 보여 준다. 또한 결혼의 치유 과정에 하나님의 손을 볼 수 있게 해 준다. 이 행동 변화 요구 연습은 행동의 목표를 보다 현실적이고 달성 가능하게 만들어 주는 도구를 제공한다.

이 연습을 완수하기 위해서 우선 GIFT 연습에서 확인한 욕구를 진술해야 한다. 행동 변화 요구라고 쓴 종이에 각 욕구를 열거한다. 각 욕구 밑에는 그 욕구를 충족시킬 수 있는 구체적인 행동 세 가지를 쓴다. 예를 들어, 만일 당신이 배우자에 대해 화가 나고 상처를 받는다면 GIFT 연습을 통해 도움과 지지의 욕구를 확인하고, 그 다음 구체적인 행동의 형태로 도움과 지지의 욕구를 열거해야 한다.

✴ 행동 변화 요구

- 욕구:

  가사일의 지지와 도움

- 행동:

  1. 나는 남편이 일주일에 한 번 저녁식사를 준비했으면 좋겠다. 이번 주부터 시작한다.
  2. 나는 남편이 일주일에 두 번 아이들을 목욕시켜 주었으면 좋겠다. 다음 주부터 시작한다.
  3. 나는 남편이 일에 관한 나의 의견을 다 듣고 난 후, 그 문제에 관해 여러 가지를 이야기해 주기를 바란다. 이번 주부터 시작한다.

4. 나는 남편이 적어도 일주일에 한 번은 내 직업 능력을 칭찬해 주었
   으면 좋겠다. 이번 주부터 시작한다.

이 목표들은 현실적이고 측정 가능한 것이다. 빈도는 양을 잴 수 있도록 구체화되어 있다. 시작하는 시간이 명시되어 있어서 배우자가 요구를 시행하는 시기가 언제인지 궁금해서 불안해 할 필요가 없다. 또한 이것은 배우자가 성공한 변화에 대해 공로를 인정하는 수단이 되기도 한다.

배우자가 몇 가지 변화를 하여도, 그 진보를 측정할 수단이 없어서 눈치 채지 못하고 지나가 버리는 수도 많다. 이는 변화하려고 노력한 배우자에게는 참 낙심되는 일이다. 그래서 포기하고 싶은 마음이 들게 할 수도 있다. 행동 변화 요구 연습은 변화 과정에서 어림짐작하는 행동을 제거하며, 실제로 부부 관계를 치유하기 위해서 따라야 할 지도를 제공한다.

그렇지만 내가 왜 요청해야 하나?

행동 변화 요구 연습을 해내는 데 극복해야 할 최대의 장애물은 아마도 이루어진 변화가 피상적이기나, 기짓이기나, 인위적이라는 느낌일 것이다. 많은 사람들이 "만일 누군가가 나를 정말로 사랑한다면 나의 마음을 읽을 수 있을 것이다."라는 통념을 여전히 믿고 있다. 그래서 내가 요청하지 않아도 내 욕구를 알 것이라는 것이다. 치료사로서 우리는 다음과 같은 말을 듣는다.

내가 변화를 한 자 한 자 설명해야 한다면, 그 변화는 마음에서 우러난 것이 아니다.

내가 원하는 것이 무엇인지를 왜 그이한테 말해야 하는가?

그가 나를 정말로 사랑한다면 당연히 알 것이다.

아내는 내가 요청하였기 때문에 이런 변화를 하고 있는 것이다. 아내의 생각이 아니었으니, 진심도 아니다.

내가 원하는 것을 남편에게 요청해야 한다면 그 선물의 특별함은 사라진다.

내 배우자는 치료사가 하라고 하였기 때문에 할 뿐이다.

이 모든 느낌은 변화 과정에서 자연스러운 것이지만 치유를 거부하려는 마음을 극복하려면 이런 느낌들을 정면으로 직면해야 한다. 재닛 워이티츠(Janet Woititz)는 『친밀감을 위한 고투』(*Struggle for Intimacy*)에서 친밀감에 대한 잘못된 믿음들 중에서 흔히 볼 수 있는 것은 "당신이 나를 정말 사랑한다면 내 마음을 읽을 수 있을 것이다."라는 생각이라고 한다. 이런 잘못된 믿음을 갖게 되는 이유가 몇 가지 있다. 그 하나는 우리가 사랑에 빠졌을 때 일어나는 생화학적 반응으로서 PEA 때문이다(제6장 참조). 이런 암페타민의 존재는 실제로 의식 상태를 바꾸어 준다. PEA는 배우자에게 전적으로 파장을 맞추어 결속할 수 있게 도와주기 때문에 '결속 화학 물질'이라고 부르기도 한다. 배우자의 말 한 마디 한 마디에 매달린다. 그가 끝내지 못한 말을 완성한다. 그가 머리가 아파서 머리를 문지르면, 당신은 아스피린 두 알을 가지고 가서 그 곁에 있는다. 배우자가 등 아래쪽을 붙들고 통증으로 주춤하고 있으면, 당신은 등을 쓰다듬어 준다. 당신은 그녀가 좋아하는 꽃을 비밀리에 알아내서는 "오늘이 화요일이기 때문에…"라는 낭만적인 쪽지와 함께 그녀의 현관 앞에 놓아 둔다. 요청하지 않아도 이런 일을 서로 해 준다. 이런 행동들은 배우자가 당신의 마음을 읽을 수 있다는 매우 잘못된 결론을 내리게 만든다. 이것이 바로 배우자를 그토록 사랑하는 이유이다. 요청하지 않아도 욕구가 충족된다는 것은 놀라운 축복이다. 요청하는 것이 잘못이라고 생각하는 가정에서 자라난 경우에 특히 그렇다.

당신은 배우자에게 텔레파시가 있어서 당신의 욕구를 알아차려서 채워 주고 싶어 한다는 망상(혹은 뇌의 화학 작용)에 시달리고 있는 것이다. 그래서 힘겨루기가 시작되고 신혼의 단꿈이 끝나면, 배우자는 당신의 욕구를 알면서도 더 이상 충족시켜 주고 싶은 마음이 없는 것이라고 믿게 된다. 여기에서 배우자에 대한 온갖 동기를 만들어 낸다.

그는 내 욕구를 채워 줄 만큼 충분히 나를 사랑하지 않는 거야.

그녀는 처음 만났을 때 아주 배려하는 척하면서 나를 속인 거야. 그리고는 냉담해졌지.

그 어떤 것도 온전한 진실이 아니다. 그렇지만 이들은 배우자가 놀랄 만한 마음 읽기 능력을 가졌다는 환상과 망상에 흠뻑 젖어 있다. 대부분의 사람이 정신 감응력이나 영력이 강하지 못하다는 것이 사실이다. 운 좋게 어떤 뇌 화학 물질의 도움을 받을 수는 있지만, 마음을 읽을 수는 없는 것이다. 마음 읽기라는 개념은 부부들이 다음과 같은 사실을 기억하기만 하면 평화롭게 내려놓을 수 있다. "욕구가 채워질 가능성은 그것을 '큰 소리로 요청할 수 있는 능력'과 비례한다." 욕구는 요청하는 비율만큼 채워진다는 사실은 관계에 관한 연구 조사를 통해 실증되었다.

그렇지만 욕구가 전혀 없다면?

욕구를 말하기 어려워하는 사람들이 있는데 두 가지 경우에서 비롯된다. 그 하나는 우리가 말하는 것을 '쓸데없는 것'이라고 생각하는 경우이다. 이런 사람들은 대개 좌뇌가 잘 발달해야 할 수 있는 연구 분야에서 일한다. 그래서 이들은 극도로 이성적이고 논리적이며, 감정에 좌우되지 않는다. 이렇기 때문에 그들은 자신을 매우 강하다고 생각하며 영혼의 욕구에 대해서 초점을 두는 경우는 거의 없다. 이런 사람들은 대개 좌뇌 논리를 상당량 요구하는 직업을 택한다. 즉, 엔지니어, 과학자, 화학자, 변호사, 의사 같은 직업이다.

또 하나는 욕구를 표현하지 않도록 교육받았기 때문에 욕구 표현
을 어려워하는 경우이다. 이런 사람들은 대부분 욕구를 표현하는 것
은 잘못되었거나 이기적인 것이라고 가르치는 가정에서 자라났다.
어떤 사람들은 가정에서 자기 욕구가 무시당하거나 인식되지 못하
였기 때문에 더 이상 표현하지 않게 된다. 이런 사람들은 욕구를 가
지고 있으나 부인한다. 관계를 맺을 때 요구하는 일이 거의 없지만
요구하지 않아도 배우자가 알아서 해 줄 것을 기대하는 경향이 있
다. 그래서 부부간 마음 읽기라는 개념이 탄생한다.

대런과 사만다의 이야기 · · · · ·

대런은 외과 의사였다. 그는 다른 사람들의 유익을 위해 자기 욕구는 옆으
로 밀어 두는 데 익숙해 있었다. 거의 잠자지 않은 채 응급실에서 오랜 시간
일하는 것이 그의 생활 방식이었다. 사만다는 지역 잡지의 기자였다. 그녀는
자기 자신과 욕구 등 모든 것을 표현하는 데 익숙했다. 이 부부는 사만다의 제
안으로 상담실에 왔는데, 그녀는 결혼 생활에서 좀 더 많은 것을 원하였고 현
재 상황으로는 행복을 느끼지 못했다. 결혼 생활에서 무엇이 달라지면 좋겠
느냐고 물었더니, 사만다는 분명하게 표현하고 언어를 자유자재로 구사하는
재능이 있기 때문에 여섯 가지를 능변으로 자세히 열거하였다.

1. 대런이 자기 감정을 좀 더 많이 나에게 표현해 주었으면 좋
   겠다.
2. 대런이 내 감정을 좀 더 많이 들어주었으면 좋겠다.

3. 대런이 내 기사를 관심 있게 읽어 주면 좋겠다.

4. 대런이 나와 아이들하고 좀 더 시간을 보내 주었으면 좋겠다.

5. 대런이 영적인 측면을 나와 나누었으면 좋겠고 나의 영적인
   면도 들어주었으면 좋겠다.

6. 대런과 내가 영혼의 반려자가 되어 서로의 내면 세계를 나누
   었으면 좋겠다.

사만다가 자기 욕구를 알아차리고 욕구를 느끼며 그 욕구를 표현
하는 데 어려움이 없다는 것은 명백하였다. 사만다가 자기와 반대되
는 사람, 즉 '사만다가 그토록 많은 욕구를 갖지 않았으면 좋겠다!'
라는 오직 한 가지 욕구만 있는 대런에게 끌렸다는 것은 놀라운 일
이 아니다.

분명히 이들의 관계는 문제가 있었다. 뿌리를 확인하는 작업으
로, 우리는 대런이 자기 부정(self-denial)과 '쓸모없음'으로 보이
는 태도를 어디서 배웠는지 알아보기 위해 대런의 인생을 좀 더 깊
이 들여다보아야 했다.

대런은 사랑이 많은 기독교 가정에서 자라났다. 그의 부모는 '교
회의 기둥'이었다고 한다. 아버지도 역시 외과 의사였고, 오랜 시간
일하셨다. 아버지는 지역사회를 적극적으로 섬겼고, 일 년에 일주
일은 제3세계에서 의료 봉사를 하였다. 대런의 아버지는 사랑이 많
고 따뜻한 사람이었으며 삶에 대해 사심이 없었다. 대런은 아버지를
사랑하였으며 그처럼 되고 싶었다. 나는 그에게 아버지가 인생에서

가장 원하고 필요로 하였던 것이 무엇일 것 같으냐고 물어보았다. 그는 당황하였다. 전혀 단서가 없었다. "우리 아버지는 욕구가 전혀 없었어요."라고 말하며 한숨을 쉬었다. "적어도 욕구를 표현하신 적이 없었어요." 그 순간 대런의 머릿속에 착상의 전구가 켜졌다. 그는 갑자기 자기가 아버지의 본을 따르고 있다는 사실을 깨달았다. 그는 아버지처럼 자기 욕구를 억눌러 왔던 것이다. 그의 아버지는 다른 사람들의 욕구를 돌보기 위해 자기 욕구를 밀어 놓는 법을 잘 가르쳐 주었다. 대런은 자기 욕구를 표현하면 이기적이거나 자기 이익에 골몰한 사람으로 보여질까봐 두려워하였다. 이런 깨달음은 그에게 놀라운 것이었는데, 자기 내면에서 일어나고 있는 일을 인정하기 시작하였기 때문이었다.

사만다는 그가 마침내 욕구가 있다는 것을 인정한 것에 대한 흥분감을 대런과 나누었다.

"너무 오랫동안 뭔가 잘못 되었다고 생각했어요." 사만다는 외쳤다. "나는 욕구가 채워지지 않는 사람이고 대런은 강한 사람이라고 생각하였어요. 나는 그가 나에게 무엇인가 원한다고 느껴본 적이 없어요. 수년 동안 그는 우리 관계에서 내가 쓸모없는 사람이라고 느끼게 만들었죠."

사만다는 그의 욕구를 자신에게 표현하도록 따뜻하게 초청하였다. 그녀는 그의 상처받기 쉬운 상태를 나누고 자신의 것도 나누었다. 대런이 자신의 원함과 욕구를 아내와 나누게 되자 두 사람은 가까워졌다.

"얼마나 역설적인가요! 나는 내 욕구를 부인하면 고상하고 훌륭한 남편이 되는 줄 알았어요. 내가 욕구가 있다는 것을 표현하니까 나 자신을 치유할 수 있는 기회를 갖게 되고 아내 또한 그 어느 때보다도 나를 가깝게 느끼죠. 그녀는 정말 나를 더 좋아하게 되었어요." 대런은 이렇게 말하면서 놀라고 기뻐하였다.

핵심은 대런이 욕구를 갖는 것이 정상적이라는 것을 알게 된 것이다. 그가 사만다와 욕구를 나누기 시작하자 행동 변화 요구 연습을 하는 것이 별로 어렵지 않게 되었다. 이제 대런과 사만다는 자기들이 결혼 생활에서 원하는 바를 요청도 하고 받을 수도 있게 되었다. 이들은 이런 일이 일어나게 해 준 행동 변화 요구 연습을 도구로 가진 것에 감사하고 있다.

연습 9: 반영하기 혹은 따라 말하기

행동 변화 요구 연습을 할 때 중요한 것은 배우자의 요구를 진정으로 듣는 것이다. 이것을 확실하게 하기 위해 배우자에게 직접적인 피드백을 주는 것이 가장 좋다. 어떤 관계 이론가들은 이 과정을 '반영하기' 라고 하고, 어떤 사람들은 '적극적 경청' 혹은 '따라 말하기' 라고 부른다(주 3). 용어야 어쨌든, 그것은 우리가 어렸을 때 동생들이나 친구들을 약 오르게 만들었던 흉내 내기 놀이와 아주 비슷하다. 나는 아직도 남동생이 나에게 자기 말을 제발 따라하지 말라고 애원하던 푸념이 들린다.

어렸을 때는 약 오르는 일이었더라도, 결혼한 성인으로서는 이런 방법이 매우 유용하다는 것을 알게 될 것이다. 당신은 당신이나 배우자가 아주 간단한 요구 사항을 잘 듣고 피드백하는 것도 어려워할 수 있다는 사실에 놀랄 것이다.

톰과 나는 공인된 관계치료사가 되기 위해 수업에 참석하였는데, 동료와 짝을 지어서 그가 하는 말을 반영해 주라는 숙제를 받았다. 나는 음성의 억양, 고저, 음색, 신체 언어를 반영하였고 한 단어 한 단어를 다시 말하기까지 하였다. 나는 이 기술을 정말로 완벽하게 익혔다고 생각하였다. 이제 톰을 반영할 차례가 되었다. 그가 결혼 생활에서의 좌절감을 나누기 시작하자 그의 말을 그대로 따라하기가 얼마나 힘들던지! 집중하기가 힘들었다. 그의 걱정을 축소시키거나 걷어치우고 싶었다. 나는 상처받는 느낌이 들었고 그래서 방어하고 싶었으며, 반격하거나 가로막고 싶었다. 이런 반응 때문에 나는 그가 하고자 하는 말을 진정으로 들을 수가 없었다. 나는 배우자로서의 나에 대한 평가가 좋지 않을 때 조용한 거울이 되어 비추는 것이 얼마나 힘든지 놀랄 뿐이었다. 진정한 거울이 되는 일은 매우 힘들었다. 중요한 문제일수록 톰의 느낌을 진실하게 반영하는 것이 어려웠다. 변화 과정에 있는 부부들에게 있어서 반영하기가 왜 그토록 중요한지를 그때 깨달았다. 이 도구 없이는 서로가 하는 말을 듣는 것이 너무 어려울 것이다. 특히 부정적인 빛이 빛나고 있을 때는 말이다. 반영하기의 과정은 부부들이 서로의 의견을 들을 수 있게 해 주고, 그렇게 하고 있다는 것을 서로에게 보여 줄 수 있게 한다.

연습 8: 행동 변화 요구(계속)

이제 우리는 행동 변화 요구의 다음 단계로 넘어갈 준비가 되었다. 배우자가 자기 목록의 세 가지 요구 사항 중 한 가지를 말하면 그대로 반복해 준다. 다시 말해 그 요구 사항을 반영하는 것이다. 당신이 할 수 있는 유일한 질문은 "내가 제대로 이해한 것인가?"이다. 이렇게 질문을 하지 않으려면 요구 사항을 제대로 이해할 때까지 반복한다. 이렇게 하는 것이 처음에는 힘들겠지만 좀 기다리기 바란다. 이 작업이 새로운 것이기 때문에 둘 다 인내해야 한다. 배우자가 세 가지 요구 사항을 다 반복하게 한 다음 그것을 반영해 주는 절차를 밟는다. 각 요구 사항을 말하고 반영한 다음, 당신은 그중에서 한 가지나 두 가지, 혹은 세 가지 모두를 승낙할 것이다. 또한 현실적으로 이 요구 사항을 들어줄 수 있는 시기를 말한다.

가령 배우자가 집안일을 좀 더 도와주었으면 좋겠다고 요구를 하고, 일주일에 적어도 두 번 설거지를 해 달라고 하면, 이 요구 사항을 반영한 후에 배우자의 말을 정확하게 들었는지를 확인하고, 이 요구를 들어주겠다는 동의를 한다. 정해 놓은 시간에 현실적으로 가능한 것만을 약속해야 한다는 것을 꼭 기억하라. 만일 다음 주 내내 출장을 가야 한다면, 다음 주는 이 요구를 들어줄 때가 아닌 것이다. 이 요구 사항은 적절하게 들어줄 수 있는 다른 주를 위해 미뤄 놓아야 할 것이다. 목표는 부부가 달성할 수 없는 어마어마한 약속을 하게 만드는 것이 아니다. 의도는 훌륭할 수 있지만, 실행 여부는 치명적일 수 있다. 공허한 약속은 이미 갈등 속에 있는 부부 관계에 더 큰 고통을 초래할 수 있는 것이다. 이런 것은 가능한 한 피해야 한다.

배우자가 내놓은 요구 사항에 동의할 때는 어떤 단서도 붙이지 않고 이 요청을 그냥 들어주는 것이다. 배우자와 거래를 하는 것도 아니고, 이 요구에서 벗어날 방법을 걱정해야 하는 것도 아니다. 배우자가 당신 요청을 들어주게 하려고 그의 소원을 듣는 것이 아니다. 보상적인 상호 작용이 아닌 것이다. 목표는 얻기 위해 주는 것이 아니고, 또한 상대가 당신에게 똑같이 해 주기를 기대해서 하는 것도 아니다. 목표는 다른 계산 없이 거저 주는 것이다. 배우자에게 선물을 주는 것이다. 웹스터 사전

(*Webster's Dictionary*)에는 "선물이란 선사로 주어지거나 부여되는 것"이라고 나와 있다. 선물은 무조건적으로 주어지는 것이다. 절대적으로 제공되는 것이지, 주는 자 입장에서 어떤 조건을 다는 것이 아니다. 배우자에게 주는 것은 정말로 '아가페' 이다. 이 용어는 익숙하지 않은가?

아가페

'아가페' 는 앞에서 논의되었던 것으로 '자비, 자애, 받을 자격이 없는데도 받는 은혜' 를 뜻하는 말로 성경에 나오는 헬라 단어이다. 이것은 가장 높은 형태의 사랑이다. 일단 주어지면 받는 사람의 가치와는 상관이 없다. 일단 표현되면 의무 조항이 없다. 아가페는 아무런 요구 사항이나 조건이 없이 주어지는 은혜이다.

헨드릭스는 아가페를 에로스, 즉 생명 에너지를 우리에게서 다른 사람의 복지로 향하게 하는 행위로 본다. 그는 "그런 의미에서는 희생적이지만, 희생되는 것은 자아가 아니라 자아에 몰두해 있는 상태이다. 아가페는 명사로 사용될 때는 태도를 말하고, 동사로 쓰일 때는 남을 향한 행동을 말한다."고 한다.

아가페를 나타낸 그리스도의 본

무조건적으로 주는 것은 인간 본성에 반하는 일이다. 인간은 받기 위해서 준다. 원수를 사랑하고, 우리를 해치는 자에게 축복하고, 다른 뺨을 돌려대라는 그리스도의 명령은 우리 체질과 전혀 맞지 않는다. 우리에게 관심 두지 않는 사람에게 어떻게 관심을 갖는가? 배우자가 배려 없고 심지어 원수로까지 보이는데 어떻게 돌보겠는가? 바로 이 지점에서 하나님의 신성한 도우심이 필요하다. 우리는 그리스도의 최고 덕목을 실천할 수 있도록 하나님의 무조건적인 사랑에 의탁해야 한다. 그러면 주님은 우리가 우리의 인간적 본성을 초월하여 그분의 본을 따를 수 있도록 감화를 주실 것이다. 결혼에서 인간적인 문제를 해결하는 것은 단순하다. 그리스도께서 처음에 우리를 사랑하신 것처럼 배우자를 사랑하는 것이다. 이것은 단순하지만 결코 쉽지 않다. 그리스도의 사랑의 본이 우리를 인도해 준다고 해도, 대부분의 그리스도인 부부들은 거래하거나 맞받아치려는 평소의 습관을 넘어서기가 여전히 어렵기 때문이다.

드릭스는 『원하는 사랑을 얻기』에서 다음과 같이 말한다.

대부분의 결혼 생활에서는 사랑의 행위가 거래되는 동전 같이 사용되는 소비 시장처럼 변한다. 이는 구뇌와는 잘 맞지 않는다. 존이 마르다가 그 다음날 아침에 낚시를 보내 주길 바라는 마음에서 그녀의 어깨를 마사지해 주면, 마르다의 머릿속에서 붙박이 센서가 작동하며 '조심! 가격표가 붙어 있음' 이라고 경고한다. 그렇게 되면 그녀는 나중에 지불해야 할 것을 알기 때문에 그 선물에 대해 기분 좋을 리가 없다. 그녀는 무의식적으로 존의 관심과 애정을 거부한다. 구뇌가 받아들일 유일한 사랑은 단서가 붙어 있지 않은 것이어야 하기 때문이다. 무조건적인 사랑에 대한 욕구는 어렸을 때 생긴다. 우리가 아기일 때, 사랑은 가격표가 붙어있지 않은 채 왔다. 누군가 우리를 쓰다듬고 살살 흔들고 먹여 준다고 해도 보상할 필요가 없었다. 이제 어른이 되었는데도 구뇌는 여전히 이런 무조건적으로 주는 사랑을 갈망한다. 우리는 아무 답례를 하지 않아도 사랑받고 관심받기를 원한다. 배우자가 우리의 행동과 상관없이 사랑과 배려의 행동을 베풀 때 우리는 어린 시절에 익숙하였던 따뜻함과 안락함, 안전함을 느낀다.

아무 단서도 붙이지 않고서 배우자에게 선물을 줌으로써 우리는 배우자의 구뇌뿐 아니라 영혼의 상처도 치유하는 것이다. 그리스도께서 그의 사랑을 우리에게 아낌없이 주셨기 때문에 우리도 이런 선물을 아낌없이 베풀 수 있다. 그리스도께서 자신을 우리에게 주셨기 때문에 우리 역시 자신을 배우자에게 줄 수 있는 것이다.

행동하는 아가페

결혼과 가족치료사로서 우리는 오랜 기간 동안 부부들이 통찰을 얻고 거래를 하도록 도왔다. 우리 두 사람은 부부가 충분한 깨달음을 얻고 충분한 거래를 하면 언젠가는 결혼 생활을 안정적으로 느낄 것이라고 훈련받았다. 그런데 이제 우리는 부부가 거래를 하거나 통찰을 얻는다고 해서 상처를 치유할 수 있는 것은 아니라고 생각한다. 영혼의 상처는 배우자가 아낌없이, 무조건적으로, 끊임없이 주는 선물을 구뇌가 반복적으로 경험함으로써 치유된다.

우리는 몇 년 전에 부부 수련회에 참석하고 난 후 이런 가치 있는 교훈을 얻었다. 우리는 내가 안전하고 사랑받는다고 느끼도록 배우자가 해 줄 수 있는 일들을 열거하라는 요청을 받았다. 나는 내가 아침에 눈을 떴을 때 남편이 침대로 커피를 갖다 주면 사랑받는 따뜻함을 느낄 것 같다고 목록에 썼다. 나는 어렸을 때 이런 것을 경험하지 못하였기 때문에, 이런 일은 나에게 특별히 의미 있는 것이었다. 그는 기쁘게 승낙하고 일주일 정도 부지런히 커피를 갖다 주었다. 솔직히 말해서 나는 남편이 커피 갖다 주는 일이 내 목록에 쓰여 있기 때문에 그렇게 하는 것일 뿐이라고 생각하였다. 나는 그의 성실성을 의심하였을 뿐 아니라 그가 과연 계속 할 것인지도 의심하였다 (구뇌가 만들어낼 수 있는 속임수를 참조하라).

서로에게 무조건적인 선물을 주는 과정을 시작한 지 2주 후가 지난 후 우리는 다른 문제로 다투었다. 잠자리에 들면서, 우리의 분노가 채 사라지기 전에 해가 저물도록 하였다는 것을 시인하려니 슬픈 생각이 들었다. 다음 날 아침, 남편은 마음이 산란하고 좌절되어서 내가 자기의 선물을 받을 만한 자격이 있는지 의심하였다. 그렇지만 서로 약속한 것이기 때문에 어쨌든 선물을 주었다. 그는 의도적으로 행동하기 위해 최선을 다하였다. 그는 '해낼 때까지 하는 척' 하였다. 그가 좌절감 속에서 의도적으로 행동한다는 것은 여전히 힘든 일이었다. 그가 내 침대 옆 작은 탁자에 커피 물을 조금 쏟았던 것을 보면 그의 마음이 힘들었다는 것을 알 수 있었다. 하지만 그가 화가 나고 좌절한 상태에서도 한 잔의 커피가 여전히 거기에 놓여 있다는 사실에 나는 압도되었다. 나는 감동에 휩싸였다. 내 깊은 곳에서부터 울고 있었다. 영혼의 눈물을 흘리고 있었다. 남편은 어쩔 줄 몰라 얼른 달려와 사과하였다.

"당신 탁자를 망가뜨렸으면 미안해. 내가 고칠 수 있어." 그는 달랬다. "울지 마 그렇게 많이 쏟지는 않았어."

"아니에요." 숨을 고르면서 말하였다. "난 이 탁자 때문에 우는 게 아니에요. 내 기억으로는 평생 처음으로, 누군가가 나에게 화가 났어도 여전히 사랑의 행동을 보여 주었기 때문에 우는 거예요. 당신이 좌절감을 느끼고 화가 났는데도 나에게 사랑의 행동을 하겠다는 약속을 지켰기 때문에 우는 거예요." 우리는 '선물을 줌'으로써 구뇌를 치유하는 두려움과 놀라움을 함께 나누면서, 잠시 함께 우는 신성한 순간을 경험하였다. 내가 흘린 눈물은 마침내 무조건적인 사랑(아가페)을 느낀 어린아이의 눈물이었다. 우리의 영혼은 서로에게 녹아 들어갔고 그 특별한 순간을 함께 공유하면서 더욱 가까워졌다. 그로부터 수년이 지난 요즘도 나는 여전히 영혼을 치유하는 한 잔의 커피를 매일 아침 마시고 있다. 우리는 결혼 생활에서 선물을 주는 것이 영혼뿐 아니라 구뇌를 치유하는 힘이 있다는 것을 보여 준 이 생생한 사례에 아직도 놀라고 있다. 우리는 하나님의 도우심으로 배우자에게 선물을 주기로 결심할 때, 진정한 영혼의 치유자가 될 수 있다.

연습 10: 선물 주기

이 연습을 하기 위해서 아가페를 표현할 수 있는 행동의 목록을 작성해야 한다. 목록은 다음과 같이 쓰면 된다.

"나는 당신이 _____ 할 때 따뜻하게 사랑받는 느낌이 들어요."

받고 싶은 영혼의 선물을 목록에 적는다. 목록을 교환하여 주고 싶은 선물을 하나 고른다. 사흘 안에 그 선물을 준다. 목록은 정기적으로 업데이트할 수 있다. 이는 배우자에게 강요하거나 배우자를 시험해 보려는 시간이 아니라는 것을 기억하라. 시댁에서 멀리 떨어진 곳으로 이사 가는 것이나 큰 집을 사는 것 따위는 쓰지 않는다. 우리가 여기서 말하는 것은 영혼 치유의 선물이지 거래를 하거나 사랑을 '증명'하는 것이 아니다. 또 한 가지 주의할 것은, 선물은 꾸준히 그리고 가능한 한 빨리 주어야 한다는 것이다. 만일 실행할 수 없다는 것을 알면 선물을 주겠다는 결심을 하지 말라. 만일 톰이 몇 주 정도 커피를 갖다 주다가 슬쩍 그만두고 말았다면 내 영혼에 훨씬 더 큰 상처를 주었을 것이다. 선물 주기는 지속적으로 경건하게 이루어져야 할 신성한 약속인 것이다.

행동 변화 요구 연습을 종합해 본다면

이 장을 끝내기 전에 우리는 행동 변화 요구 연습의 모든 단계를 다 모아서 처음부터 끝까지 이 연습을 어떻게 해 나가는지를 보여 주겠다.

1. 욕구를 확인한다. 필요하다면 GIFT 연습을 사용한다.

2. 세 가지 행동 요구 사항의 형태로 욕구를 진술한다.

   요구 사항은 행할 수 있고, 측정할 수 있고, 양을 잴 수 있어야 한다.

   시작하는 날짜를 명시한다.

3. 배우자로 하여금 각 요구 사항을 반영하거나 반복하게 시킨다. 배우자는 자기가 반영한 것이 정확한가만 물을 수 있다. "내가 제대로 이해한 것인가요?" "말하고 싶은 것이 더 있나요?"

4. 배우자로 하여금 이 요구 사항 중에서 하나, 둘, 혹은 셋 모두를 승낙하게 한다. 완수할 수 있는 시간도 진술하게 한다.

5. 배우자의 요구 사항을 지속적으로 지켜 나간다.

이 장에서 우리는 일관되고, 신성하며, 무조건적인 영혼 치유의 선물 주기가 구뇌를 치유할 수 있고 남편과 아내 사이의 영구한 결합을 이룬다는 것을 보았다. 영혼 치유의 선물 주기 행동은 우리를 위한 하나님의 무조건적인 사랑을 복제한 것이다. 아가페라는 아이디어는 진정으로 부부를 위한 하나님의 아이디어요 설계이다. 다음 장에서는 그리스도인의 결혼에 대해 하나님께서 생각하고 계신 것이 무엇인지를 상세히 다룰 것이다.

제 11 장

영혼을 치유하는 사랑은
하나님의 아이디어이다

우리는 상담을 하면서 결혼 생활을 그저 유지만 하고 있는 부부들을 많이 본다. 어떤 부부들은 낭만적 사랑의 단계에서 영혼을 치유하는 사랑을 견본처럼 조금 맛보긴 하였으나, 힘겨루기 단계로 미끄러지면서 어느새 그러한 사랑이 사라져 버리는 것을 경험하고 만다. 이들보다 좀 더 불행한 부부들은 처음에 둘을 하나로 만들어 주었던 화학 작용이나 열정, 배려 같은 것을 사실상 망각해 버린다. 앞에서 우리는 관계의 질병에 대한 치료법을 이야기하였다. 그렇지만 관계 치유에 있어서 우리가 극복해야 할 가장 큰 장애물은 영혼을 치유하는 사랑이 결코 존재하지 않는다는 거짓 믿음이다. 관계의 여정을 외롭게 가고 있는 이 여행자들은 사랑을 찾는 일을 포기하였다. 이렇게 지친 여행자들의 예를 보자.

어정쩡한 독신주의자 허먼 · · · · ·

39세의 부유하고 잘 생긴 허먼은 '완벽한 여자'를 찾을 수 있을지 궁금해서 우리에게 왔다. 그는 여섯 자리의 소득이 있는 슈퍼모델들이나 회사 중역들과 데이트를 하였는데, 영혼의 짝을 찾는 것에 환멸을 느끼게 되었다. 우리는 그에게 문제는 영혼의 반려자를 발견하지 못한 데 있는 것이 아니라 자기자신 안에 있는 '영혼을 짝지을 수 있는 능력'을 발견하지 못한 것이라고 말하였다. 그는 영혼 치유적인 사랑으로 사랑하는 법을 아직 배우지 못한 것이다. 이런 식으로 사랑하게 되는 것은 신비스러운 능력이 아니고, 확인하고 갈고 닦으며 연습해야 하는 기술인 것이다.

"선생님은 내가 영혼의 반려를 못 보고 지나친 것이 아니라는 말씀인가요? 어디엔가 있을 수 있다는 건가요? 엉뚱한 사람하고 결혼하여 아이 셋을 낳아 버리는 상태가 되지 않을 수도 있다는 말인가요?" 허먼은 불쑥 물었다.

"네, 그래요." 우리는 말하였다. "영혼의 짝은 당신이 영혼 치유의 배우자가 되는 법을 배울 때 당신 앞에 나타날 거예요. 과거의 관계에서 놓쳤던 것은 바로 '당신 자신'이에요."

허먼은 완벽한 영혼의 짝을 찾아 다녔기 때문에 영혼을 치유하는 연인이 되기 위해 내면에서 가져야 할 기술을 배우지 못하였던 것이다.

회의적인 부부 올리버와 리사 · · · · ·

결혼한 지 6년 된 올리버와 리사는 가족들과 친구들에게서 결혼은 견뎌야 하는 것이고 그것이 기대할 수 있는 전부라고 들었다. 그러나 리사는 그 이상의 것을 원하였다. 진정한 영혼의 반려를 원하였던 것이다. 사람들은 그런 것은 존재하지 않는다고 말하였다. 그녀의 할머니는 영혼의 짝 같은 '난센스'는 구혼 기간에나 기대할 것이고(할머니는 PEA에 대해서 조금 알고 있었던 것 같다), 신혼여행이 끝나고 나면 "가진 것이 불만족스럽더라도 감수해야 한다."고 말하였다. 이 말을 마무리하기 위해서 "이혼하지 않는 것이 하나님의 뜻이란다."라는 말을 덧붙였다. 이런 말은 리사와 올리버가 결혼 생활에 헌신하였다는 느낌보다는 종신형 선고를 받은 것처럼 느끼게 하였다. 리사는 특히 결혼이 마땅한 의무를 치러야 하는 것이라는 개념에 환멸을 느꼈다. 그녀는 우리가 교회 모임에서 강의하는 것을 들을 당시에는 진정한 영혼 치유적 사랑이 가능하다는 소망을 거의 포기한 상태였다. 우리의 교훈은 리사에게 소망을 주었지만 올리버는 여전히 회의적이었다.

"영혼 치유 따위는 날 위한 게 아니야." 올리버가 상담소에 발을 들여놓지 않겠다고 거절하면서 리사에게 한 말이었다. "누가 그런 게 존재하기나 한다고 해?" 그는 한탄하였다.

리사는 이런 종류의 사랑이 가능하다는 것을 납득시키려고 수없이 애썼지만 올리버는 단호하게 저항하였다. 그녀는 올리버를 너무 몰아세우는 것처럼 느끼기 시작하였다. 그녀는 자기가 욕구를 충족하기 위해 남편을 바꾸어 놓으려고 너무 잔인하게 굴고 있는 게 아닌가 걱정이 되었다.

"남편에게 너무 심하게 요구하고 있는 게 아닐까요?" 그녀는 물었다. "이런 일을 아예 하지 못할 남자를 고른 것이면 어떡해요? 올리버에게 불가능한 일을 하라고 요구하고 있는 거라면 어떡해요? 내가 짝을 잘못 고른 것이고 내 영혼의 짝은 어느 다른 곳에 있는 거라면 어떡할까요?"

리사가 결혼 상담을 받자고 하면 마치 고문이나 당하는 것처럼 올리버가 행동할 때마다 그녀는 불안과 죄책감을 떨칠 수가 없었다. 리사가 깨닫지 못하였던 것은, 그녀가 올리버에게 상처를 주거나 고문하고 있는 것이 아니라 변화를 요구함으로써 그를 치유하고 있다는 사실이었다. 올리버는 다른 모든 사람들처럼 하나님이 영혼의 짝으로 창조하신 것이다. 하나님은 우리 모두가 다른 인간과 더불어 영혼의 하나 됨을 이루도록 의도하셨다. 하나님의 계획은 우리가 평생의 배우자를 찾아서 그 영혼과 융합되기를 배우는 것이다. 이 연합은 영혼 치유적 결속을 이룬다. 모든 영혼은 이런 치유를 원하며, 이런 태도로 사랑하기를 배워야 한다. 이런 놀라운 능력을 습득함으로써 우리는 하나님의 마음을 춤추게 만드는 충만한 영적 잠재력을 실현할 수 있다. 우리 각 사람을 향한 하나님의 사랑은 우리의 영혼을 치유하고, 하나님은 이런 사랑을 평생의 배우자에게 그대로 베풀기를 원하신다. 이렇게 함으로써 우리는 그리스도와 같이 될 것이고 이것이 바로 모든 그리스도인의 목표인 것이다. 하나님은 모든 자녀가, 올리버조차도, 사랑하고 사랑받게끔 창조하셨다.

리사가 올리버에게 상담을 받자고 할 때마다 그는 격렬하게 거절하면서 그녀에게 더욱 잘해 주는 것이었다. 집에 일찍 오고, 꽃을 보내 주며, 설거지를 하겠다고 하였다. 그는 이렇게 하면 상담을 받아야 한다는 리사의 마음을 돌려놓을 것으로 생각하였다. 나중에 상담 이야기를 꺼내자, 그는 방어적이 되어 소리질렀다. "내가 이렇게 변하였는데도 당신이 아직도 상담을 받고 싶어하다니 말도 안 돼. 당신은 너무 많은 것을 바라. 난 아무래도 당신의 기대를 채울 수 없을 것 같아. 왜 그렇게 날 바꾸어 놓으려고 애쓰는 거야?" 그에게 변화에 대한 두려움과 저항감이 엄습하였다. 그는 많은 그리스도인들이 그렇듯이 상담이라는 것은 소리소리 지르고 서로 미워하는 미친 부부들이 받는 것이라고 생각하였다. 그는 리사에게 거듭 말하였다. "완벽하고 건강한 그리스도인 두 사람이 왜 스스로 문제를 해결할 수 없는지 이해가 안 가." 우리는 이런 교만한 태도를 수많은 그리스도인들에게서 보아 왔다. 슬픈 일은 이런 교만이 상담소에 가지 못하게 막을 뿐 아니라, 그들을 이혼 변호사 사무실에 밀어 넣는다는 사실이다. 이는 그리스도인 부부들에게 참으로 비참한 일이 아닐 수 없다.

우리는 리사가 올리버를 상담소에 데리고 나오게 하는 방법을 알려 주는 방향으로 목표를 급히 세웠다. 그리고 그에게 다음과 같은 이야기를 하라고 하였다. "만일 당신 팔에 세균이 득실거리는 고름 주머니가 있다고 하면 약국에 가서 연고와 반창고를 사서 상처에 바르겠죠. 염증이 줄어들 것이라는 기대를 가지고요. 이렇게 해서 없어지면 모르겠는데, 세균이 번식을 해서 상처가 더 부어오른다고 합시다. 이런 상태가 되면 통증이 올 것이고 다시 연고를 바르겠지만, 병원에 가는 것이 더 현명한 선택일 거예요. 전문가를 찾지 않으면 염증이 급격하게 심해져서 팔을 잘라야 할지도 모르게 되지요. 이것이 바로 당신(그리고 상담 받기를 거부하는 많은 배우자들)이 하는 행동이에요. 결혼 문제라는 염증을, 행동을 피상적으로 개선한다는 연고를 가지고 치료해 보려는 거죠. 결혼 생활은 결혼 상담이라는 항생제가 필요해요. 당신은 결혼 전문 의사가 필요한 거예요. 어쩌면 결혼 계약을 절개해서 부정적인 에너지와 경멸의 고름이 적절하게 빠지도록 해야 할지 몰라요. 도움을 거부하는 것은 당신과 당신의 결혼 생활에 치명적일 수 있어요."

이 이야기는 효과가 있었다. 올리버가 드디어 결혼 상담을 받기로 한 것이다. 그는 감정적인 사람이 되기를 배우는 것이 고문 받는 것이라고 생각하였는데, 그런 생각을 극복하기까지는 시간이 꽤 걸렸다. 그와 리사는 '영혼 치유 워크숍'에 몇 번 참석하였고, 올리버는 마침내 영혼을 치유하는 사랑이 가능하다는 것을 믿게 되었다. 또한 평균치의 테스토스테론(남성 호르몬의 일종-편집자 주)을 가지고 있는 남자가 감정을 표현하고 의사소통을 잘 하며 경청할 수 있게 되는 것이 결코 고문이나 형벌이 아니라는 것을 알게 되었다. 마지막 워크숍에서 그는 결혼 상담을 받을 수 있게 들볶은 아내에게 공개적으로 감사하여 우리 모두를 축복하였다.

그가 울먹이며 말할 때 우리는 다같이 울었다. "상담 받기를 나보다 싫어하였던 사람은 없을 거에요. 나는 정말로 회의적이었어요. 나는 결혼 상담을 뿌리를 캐는 작업과 동일시했어요! 어린 시절을 들여다보고 싶은 마음이 전혀 없었어요. 아마 두려웠을 거예요. 그렇지만 가슴의 변화가 있었어요. 아내가 야단법석하고 애걸하고 들볶고 잡아끌어 여기 오게 해 준 것에 정말 감사하고 싶어요(이때 올리버는 눈물을 참지 못하였고, 우리들도 그랬다). 내 평생 이런 종류의 사랑이 가능하리라고는 생각도 못 했어요. 부모님이 45년간 비참하게 결혼 생활을 하셨기 때문일 거예요. 그렇지만 상황은 이제 달라졌어요. 아내는 나의 가장 친한 친구가 되었고 우리 관계는 점점 좋아지고 있어요. 나는 여기 있는 모든 남편들에게 당신들도 이렇게 될 수 있다고 말하고 싶어요. 여보, 나를 포기하지 않았던 것 정말 고마워. 그리고 결혼의 여행 가이드가 되어 주시고 영혼을 치유하는 사랑의 도구를 가르쳐 주신 선생님들께도 감사드려요. 애쓴 것이 보람 있다고 생각해요."

이 모든 것이 처음에는 상담받기를 거부하였던 남자에게서 나온 말이라는 것을 상상해 보라. 올리버는 우리가 영혼을 치유하는 사랑을 홍보할 수 있는 가장 훌륭한 예가 되었다. 그는 계속 친구들, 가족, 교인들을 상담소에 보내고 있다. 올리버와 리사의 성장은 우리 모두에게 귀하고 신성한 감화를 주었다.

사랑의 지속

그렇다면 영혼을 치유하는 사랑을 어떻게 성취할 수 있을까? 결혼 생활을 관통하는 하나의 진리에 대한 단서로서 사랑에 대한 다양한 형태와 의미를 살펴보기로 하자. 커플이 만나면 에로스, 즉 낭만적 사랑을 느낀다. 이 사랑은 망상적이고 매우 제멋대로인 것이라고 말한 바 있다. 제6장의 화학 작용, 이마고, 투사 등의 이론을 보면 우리는 우리 자신에 대해 기분 좋게 느끼게 해 주는 사람에게 끌린다는 것을 알 수 있다. 우리는 상대방이 나의 욕구를 충족시켜 주기 때문에 사랑한다. 그 사람이 나에게 해 주는 일 때문에 사랑하는 것이다. 욕구가 채워지기 때문에 우리는 도취감이라는 거짓 기분을 갖게 되며, 배우자의 욕구를 더욱 충족시켜 주고자 한다. 그렇지만 이런 동기는 여전히 어느 정도 이기적이고 사리적이다.

힘겨루기가 시작되고 욕구가 충족되지 않으면 우리는 주고 싶은 마음이 사라진다. 심지어 그만두고 싶어지기도 하고 때로는 우리가 느낀 고통에 대해 앙갚음할 길을 찾기도 한다. 무조건적이고 받을 만하지 않아도 베푸는 호의와 사랑을 실행할 시점이 바로 이때다. 아가페를 배우자에게 베풀어야 할 때는 바로 그렇게 하고 싶지 않을 때이다.

나는 "진정으로 안전하기 위해서는 원수의 안전을 지켜 주어야 한다."는 말을 언젠가 들은 적이 있다. 하빌 헨드릭스는 이 말을 더욱 확대하여 "진정한 평화(즉, 두려움 없는 평화)는 친구들 사이에서만 존재한다. 두려움이 있는 평화는 원수 사이에 존재하긴 하지만 늘 불안정하다."라고 하였다.

부부 사이에 평화와 안전을 지키려면 서로의 평화와 안전을 지킬 마음이 있어야 한다. 힘겨루기 때문에 이미 원수가 되어 버린 부부에게 이런 평화는 참으로 불안정할 것이기 때문이다. 관계가 안정되게 하려면 서로에게 아가페를 기꺼이 베풀어야 한다. 배우자에게 과분한 호의를 베풂으로써 우리는 원수에게 우정의 손을 내미는 것이다. 이런 선의의 행동은 우정의 결속을 다진다. 그래서 '필리아', 즉 우정이 태어나게 되는 것이다. 부부는 친구가 된다.

사랑은 에로스에서 아가페로, 필리아로 움직인다. 우리는 망상적인 에로스로 사랑에 빠졌다가 인간 본성과 힘겨루기 때문에 친밀한 원수가 된다. 그러면 의지의 행위로서 아가페를 주는 법을 배우면서 점차로 나와 배우자는 친구가 되는 것이다. 결국 이곳이 사랑이 도착하는 곳인가? 오랜 세월의 결혼 생활에 있어서 이것이 사랑의 정점인가? 아, 이 얼마나 단순하고 재미없는 목표인가! 처음에 심리치료사로서 우리는 사랑의 운명이 너무나 단순하게 끝나고 외관상 진부한 것이라 실망하였다.

우리는 혼란스럽고 실망이 되어서 40년 이상 행복하게 결혼 생활을 한 부부들을 인터뷰하였는데, 오랜 세월의 사랑이 주는 으뜸가는 혜택이나 유익이 무엇이라고 생각하는지 알아보려는 목적에서였다. 우리는 우리가 발견한 사실에 놀라고 말았다. 예외 없이 모든 부부들은 우정이라고 말하였던 것이다. 이런저런 방식으로 말하였지만 그들의 의견은 결국 오랜 세월동안 건강한 사랑의 관계를 성취하는 열쇠로서 우정을 가리켰다. 톰과 나는 열정이나 마음의 연합 혹은 영적인 높은 경지 같은 좀 더 흥분되는 것이기를 기대하였다. 그런데 우리는 순수하고 단순한 우정이라는 말을 들었다. 그들이 한 말의 예는 다음과 같다.

> 결혼 42주년의 그레그와 베라: "아내는 나의 가장 좋은 친구이고, 난 아내에게 상처 줄 일은 하지 않아요." "나는 남편을 너무나 사랑해요. 그가 아프면 나도 아프죠."

> 결혼 45주년의 린다와 릭: "우리는 서로 사랑해요. 상대방이 어떻게 느끼는지 진심으로 관심을 갖지요."

> 결혼 47주년의 알과 뮤리얼: "젊은 부부들에게 주고 싶은 최상의 조언은 서로 친절하라는 거예요."

> 결혼 57주년의 로버트와 메리: "그가 없는 인생은 상상할 수도 없어요.

난 결혼 생활에 대해서 이 유쾌한 부부들과 이야기하였던 것이 아직도 기억에 생생하다. 우리가 이야기를 나누는 중에 할랜드가 잠시 방을 나갔는데, 버지는 다른 아무런 설명도 없어 "나도 하나 갖다 줘요."라고 말하였다.

"뭘 갖다 달라는 거예요?" 하고 나는 물었다. 버지가 대답하기 전에, 할랜드는 차가운 홍차 두 잔을 가지고 방에 들어섰다. "여보, 여기요. 당신이 말한 홍차요."

"고마워요, 여보." 그녀는 부드럽게 대답하였다.

"잠깐만요." 나는 할랜드에게 말하였다. "버지는 뭘 원한다고 말하지 않았는데, 어떻게 아셨어요? 그냥 '나도 하나 갖다 줘요.' 라고 했을 뿐인데요."

그들은 당황하면서 나를 보았다. 할랜드는 "홍차라고 말 안 했나요? 분명히 그랬는데…."

"그런 말씀 안 하셨어요." 나는 말했다.

그들은 빙그레 웃었다. 이때 할랜드가 조용히 대답하였다. "아하, 서로의 마음을 또 읽었던 것 같군요! 이제는 늘 이렇답니다. 너무 잘 통해서 단어를 써야 한다는 사실을 잊어버리는 것 같아요." 할랜드는 거의 교수 같은 태도로 말을 이었다. "우리는 우리의 자식들한테 이런 마음 읽기는 쉽게 오는 게 아니라고 말하지요. 아내와 내가 했던 것처럼 배워야 해요. 서로가 원하는 것을 늘 알았던 건 아니에요. 잘 관찰하고 서로 함께 있으면서 알아내야 하죠. 관심을 가져서 알아냈지요. 처음부터 되는 게 아니에요. 이렇게 되려면 오랜 세월이 걸려요."

나는 장기간 동안 영혼 치유자들 사이에서 신성한 순간을 함께 한다는 것에 큰 특권을 받은 느낌이었다. 이는 오늘날의 결혼의 미래에 대해서 소망을 갖게 해 주었다.

우리가 인터뷰를 하면서 들은 것은 제네트 로우어(Jeanette Lauer)와 로버트 로우어(Robert Lauer)의 "끝까지 지속되는 결혼 생활(Marriages Made to Last)"이라는 기사에서 확인되었는데, 이 기사는 행복한 부부에 초점을 둔 연구 조사의 결과를 보여 주었다. 모든 부부가 첫째로 꼽은 것은 "우리는 서로의 가장 친한 친구이다."라는 항목이었다. 이 연구는 우정이야말로 건강하고 행복하며 긴 시간을 함께 지낸 부부에게 있어서 가장 중요한 요소이며, 공동의 정치적 신념, 비슷한 재정 관리 스타일, 열정, 성적 완수 등을 갖고 있음을 보여 주었다.

이런 우정을 이루기 위해서, 즉 이기적인 본능을 누르고 친구가 되기 위해서 우리는 서로에게 아가페를 주어야 한다. 우리 대부분은 자신의 힘만으로는 이것을 할 수가 없다. 인간의 본능이 방해하기 때문이다. 불안전하게 느끼게 만드는 사람에게 어떻게 줄 수가 있는가? 원수에게 어떻게 주겠는가? 필리아를 이루기 위해서 아가페를 준다는 개념은 인간의 생각으로 이해하기에 너무 어렵다. 원수로 보이는 사람에게 영혼 치유의 사랑을 주도록 동기를 주는 것은 무엇일까? 그 대답은 단순하지만 쉽지 않다. 곧 하나님이 먼저 우리를 사랑하셨기 때문에 우리도 무조건적인 사랑을 주는 것이다.

그리스도 안에서 우리는 사랑받고, 사랑스럽고, 사랑한다

사랑하는 자들아 우리가 서로 사랑하자 사랑은 하나님께 속한 것이니 사랑하는 자마다 하나님께로 나서 하나님을 찾고 사랑하지 아니하는 자는 하나님을 알지 못하나니 이는 하나님은 사랑이심이라 하나님의 사랑이 우리에게 이렇게 나타난 바 되었으니 하나님이 자기의 독생자를 세상에 보내심은 저로 말미암아 우리를 살리려 하심이니라 사랑은 여기 있으니 우리가 하나님을 사랑한 것이 아니요 오직 하나님이 우리를 사랑하사 우리 죄를 위하여 화목제로 그 아들을 보내셨음이니라 사랑하는 자들아 하나님이 이같이 우리를 사랑하셨은즉 우리도 서로 사랑하는 것이 마땅하도다(요일 4:7-11)

네 이웃을 네 몸과 같이 사랑하라(마 22:39)

우리가 우리 자신을 사랑하는 것(혹은 사랑하지 않는 것)만큼 배우자를 사랑한다(혹은 사랑하지 않는 것)는 데에 문제가 있는 것 같다. 우리가 자신을 사랑하지 못하는데 어떻게 배우자를 사랑할 수 있겠는가? 사랑받는 느낌이나 사랑스럽다는 느낌을 갖지 못하는데 어떻게 사랑을 베풀 수 있겠는가? 우리가 자녀들과 시간을 보내고 있던 어느 날 주님께서 이에 대한 해답을 주셨다.

우리는 자식을 귀여워하는 모든 부모들이 그러하듯이, 딸들이 노는 것을 지켜보고 있었다. 우리는 하나님이 저토록 멋지고 아름다운 선물을 둘이나 주신 것에 놀라워하였다. 우리는 딸들을 보면서 딸들과 우리의 비슷한 점을 발견하게 되었다.

"아만다의 손은 당신을 닮았어요." 나는 톰에게 말하였다. "니콜의 눈과 머리카락도 당신을 닮았구요. 그 애는 당신의 어렸을 때 사진과 똑같아요."

"니콜은 성격이 당신과 꼭 닮았어." 톰은 말하였다. "미소도 당신과 똑같고…."

그때 갑자기 어떤 생각이 퍼뜩 스쳤다. 우리 자녀가 우리의 형상대로 만들어졌으니 그들을 사랑하지 않고는 못 배기는 것이다. 마찬가지로 우리는 하나님의 형상대로 만들어졌으니 하나님은 우리를 사랑하지 않을 수 없으신 것이다! 하나님이 우리와 같은 일개 인간을 사랑하셨다는 것만으로도 우리는 사랑스러운 존재이다. 우리가 사랑을 얻으려고 애쓰지 않아도 우주의 창조주께서 우리를 무조건적으로 사랑하신다는 생각은 우리를 그 자리에 얼어붙게 만들었다. 거기서 우리는 함께 조용히 흐느꼈고, 하나님의 따뜻한 사랑이 우리를 감싸는 것을 느꼈다. 우리는 가치 있는 존재이고, 소중한 존재이며, 사랑스런 존재라고 느꼈다. 이 사랑의 장엄한 힘 때문에 우리는 서로를 사랑(아가페)할 수 있는 것이다. 그래서 사랑받을 자격이 없는 배우자에게 무조건적인 사랑을 줄 수 있는데, 이는 하나님께서 먼저 우리에게 그런 사랑을 주셨기 때문이다. 하나님께로부터 공로 없이 받은 사랑이 우리를 가득 채운다. 바로 이 충만함으로 우리는 배우자에게 사랑을 줄 수 있는 것이다.

주고받는 끝없는 순환

성경에 나와 있는 대로 예수 그리스도께서 우리를 먼저 사랑해 주셨기 때문에 하나님의 자녀인 우리도 그 사랑을 누군가에게 준다. 우리는 결혼 생활을 치유하기 위해서 약한 인간의 능력에 의존할 필요가 없다. 우리는 우리를 도우시는 주님의 능력을 갖고 있기 때문이다. 이기적인 인간 본성으로 배우자에게 아가페를 베풀 수 있는 것은 바로 주님의 능력에 의해서이다. 배우자가 나의 사랑을 받고, 받을 자격이 없는데도 주어지는 호의를 느낄 때, 그는 나에게 아가페를 줌으로써 보답하고 싶은 마음이 불일 듯 들게 된다.

톰과 나는 결혼 생활에서 이것이 사실임을 직접 체험하였다. 우리가 처음 만났을 때는 에로스가 열렬하게 작동하였다. 우리는 엄청난 화학 작용과 매력으로 인해 서로에게 주고 싶은 마음으로 벅찼다. 우리는 서로의 욕구를 채워 주고 싶었다. 우리 자신을 위해 뭔가를 얻어 내고자 하는 생각 없이 자발적으로 그렇게 하였다. 그러나 힘겨루기가 시작되자 우리는 황폐해졌다. 예수님만큼이나 소중하다고 여겼던 사랑스런 배우자이자 친구는 이제 루시퍼의 화신이 되었다! 선하고 신뢰하는 친구가 이제 원수가 된 것이다! 학대적인 가정에서 자란 나는 이렇게 되는 것이 더욱 힘들었다. 나는 치유 받으려고 결혼에 의지한 것이지, 또다시 학대받으려는 것이 아니었다. 주고 싶은 마음은 시들었고 고통과 상처는 커져만 갔다. 톰도 마찬가지였다. 우리는 서로 사랑하였지만, 멀어졌고 믿을 수 없게 되었고 안정적이지 못하며 배려하지 못하게 되었다. 우리는 가까운 원수가 되었다. 이 간격을 메울 길을 찾아 나서게 만든 것은 하나님의 은혜요, 그리스도 안에서의 결혼에 대한 우리의 헌신이었다. 우리는 결혼 상담가임에도 불구하고 부부들이 절망에 빠져 생각하는 온갖 것들을 생각하였다.

그는 더 이상 관심이 없어.

그녀는 자기 마음대로야.

이제는 소망이 없어! 그는 결코 변화하지 않을 거야.

오랫동인 저렇게 살아온 아내기 이렇게 세삼 바뀐다고 생각할 수 있겠어?

내가 너무 많은 걸 바라는 걸까?

당신은 너무 많은 걸 바라는 것 같아.

내가 뭔가 잘못된 것일까?

당신이 뭔가 잘못된 것 아닐까?

난 사람을 잘못 골랐나봐.

나는 힘겨루기의 좌절감 속에서도 끊임없이 치유와 행복을 찾아 나섰다. 나는 이따금 영혼 치유적 하나 됨을 확고하게 추구하는 내 모습에 대해 의아하게 느낀다. 내가 천성적으로 고집이 세기 때문에 이 탐구를 계속하는 것일까? 오랫동안 결혼 상담가로서 일해 오면서 이러한 치유 과정을 믿게 되었기 때문일 것이다. 혹은 단지 낭만적 낙관주의자라서 "이후 내내 행복하게 살았더라."고 끝나는 옛날이야기 주제를 좋아하기 때문일지도 모른다. 사실상 나의 탐구 행위는 하나님께서 내 삶에서 이미 행하신 치유의 결과였다.

신체적 · 언어적 · 정신적, 그리고 정서적 학대의 어린 시절 과거사를 지니고 내가 여기 서 있다. 대학원에서 비정상적인 가족에 관한 수업을 들은 적이 있는데, 나는 나의 직접적인 가족과 확대 가족이 그 열두 가지의 역기능을 다 가지고 있는 것을 발견하였다. 나는 결혼의 천국이 아니라 정신병원에 들어갈 후보였을 것이다. 그렇지만 이 땅의 양육자들의 손에서 겪은 모든 고통과 상처에도 불구하고, 나는 하나님의 손이 나를 붙들어 초자연적인 치유를 안겨 주셨다고 느낀다. 자존감이 낮고 애처로운 시골뜨기 소녀가 극심한 역기능의 역사를 지닌 가족 가운데 자라나면서 인생은 살아갈 가치가 없다고 느낀 때가 한두 번이 아니었고 자살 충동마저 느꼈다. 이러한 자살 충동은 역기능의 성인아이에게 흔히 찾아 볼 수 있는 것이다.

이러한 절망적인 느낌은 내가 그리스도인이 될 때까지 지속되었다. 기독교는 상처받은 내 영혼에 치유와 소망을 가져다주었다. 나의 결혼 생활이나 다른 결혼 생활의 영혼 치유를 추구하게 만든 것은 바로 이러한 치유였던 것이다. 이러한 탐구는 부부를 하나로 연합되게 하신 창조주의 문으로 인도하였다. 나는 위대한 의사요 전능한 결혼 상담가이며, 하나 됨의 창조자이자 본보기이신 예수 그리스도의 발 앞에서 나의 혼돈에 대한 해결책을 발견하였다. 나는 그리스도가 이미 우리들에게 결혼 생활을 어떻게 해야 하는지를 보여 주셨다는 것을 깨달았다. 그분이 우리와 맺는 관계는 결혼 생활의 본보기인 것이다. 그분은 낭만적 사랑이 아니라 에로스(기본 정의로는 '생명 에너지')를 가지고 우리를 사랑하셨다. 우리를 위한 그리스도의 사랑은 우리에게 생명의 숨 혹은 생명력을 주며, 이러한 생명력은 우리에게 분명한 존재 목적을 준다. 그렇지만 우리는 죄성 때문에 목표를 달성하지 못하며 그분을 실망시킨다. 그럼에도 예수 그리스도는 우리를 물러나게 하거나 강요하지 않고 아가페의 손을 우리에게 뻗치신다. 우리를 향한 그분의 무조건적인 사랑은 예수님과 자녀 사이에 우정, 즉 필리아의 결속을 세우신다. 주님의 친구로 여김을 받고 대우를 받음으로써 우리의 영혼은 치유되고 본래의 생명력과 생명 에너지로 향하게 된다. 그러므로 다음 그림에서 볼 수 있듯이 우리는 본래의 에로스를 다시 찾게 되는 것이다.

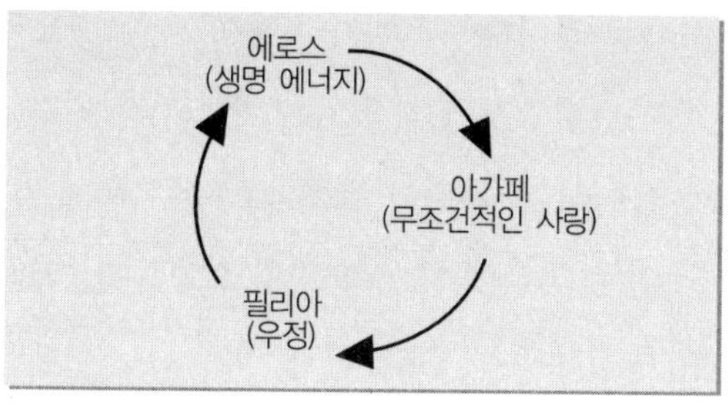

이것이 바로 하나님이 결혼한 부부에게 의도하신 바이다. 우리는 무의식적인 짝짓기 과정이나 본능에 의해 배우자에게 끌린다(제6장 참조). 이런 의식은 생명력, 즉 에로스에 대한 욕구 때문에 불붙게 된다. 생명령을 발견하게 되면 배우자에게 무언가를 주고 싶은 마음이 생기게 된다. 결혼 생활이 힘들어지면(그렇게 되기 마련이다), 생명 에너지, 즉 에로스는 상처와 고통 속에서 반복해서 씻겨 나가 결국 사라지고 만다. 이때가 아가페가 필요한 시점이다. 부부들에게 서로 무조건적으로 사랑할 힘을 주는 분은 아가페의 창시자이신 예수님이다. 이런 사랑으로부터 우정, 곧 필리아의 결속이 생기는 것이다. 부부는 친구가 되고 서로의 영혼을 치유하는 데 헌신하게 된다. 이 우정에서 나온 에너지는 영혼이 진정한 전체성을 향해, 생명력 혹은 생명 에너지를 향해, 에로스를 향해 제자리를 찾아가게 자극한다. 부부로서 우리는 에로스(생명 에너지)에서 아가페(무조건적인 사랑)로, 아가페에서 필리아(우정)로 옮겨갔다가 다시 원래의 에로스로 돌아온다. 우리의 결혼 여정은 주님께서 본을 보여 주시며 여행하신 길을 따라가는 것이다.

그렇다. 당신은 긍정적인 에너지, 애정, 관심, 낭만까지 완비한 에로스로 돌아가는 것이다. 구혼 기간 중에 아주 중요한 부분을 차지하였던 열정과 스파크를 되찾을 수도 있다. 긴 세월을 함께 보낸 배우자가 방에 들어설 때 가슴이 고동치고, 붐비는 쇼핑몰에서 배우자를 발견하고 잠시 다리에 힘이 빠질지도 모른다. 다시 함께 놀면서 아이들처럼 행동할 수도 있다. 오래 전에 사랑에 빠졌던 그 이유를 재발견하는 것이 가능한 것이다.

앞에서 당신은 사람들이 사랑에 빠지면 PEA가 방출된다는 사실을 알았을 것이다. 그렇지만 연구에 의하면 또한 이미 배운 대로, 오랜 세월 배우자가 계속 곁에 있으면 점차 뇌에서 '엔돌핀'이 분비된다는 것이다. 광적으로 흥분한 '엠피타민'과는 달리 엔돌핀은 진정시키는 화학 물질로 '나르코틱'과 비슷한 자연적인 진통제이다. 이 엔돌핀은 긴 세월의 배우자들에게 안전함과 평화, 그리고 평온의 느낌을 가져다준다. 그래서 부부는 암페타민으로 불붙은 초기의 사랑으로부터 유쾌하고 달콤한 나르코틱이 가미된 성숙한 사랑으로 옮겨가는 것이다.

부부는 처음에는 배우자가 자기를 위해서 무엇인가 해 주기 때문에 사랑하다가 나중에는 배우자의 있는 그대로의 모습 때문에 사랑하게 된다. 이기심에서 주는 것으로, 자기애에서 이타주의로, 열정에서 연민으로, 사랑에 빠지는 것에서 사랑의 결단으로 옮겨가는 것이다. 그 결과 당신은 평생의 여정을 동반하는 배우자를 갖게 된다. 당신의 영혼의 고통을 알고 관심을 가져 주는 친구를 갖는 것이요, 영혼 치유자를 갖게 되며, 당신 또한 영혼 치유자가 되는 것이다. 결국 이것이 결혼이 뜻하는 바이다.

에필로그

종이 울리고 가슴 가득 행복에 차서
우리가 함께하는 새로운 삶이 시작되려고 하네요.
모두 너무나 새롭고 짜릿한 꿈이었어요.
하지만 모든 것이 변하면서 더 이상 그렇게 보이지 않았어요.
우리는 서로 사랑하는 법을 배워야 하였어요.

많은 사람들이 말하듯이 결혼하는 것은 쉬운 일이 아니었어요.
많은 사람들이 포기했지만
우리는 처음 몇 년간의 어려운 세월을
힘겹게 이겨 나갔어요.
주님이 우리의 두려움을 알고 계시다는 것밖에는 위로되는 것이 없었지요.
힘겨운 사랑을 겪고 나서 나는 눈물로 회상합니다.
이제는 사랑하는 법을 배울 수 있어요.

아기가 태어나기를 기다리기가 어려웠어요.
우리의 사랑이 살아 있다는 것을 눈으로 확인하는 게 자신없었거든요.
그 아이는 우리에게 너무나 많은 기쁨과 행복을 가저다주었지요.
당신이 곁에 있다는 것이 무엇을 의미하는지 당신에게 말할 수 없어요.
이제는 우리가 감히
사랑할 수 있어요.

기저귀 가는 바쁜 생활, 아기 돌보는 모든 수고로,
부부 시간을 갖기 어려웠죠.

세탁, 젖병, 새벽 4시에 우유 먹이기,
우리 눈은 너무도 절실하게 간청하고 있었지요.
우리가 서로 사랑하기를.

그렇지만 탭댄스와 발레를 추며
또 아이 하나가 태어났어요.
점점 더 쌓이는 일들이 우리의 삶을 채우고
서로가 말해야 할 것에 대해 무심해져서
서로 사랑해야 하는 것이 점점 더 힘들어졌지요.

우리는 열병을 지나 서로의 곁에 앉아 있었어요.
얼마나 당신에게 감사한지 진정으로 말한 적이 없었어요.
당신의 지지는 나에게 정말 의미하는 바가 컸어요.
나는 종종 그것을 목발로 사용하였답니다.
우리 가슴이 부딪힐 시간이 있다면
서로 사랑하는 법을 배울 수 있을 텐데.

우리 보석들이 아주 작았을 때가 바로 어제 같아요.
이제는 그 애들이 결혼하여 전화조차 하지 않는다는 것이 믿어지지가 않
  아요.
집이 조용한 것이 가장 큰 고통이죠.
이제 서로 사랑하기를 배울 수 있을 것 같아요.

당신은 당신의 일에서 쓰디쓴 좌절을 겪었고 너무나 고통스러운 시간을 보
  냈죠.
당신이 그토록 힘을 기울였어도 얻는 게 없었죠.
나는 당신을 도울 수가 없어 무력감을 느꼈어요.
당신에게 다시는 같은 일이 벌어지지 않기를 기도하였어요.

이제 우리가 서로 사랑하기를 배워야 한다는 걸 알아요.

나이 든다는 것은 쉬운 일이 아니에요.

아무도 우리에게 비애에 대해 경고해 주지 않았어요.

한탄, 아픔, 신음, 처짐이 늘 우리 앞에 왔다 갔다 하지요.

"우리는 젊어지지 않아요." 옛 노래가 말해 주지 않던가요?

이제 아직도 서로 사랑할 시간이 있을 거예요.

병원 침대에 누워 있는 사람이 당신이라는 걸 믿을 수가 없어요.

우리가 맹세한 것에도 불구하고 우리가 말한 것들에도 불구하고,

난 이제 당신 사랑하기를 막 배우고 있었어요.

그런데 사람들은 당신이 죽었다고 말하네요.

오 하나님! 왜 우리는 서로 사랑하기를 배우지 못하였을까요?

내가 다시 해야 한다면 나는 날마다 당신을 더욱 사랑할 거예요.

나를 생각하지 않고 당신에게 줄 것이고 나의 관심은 치워 버릴 거예요.

그렇지만 외로운 비석은 아무 할 말도 남기지 않았네요.

그래서 나는 매일 매일 눈물을 흘리며 여기에 옵니다.

당신을 사랑할 시간을 갖지 못한 것에 대해

당신이 나를 용서하게 해 달라고

주님께 기도합니다. (주 1)

영혼 치유자가 되는 여행은 흥미로운 것이다. 절대 미루지 마라. 당신이 이 여행을 시작할 때 하나님이 풍성하게 축복해 주시길 기도한다.

주

제 2 장

1. *Webster's College Dictionary* (New York: Random House, 1995), s.v. "soul."

2. *Grolier's Encyclopedia on CD-ROM* (Electronic Publishing, 1993), s.v. "soul."

제 3 장

1. 이마고 관계 치료사를 위한 훈련 회기에서 있었던 토의 내용에서.

제 4 장

1. 치료사들을 위한 이마고 치료 훈련 회기에서.

제 8 장

1. *Webster's* College Dictionary (New York: Random House, 1995), s.v. "projection."

2. *James Strong, Strong's Exhaustive Concordance of the Bible with Greek and Hebrew Dictionary* (Gordonville, Tenn.: Dungan Publishers,n.d.), s.v. "way." 혹은 "derek."

제 10 장

1. 치료사들을 위한 이마고 치료 훈련 회기에서.

2. 『당신을 구속하는 수치감의 치유』(*Healing the Shame that*

Binds You)에서. 『사랑의 창조』(*Creating Love*)도 참조하라.

3. '반영하기'는 이마고 치료에서 사용하는 용어이고, '적극적 경청'은 부모역할 훈련(PET)에서 사용하는 것이고, '따라 말하기'는 게리 스멀리(Gary Smalley)의 의사소통 훈련에서 사용하는 용어이다.

에필로그

1. 둘째 딸 니콜 레내 로저스(Nicole Renae Rodgers)가 태어난 후 베벌리가 1983년 12월 20일에 씀.

참고문헌

Bass, Allison. "What Makes Marriages Fail." *The Charlotte Observer* 12 (Dec. 1993) : E-1-3.

Beattie, Melody. *Beyond Codependency*. New York: Harper and Row, 1989.

Boze-MeniNage, Ivan, and Geraldine Sparks. *Invisible Loyalties*. New York: Brunner/Mazel, 1983.

Bradshaw, John. *Creating Love*. New York: Bantam, 1992.

────────────. *Healing the Shame That Binds You*. Deerfield Beach, Fla.: Health Communications, 1998.

Brand, Paul. "The Gift of Pain." *Christianity Today* 38, no. 1 (10 Jan. 1994): 18-24.

Crabb, Larry. *The Marriage Builder*. Grand Rapids: Zondervan, 1992.

Farmer, Steven. *Adult Children of Abusive Parents: A Healing Program for Those Who Have Been Physically, Sexually, or Emotionally Abused*. New York: Ballantine Books, 1989.

Fisher, Helen. *The Anatomy of Love: The Natural History of Monogamy, Adultery, and Divorce*. New York: Norton, 1992.

Forward, Susan. and Joan Torres. *Toxic Parents*. New York: Bantam, 1987.

Freud, Sigmund. *Collected Papers 4*. New York: Basic Books, 1959.

Gray, Paul. "What Is Love." *Time* 104, no. 6 (15 Feb. 1993): 47-48.

Harlow, Harry. *Learning to Love*. New York: Jason Aronson, 1974.

Hemfelt, Robert; Frank Minirth; and Paul Meier. *Love Is a Choice*. Nashville: Thomas Nelson, 1989.

Hendrix, Harville. *Getting the Love You Want*. New York: Harper
      Perennial, 1990.

——————————. *Keeping the Love You Find*. New York: Pocket
      Books, 1992.

Lauer, Jeanette and Robert Lauer. "Marriages Made to Last."
      Psychology Today 19, no 6 (June 1985): 85–89.

Love, Patricia. *The Emotional Incest Syndrome: When a Parent's
      Love Rules Your Life*. New York: Bantam, 1990.

Moore, Thomas. *Soul Mates*. New York: Harper Perennial, 1992.

——————————. *The Care of the Soul*. New York: Harper Perennial,
      1994.

Ornstein, Robert. and David Sobel. *The Healing Brain*. New York:
      Simon and Schuster, 1987.

Robinson, Bryan. *Heal Your Self-Esteem*. Deerfield Beach,
      Fla.: Health Communications, 1991.

——————————. *Overdoing It*. Deerfield Beach, Fla.: Health
      Communications, 1994.

Sanford, John. *The Invisible Partners*. New York: Paulist Press, 1980.

Sanford, John, and Paula Sanford. *The Transformation of the Inner
      Man*. New York: Bridge Publishers, 1982.

Seamands, David. *Healing Damaged Emotions*. Wheaton, Ill.: Victor
      Books, 1981.

——————————. *Healing Grace*. Wheaton, Ill.: Victor Books, 1988.

Smalley, Gary. *Making Love Last Forever*. Dallas: Word, 1996.

Smalley, Gary, and John Trent. *Love Is a Decision*. New York:
      Inspirational Press, 1989.

Smedes, Lewis. *Forgive and Forget: Healing the Hurts You Don't
      Deserve*. San Francisco: Harper and Row, 1984.

Springle, Pat. *Close Enough to Care*. Dallas: Rapha/Word, 1990.

Stuart, Richard. *Helping Couples Change: A Social Learning
    Approach to Marital Therapy*. New York: Guilford Press, 1980.

Tennov, Dorothy. *Love and Limmerence*. New York: Stein & Day,
    1970.

Toufexis, Anastasia. "The Right Chemistry." *Time* 104, no. 6 (5 Feb.
    1993): 49–51.

Vine, W. E. *Vine's Expository Dictionary of New Testament Words*.
    McLean, Va.: MacDonald Publishing Co., 1990.

W., Bill. *Alcoholics Anonymous Comes of Age: A Brief History of AA*.
    Alcoholics Anonymous World Service, 1957, 1975.

Waitley, Denis. *Seeds of Greatness*. Old Tappan, N.J.: Fleming Revell,
    1983.

Warren, Neal. *Finding the Love of Your Life: Ten Principles to
    Choosing the Right Marriage Partner*. New York: Pocket
    Books, 1992.

Woititz, Janet. *Adult Children of Alcoholics*. Deerfield Beach, Fla.:
    Health Communications, 1983.

——————.*Struggle for Intimacy*. Deerfield Beach, Fla.: Health
    Communications, 1985.